AF542370

TRANSMISSIONS INTERGÉNÉRATIONNELLES DANS DES FAMILLES D'ORIGINE MAROCAINE EN FRANCE ET EN ALLEMAGNE

Logiques sociales

Collection dirigée par Bruno Péquignot

En réunissant des chercheurs, des praticiens et des essayistes, même si la dominante reste universitaire, la collection « Logiques Sociales » entend favoriser les liens entre la recherche non finalisée et l'action sociale.

En laissant toute liberté théorique aux auteurs, elle cherche à promouvoir les recherches qui partent d'un terrain, d'une enquête ou d'une expérience qui augmentent la connaissance empirique des phénomènes sociaux ou qui proposent une innovation méthodologique ou théorique, voire une réévaluation de méthodes ou de systèmes conceptuels classiques.

Dernières parutions

Christian JETTÉ et Catherine LENZI (dir.), *Les territoires de l'intervention à domicile. Regards croisés France-Québec*, 2020.

Juan-Luis KLEIN et Bernard PECQUEUR (dir.), *Les Living Labs, Une perspective territoriale,* 2020.

Sophie BÉROUD, Armando BOITO, Paul BOUFFARTIGUE, Andreia GALVÃO (dir.), *Mobilisations du monde du travail. Volume 2. Le Brésil et la France dans la mondialisation néo-libérale*, 2020.

Sophie BÉROUD, Armando BOITO, Paul BOUFFARTIGUE, Andreia GALVÃO (dir.), *Changements politiques et classes sociales. Volume 1. Le Brésil et la France dans la mondialisation néo-libérale*, 2020.

Georges JOURDAM, *Au croisement du travail et du politique : l'emploi salarié. Le cas français : mutations et transformations,* 2020.

Jacqueline FELDMAN, *Françoise Laborie (1938-2016), Histoire d'une femme en science*, 2020.

Mathieu SORDET, *La demande d'asile en France, La pénitence civilisée,* 2020.

Lionel CLARIANA, *Laïcité, radicalisation et protection de l'enfant. Articulations et enjeux sociopolitiques*, 2020.

Eguzki URTEAGA, *L'essor du vote nationaliste basque*, 2020.

Elise Pape

Transmissions intergénérationnelles dans des familles d'origine marocaine en France et en Allemagne

« La fierté d'être soi »

Préface de Catherine Delcroix

L'Harmattan

5-7, rue de l'École-Polytechnique ; 75005 Paris

http://www.editions-harmattan.fr/

ISBN : 978-2-343-21102-2
EAN : 9782343211022

Remerciements

Je remercie tout d'abord chaleureusement mes directrices de thèse Catherine Delcroix et Helma Lutz à l'Université de Strasbourg et à l'Université Goethe de Francfort pour leurs conseils précieux et leur soutien tout au long du travail de doctorat qui est à la base de cet ouvrage. Je les remercie également pour la mise en place de séminaires doctoraux qui ont été un cadre extrêmement stimulant pour mes recherches.

Ce travail n'aurait jamais pu se faire sans le soutien ni l'ouverture des familles rencontrées lors de la présente recherche. Je les remercie tout particulièrement pour le temps et la confiance qu'elles m'ont donnés et pour les nombreux moments partagés, en France, en Allemagne, comme dans leurs villes ou villages d'origine au Maroc.

Je garde un souvenir marquant des séminaires doctoraux franco-allemands mis en place par Ursula Apitzsch, Daniel Bertaux, Catherine Delcroix et Lena Inowlocki à l'Université de Strasbourg et à l'Université Goethe de Francfort, qui ont été une source d'inspiration particulièrement riche. Je remercie toutes et tous mes collègues pour les nombreux échanges que nous avons menés dans ce contexte sur les questions migratoires en France et en Allemagne.

J'ai pu réaliser la thèse dont est issu cet ouvrage grâce à une bourse doctorale de la fondation allemande *Hans-Böckler* et une bourse de mobilité de l'Université franco-allemande. J'ai également bénéficié du programme doctoral du Collège doctoral européen à Strasbourg. Je remercie vivement le laboratoire « Dynamiques Européennes » de l'Université de Strasbourg pour la mise à disposition d'infrastructures particulièrement favorables à l'écriture d'une thèse.

Je remercie chaleureusement Martine Becker et Françoise Pape pour leur relecture minutieuse de ce manuscrit, et Patrick Schmoll pour ses conseils éditoriaux. Mes remerciements vont également à Marian Iliev pour ses conseils dans le domaine informatique.

Enfin, je tiens à remercier mes parents, mes frères et sœurs, mes amies et amis pour leur soutien constant tout au long de ce travail.

Préface par Catherine Delcroix

L'ouvrage d'Elise Pape étudie les processus de transmission intergénérationnelle dans des familles de migrant·e·s. Ces familles originaires du Maroc ont migré soit vers la France, soit vers l'Allemagne. La dimension comparative de son enquête a permis à Elise Pape d'aborder un certain nombre de phénomènes qui sans cette dimension seraient restés invisibles. Elle prend en compte trois générations, ce qui enrichit considérablement le cadre spatio-temporel au sein duquel sont pris en compte les phénomènes de transmission. Par ailleurs, il ne s'agit pas seulement de la transmission de « capitaux familiaux » au sens de Bourdieu – c'est-à-dire de ressources objectives : nombre des familles étudiées n'en avaient d'ailleurs guère au départ – mais surtout de ressources symboliques, de ressources de sens qui, dans la mesure où elles sont entendues/acceptées par les enfants deviennent pour eux des « ressources subjectives » (Catherine Delcroix) qui peuvent les aider à se construire et à se frayer un chemin dans leur société d'accueil. Et comme le souligne le titre de l'ouvrage, elles leur permettent de fonder leur « *fierté d'être soi* ».

En effet il apparaît, au fil des études de cas, que ce type spécifique de ressources joue un rôle essentiel dans la formation des destins des générations post-migratoires. Les descendants de migrant·e·s ne sont en effet pas indifférents au fait qu'ils doivent faire face à un processus d'« altérisation » (Christine Delphy) fondé sur le racisme, la religion, et l'instrumentalisation d'une présumée « altérité » dans les relations entre les sexes (et les pratiques qu'elles entraînent). Or, le système scolaire de la société d'accueil ne dit presque rien de la place des migrant·e·s et de leurs descendants dans sa propre Histoire, ni non plus de la société d'origine de leurs parents (voir Marc Ferro pour la France, Helma Lutz pour l'Allemagne). L'Histoire qui est enseignée à l'école – source puissante d'identifications – c'est toujours celle du pays d'accueil et seulement de ses « ressortissants », et jamais celle du pays d'origine des parents. Ainsi, si ces derniers ne transmettent pas leur histoire personnelle (Anne Muxel) et s'ils ne la racontent pas en la réinscrivant dans l'histoire collective de leur pays d'origine, pour l'enfant le lien entre « D'où je viens » et « Qui je suis » n'est pas fait.

Et il en est de même pour la langue d'origine, pour les traditions, pour la religion : l'absence de transmission intergénérationnelle sur ces questions peut bloquer la construction identitaire des enfants de migrant·e·s (alors que pour les autres enfants, l'école ou les médias peuvent compenser le silence des parents) (Daniel Bertaux, Catherine Delcroix). Elise Pape montre à quel point les familles de migrant·e·s sont conscientes de ce phénomène, et précise tout ce qu'elles font et tentent de faire, à travers différentes formes de transmission, pour l'éviter. Elles réalisent en permanence un « travail biographique » (Fritz Schütze) et un « travail générationnel » (Lena Inowlocki) qui sous-tend non seulement la formation du projet migratoire initial, mais aussi l'adaptation à une société différente et opaque, et l'intégration des contraintes et des opportunités rencontrées dans les projets de mobilité professionnelle et sociale.

Les études de cas de familles reconstituées par Elise Pape montrent les conséquences concrètes, sur la formation des trajectoires des générations successives, de l'accès des enfants à l'école (plus facile en France) et à l'emploi (plus ouvert en Allemagne). Dans le cadre d'une politique européenne d'immigration de plus en plus restrictive (Catherine Wihtol de Wenden), il apparaît que les familles de migrant·e·s sont amenées à développer une réflexion comparative sur les mérites respectifs des différents pays européens où elles ont leur cadre : non seulement la France et l'Allemagne, mais aussi la Suède, la Belgique, la Grande-Bretagne... C'est aussi de cette capacité à accéder à l'information que dépend l'ouverture du « champ des possibles » (Jean-Paul Sartre) de leurs descendants.

Cet ouvrage s'inscrit donc dans différents champs de la sociologie : la sociologie des migrations, la sociologie des générations, la sociologie de la famille et celle des rapports de genre, la sociologie de la mobilité sociale ; et même la sociologie politique, puisqu'elle traite des phénomènes directement liés au (post)colonialisme.

Comme l'explique Elise Pape, son ouvrage enrichit la recherche car « *les descendant·e·s de migrant·e·s ont fréquemment été étudié·e·s durant leur phase de vie adolescente. Ce travail se penche au contraire sur les processus de transmission qu'ils·elles mettent en place à l'âge adulte. Il repose sur une étude empirique qui croise des entretiens avec des personnes d'origine marocaine ayant grandi en France et en Allemagne et ayant présentement des enfants, leurs conjoint·e·s, et leurs parents respectifs. Cette approche, outre le fait qu'elle permet d'étudier les liens intergénérationnels, permet d'approfondir les rapports de genre de manière interactive en partant de perspectives familiales différentes. Elle vient ainsi compléter les travaux qui ont été réalisés en traitant les sexes de manière séparée, en mettant l'accent soit sur les hommes, soit sur les femmes migrant·e·s* ».

Partant d'une approche socio-anthropologique et comparative basée sur des récits de vie (Daniel Bertaux, Fritz Schütze), des histoires de familles (Catherine Delcroix, Tamara Hareven, Paul Thompson, Lena Inowlocki, Ursula Apitzsch) et de l'observation participante elle a réalisé une étude multisite (George Marcus) en France, en Allemagne et au Maroc, où elle a séjourné dans plusieurs familles, une expérience ethnographique qui a considérablement enrichi sa réflexion. Elise Pape a réussi à s'adapter à des contextes de vie très variés, à les vivre et les comprendre. L'un des exemples qu'elle nous donne concerne les rapports de genre :

« Au cours d'une soirée passée seule dans une ville dans l'est du Maroc, bien que ne ressentant aucun danger à voyager seule, les remarques de personnes masculines dans la rue m'ont semblé si pesantes que soudain, j'ai souhaité moi-même ardemment être accompagnée par un homme. À cet instant précis, je ne percevais plus cette situation comme une dépendance, mais comme une aide vivement souhaitée. Cette expérience a modifié mon regard sur les personnes rencontrées : sans remettre en cause mon regard critique sur cette dépendance pour autant, j'ai dès lors commencé à percevoir les rapports de genre de façon plus dynamique, réalisant également les contraintes que ces normes genrées représentaient dans le quotidien des hommes et découvrant que mon ressenti, similaire à celui de femmes marocaines et d'origine marocaine, dépendait de la situation vécue et non de nos appartenances nationales, ethniques ou religieuses différentes ».

Les données recueillies dans le cadre d'une étude particulièrement fine et détaillée ont été analysées à partir de nombreuses lectures utilisées de manière pertinente. 40 entretiens biographiques ont été réalisés : 19 en France, 18 en Allemagne, 3 au Maroc. Elise Pape a réussi à mener des entretiens croisés avec des parents, grands-parents et enfants dans neuf familles et des observations ethnographiques dans 24 groupes familiaux au total dans les deux pays. Elle a également mené des entretiens de groupe, et a tenu un journal de terrain dans les trois pays concernés. Les transmissions, définies comme des outils de communication et de liens (Anne Muxel) ont été étudiées à partir de récits des personnes rencontrées et de l'observation de leurs pratiques quotidiennes.

Sa démarche est principalement « globale » (Max Weber, Patrick Watier) dans la mesure où à travers les entretiens croisés, elle tente de reconstruire le *sens visé* par les personnes rencontrées à travers le temps des parcours des parents, des grands-parents, des enfants et des petits-enfants (transmissions éducatives de l'histoire familiale, du rapport à la religion, aux langues, à la modernité...). Mais ce sont les moments où elle a partagé leur vie pendant plusieurs semaines au Maroc qui lui ont permis de développer des points de vue nouveaux et réellement innovants, et en particulier de faire émerger le concept qui est au centre de sa thèse : la construction et la transmission au sein des générations de la « fierté d'être soi-même ». Cette nécessité de générer ce sentiment se retrouve dans tous les groupes sociaux.

Le sentiment d'appartenance subjective à un champ social (Claudine Attias-Donfut) est étudié dans deux cas de familles, dont l'une est issue d'un milieu social privilégié (la famille El Asri), et l'autre d'un milieu social non privilégié (la famille Benazzouz). « *Par leur expérience de la migration et leurs pratiques transnationales, les personnes rencontrées connaissent le caractère aléatoire de l'appartenance sociale. (...) De plus, à travers la migration, les cartes sont rebattues : quelle que soit leur appartenance sociale, les personnes ont vécu le fait d'être assimilées à un groupe social défavorisé* ».

À travers les résultats de la comparaison approfondie de ces deux études de cas, Elise Pape montre que la transmission de la « fierté d'être soi » appelle à déconstruire les « catégories » d'appartenance sociale, quelle que soit l'appartenance sociale avant de quitter le Maroc et après. Dans la famille El Asri, on est fier de ne pas dépendre des aides sociales ; dans la famille Benazzouz, on est fier d'avoir survécu à tant de difficultés économiques et politiques. Qu'ils soient riches ou pauvres, les parents construisent ainsi des « ressources subjectives » pour leurs enfants, qui leur permettent de donner un sens aux expériences de discriminations rencontrées.

En visant à interroger tous les membres de ces familles, Elise Pape a également approfondi la question des relations entre les sexes de manière interactive, en partant d'une analyse intersectionnelle (Helma Lutz, Ann Phoenix, Nira Yuval-Davis), également fondée sur l'articulation des rapports sociaux (Danièle Kergoat). Elle nous donne plusieurs exemples contre-intuitifs, en particulier sur la signification des mariages (fréquents) entre les descendants de migrant·e·s et une personne originaire du pays voire de la région de leurs parents.

« Cette décision était étroitement liée aux questions de transmission. D'une part, les conjoints qui ont grandi au Maroc n'ont pas été socialisés dans le même environnement dépréciatif de leur culture et de leur religion que les descendants de migrant·e·s. Ils ont donc apporté une « normalité d'être soi », qu'ils ont communiquée à leurs conjoints et à leurs enfants. D'autre part, les personnes rencontrées considéraient leurs partenaires comme plus aptes à transmettre leur langue et leur culture d'origine à leurs enfants ».

Il ne s'agit pas d'opposer tradition et modernité, mais, en fonction des contextes migratoires, d'adapter les rapports de genre en les transformant. Elise Pape montre également que cette transformation, qui donne de grandes responsabilités aux femmes, a commencé – comme c'est le cas pour la mère d'Amina – dans un passé bien antérieur à la migration vers l'Europe, lorsque sa mère a quitté son mari à cause de sa polygamie.

Pour conclure, à travers ce vaste travail de recherche construit à partir de lectures très contrastées et pertinentes et de la collecte de nombreux entretiens, riches en informations et souvent chargés d'émotion, les familles de migrant·e·s apparaissent comme possédant une avance importante dans la compréhension des processus de mondialisation et d'adaptation au changement. Elles élaborent leurs stratégies dans un espace européen et pas seulement dans le pays d'arrivée. La conclusion ouvre sur l'idée que leur capacité réflexive, construite à partir de leurs pratiques transnationales, donne les moyens de proposer le concept de *transnationalisme historique*. L'auteure souligne le fait que peu de travaux de recherche ont encore suffisamment approfondi le lien entre le transnationalisme et le postcolonialisme.

L'ouvrage d'Elise Pape enrichit considérablement le débat sur ce défi pour la recherche qui est celui de la diversification des migrations internationales, et donc des figures de migrant·e·s. Celui-ci implique de repenser les définitions sociologiques de termes tels que mobilités, sociétés, appartenances, accès aux droits, intégration, familles, action, mobilisation, citoyenneté dans un cadre qui ne soit pas uniquement national et qui interroge la notion d'espace. Il impose la circulation des approches théoriques et des outils méthodologiques et épistémologiques.

Son ouvrage nous transporte au plus près des personnes rencontrées en nous ouvrant à leurs univers de sens, et nous donne ainsi l'occasion de remettre en question nos propres présupposés.

Introduction

Deux facteurs de transformation sociale sont fréquemment évoqués en sciences sociales : d'une part, les transformations par le relais intergénérationnel, par le passage d'une génération à une autre ; d'autre part, les transformations liées à la migration. Karl Mannheim a décrit le passage d'une génération à l'autre comme le seul moyen de constituer un nouvel accès à la société, le changement au sein d'une même génération étant, selon lui, limité par l'impact des expériences historiques, qui, une fois inscrites dans l'individu, influent sur sa perception du monde et ses actions tout au long de sa vie (Mannheim 1990 [1923]). La migration quant à elle est fréquemment décrite comme un vecteur de changement important, autant pour les migrant·e·s, les sociétés de départ que pour les sociétés de destination (par exemple Nohl 2001). Les familles migrantes cumulent ainsi deux facteurs centraux de transformation sociale : le relais intergénérationnel et une expérience migratoire. Plusieurs auteur·e·s s'accordent par conséquent pour voir en elles des sujets ayant une avance importante dans les processus de globalisation et d'adaptation au changement (Apitzsch 2001, Bukow 2000).

Cette vision positive forme cependant un contraste avec la manière dont les familles migrantes sont souvent perçues dans les discours publics. Ainsi, les générations familiales dans le contexte migratoire tendent à être dépeintes comme éloignées, voire potentiellement en rupture les unes avec les autres. Si de nombreuses études empiriques ont été réalisées sur ces générations prises séparément, peu de travaux jusqu'à ce jour ont étudié les interactions intergénérationnelles en tant que telles. Ceux qui ont analysé cette dimension relèvent pourtant, au contraire, une cohésion et un souci de transmission plus élevé dans les familles migrantes que dans des familles non migrantes (par exemple Boos-Nünning et Karakaşoğlu 2005, Herwartz-Emden 2000, Nauck *et al.* 1997).

Cet ouvrage s'intéresse aux transmissions familiales en situation (post)migratoire et (post)coloniale à partir d'une perspective intergénérationnelle. Il a pour objectif d'étudier ce qui se transmet sur plusieurs générations dans des familles migrantes – plus précisément dans des familles d'origine marocaine vivant en France et en Allemagne. Alors que les descendant·e·s de migrant·e·s ont fréquemment été étudié·e·s durant leur phase de vie adolescente, ce travail se penche au contraire sur les processus de transmission qu'ils·elles mettent en place à l'âge adulte. Il repose sur une étude empirique qui croise des entretiens avec des personnes d'origine marocaine ayant grandi en France et en Allemagne et ayant présentement des enfants, leurs conjoint·e·s et leurs parents respectifs. Cette approche, outre le fait qu'elle permet d'étudier les liens intergénérationnels, cherche à approfondir les rapports de genre de manière interactive en partant de perspectives familiales différentes. Elle vient ainsi compléter les travaux qui ont été réalisés en traitant les sexes de manière séparée, mettant l'accent soit sur les hommes, soit sur les femmes migrant·e·s.

Cet ouvrage compare de plus les expériences de familles migrantes dans deux pays européens : la France et l'Allemagne. Si plusieurs publications comparant les systèmes d'intégration français et allemand sont parues au cours des dernières années (Kastoryano 2007, Leveau *et al.* 2001, Wihtol de Wenden 2009b), peu d'études empiriques ont été réalisées de façon comparative franco-allemande en sociologie des migrations jusqu'à ce jour. Celles qui existent, notamment de Beate Collet (1996, 1998), Gabrielle Varro (1995), Nikola Tietze (2001), Werner Schiffauer, Gerd Baumann, Riva Kastoryano et Steven Vertovec (2002), Ingrid Tucci (2008) ou Maïtena Armagnague (2010) traitent des questions de mariages mixtes, d'expression religieuse, d'appartenance culturelle, d'intégration dans le système scolaire ou encore d'insertion dans le marché de l'emploi en France et en Allemagne. On observe néanmoins un manque de travaux comparatifs sur des *familles* migrantes dans les deux pays.

Ce travail vise à dégager l'impact national sur les transmissions familiales en partant de pays qui ont joué un rôle central dans l'accueil de migrant·e·s en Europe au cours du dernier siècle, mais dont l'histoire des migrations et les traditions d'intégration diffèrent. Ce faisant, il vise à contourner le risque d'un nationalisme méthodologique (Wimmer et Glick Schiller 2002, Beck 2007) que comporte une telle recherche comparative sur le plan national. Il s'y attelle d'une part en prenant en compte d'autres échelles d'analyse (Lahire 1996, Revel 1996) comme l'échelle communale, régionale ou continentale, et cherche d'autre part à éviter cet écueil en adoptant une perspective de recherche transnationale. Cette approche, plutôt que de percevoir différents États-nations comme séparés, met l'accent sur les liens que des individus entretiennent dans plusieurs espaces nationaux (Glick Schiller *et al.* 1992). Elle permet de plus de contourner une vision percevant la sédentarité comme la « norme »[1], et le mouvement comme une « anomalie » (Lutz 2005, 9).

J'ai choisi comme pays d'origine le Maroc, un pays placé sous protectorat français et espagnol de 1912 à 1956. Ainsi que le précisent de nombreux·euses auteur·e·s, une perspective (post)coloniale peut être appliquée à tous les pays du monde, y compris à ceux qui n'ont jamais été colonisateurs ou colonisés, en raison de l'impact global des suites de la colonisation (Castro Varela et Dhawan 2005, Gullestad 2006). Étudier les expériences de familles issues d'un contexte anciennement colonisé en sociologie des migrations européennes semble cependant d'autant plus pertinent qu'un grand nombre des migrations dirigées vers l'Europe de l'Ouest à partir des années 1950 ont eu comme point de départ des pays anciennement colonisés (Blanchard 2005). Plus particulièrement, un grand nombre de migrant·e·s arrivé·e·s en France dans les années 1960-70 provenait de ses anciennes colonies (Stora 2005).

En France, en 2008, les Marocain·e·s représentaient 12% de la population immigrée et le deuxième groupe de migrant·e·s après les Algérien·ne·s (INSEE 2012). En Allemagne, à la fin des années 2000, on estimait le nombre des ressortissant·e·s du Maroc à environ 180 000 personnes (Haug *et al.* 2009), soit un peu plus de 1% de la population étrangère totale. S'ils·elles sont minoritaires comparé à d'autres groupes de migrant·e·s, comme les Turc·que·s, ils·elles sont cependant beaucoup plus nombreux·euses que les migrant·e·s provenant d'Algérie ou de Tunisie (Berriane 2007). Ils·elles forment un groupe méconnu et peu étudié en Allemagne jusqu'à aujourd'hui.

J'ai fait le choix de ne pas définir d'emblée le type de transmissions que je souhaitais étudier, mais au contraire, dans une démarche compréhensive, de laisser les personnes concernées définir elles-mêmes les transmissions qui leur importaient le plus. J'ai réalisé une enquête empirique à partir de récits de vie et d'observations ethnographiques en Alsace et dans le *Land*[2] de la Hesse, plus précisément dans deux agglomérations, que j'ai nommées respectivement Marheim et Rannstadt, pendant une durée de deux années. Les récits de vie permettent de remonter dans le temps et

---

[1] Lorsque les noms des traducteurs·trices ne sont pas spécifiés dans la bibliographie, les extraits cités de sources non francophones ont été traduits par l'auteure de cet ouvrage.

[2] Un *Land* est un État fédéré de la République fédérale d'Allemagne, soit l'une des seize régions qui composent le pays. Le pluriel de *Land* est *Länder*.

d'analyser la manière dont des expériences individuelles sont impactées par des phénomènes structurels à méso et à macro niveau, mais aussi comment les actions individuelles influent sur les structures sociales (Bertaux 2016, Schütze 1983). Réaliser des récits de vie avec des membres issus de différentes générations familiales renforce la profondeur historique atteinte dans les entretiens biographiques (Bertaux et Delcroix 2000). Comme les enquêtes auprès de familles s'inscrivent le plus souvent dans la durée, dans la mesure où elles nécessitent des rapports de confiance particuliers (Delcroix 2010), mon étude s'est progressivement transformée en enquête socio-anthropologique, qui combine des récits de vie à des observations ethnographiques (Juan 2005).

J'ai séjourné pour ma recherche au Maroc, où j'ai accompagné des familles rencontrées en France et en Allemagne et interviewé des membres de familles qui vivent dans ce pays de façon permanente. Ce séjour a constitué un point nodal de mon enquête, qui a ainsi pris une dimension multi-située au sens de George Marcus (1995). Cette approche, ainsi que l'a souligné l'auteur, mène la plupart du temps à une transformation personnelle du·de la chercheur·euse, car elle implique une plus grande part d'activité et d'adaptation aux différents contextes de vie des enquêté·e·s qu'une recherche réalisée sur un seul site.

Au terme de mon travail empirique, j'ai recueilli au total 40 récits de vie, dont 19 en France, 18 en Allemagne et 3 au Maroc, ainsi que des observations ethnographiques auprès de 24 familles au total dans les deux pays.

Cet ouvrage est structuré en six parties. La première dresse le cadre théorique de ce travail en présentant de plus près les perspectives de recherche et les concepts mobilisés. La deuxième brosse les contextes de vie des migrant·e·s en retraçant les évolutions historiques et socio-économiques du Maroc ainsi que les conditions d'accueil et d'intégration en France et en Allemagne en prenant en compte différents secteurs de la vie tels que l'éducation, l'habitat, ou l'accès à l'emploi. La troisième partie détaille la méthodologie adoptée au fil de l'enquête. Elle évoque les méthodes employées et leur pertinence dans une recherche sur les familles en contexte migratoire, la construction de l'échantillon, le déroulement de l'enquête, la démarche analytique adoptée et la manière dont, peu à peu, la thématique centrale qui relie tous les entretiens que j'ai menés est apparue. Elle présente également la manière dont j'ai organisé mon matériel en fonction de contrastes maximaux et minimaux au sens de Barney Glaser et Anselm Strauss (2010 [1967]). Les quatrième et cinquième parties présentent de façon approfondie les résultats empiriques. Elles dépeignent deux familles, l'une à Rannstadt (en Allemagne), l'autre à Marheim (en France), situées aux deux extrêmes des tendances observées. Elles dressent les transmissions majeures dégagées de ces études de cas, tout en évoquant les transformations familiales et de rapports de genre au sein desquelles s'effectuent ces transmissions. La sixième partie enfin offre une discussion comparative de ces deux études de cas, et les croise avec l'ensemble du corpus. Ce faisant, elle compare les possibilités de transmissions concernant différents domaines tels que l'appartenance sociale, la transmission des langues ou de la religion en France comme en Allemagne. Elle met en lumière l'importance d'une perspective historique et transnationale dans la recherche sur les migrations et montre comment, à travers des liens intergénérationnels particulièrement interactifs, les migrant·e·s rencontré·e·s et leurs descendant·e·s engagent une réflexion et des pratiques permettant de relier leur société d'accueil et leur société d'origine.

1 Cadre théorique

1.1 Perspectives de recherche en sociologie des migrations

1.1.1 Une vision longtemps négative des migrations

Contrairement aux États-Unis, où l'histoire de l'immigration est considérée comme constitutive de la nation, la France et l'Allemagne n'ont pas de tradition de recherche sur les migrations. Les deux pays ont pourtant des passés fortement marqués par des processus d'immigration et d'émigration, même s'ils sont très différents. Lors de son industrialisation au XIXe siècle, la France, alors confrontée à une natalité décroissante, fait appel à une immigration massive et devient le pays d'immigration majeur d'Europe jusque dans les années 1960 (Noiriel 2002). L'Allemagne, marquée au contraire par une évolution démographique excédentaire, connaît une forte émigration, principalement vers l'Amérique du Nord mais aussi vers l'Europe de l'Est et la Russie (Wihtol de Wenden 2009b). À l'issue de la Seconde Guerre mondiale, un important besoin de main-d'œuvre étrangère se fait ressentir dans les deux pays (Dewitte 2003). Contrairement à l'effet escompté, la suspension de l'immigration de travail en 1973 pour l'Allemagne et en 1974 pour la France ne mène pas à un recul des arrivées de migrant·e·s en Europe au cours des années qui suivent, mais à une augmentation importante de l'immigration par le regroupement familial. L'installation des migrant·e·s et de leur famille en Europe devient ainsi plus définitive et soulève de nouvelles interrogations, en France comme en Allemagne, en termes de droits d'entrée et de questions d'intégration (*Ibid.*).

Malgré leur impact sur l'évolution des sociétés française et allemande, les processus migratoires n'y sont pas perçus comme faisant partie intégrante de la nation et sont considérés jusqu'à aujourd'hui comme des « anomalies » survenues de manière prononcée après la Seconde Guerre mondiale (Bommes 2010, Héran 2017, Noiriel 1988). Ce n'est qu'à partir des années 1975 que les recherches sur les migrations ont commencé à émerger dans les deux pays. En France, la parution en 1988 de l'ouvrage de l'historien Gérard Noiriel, *Le Creuset français*, marque un tournant quant à la place occupée par les phénomènes migratoires dans la sphère académique. L'auteur montre comment les sciences sociales ont contribué à invisibiliser les processus migratoires en considérant pendant longtemps les migrations comme un « objet illégitime » (Noiriel 1988, 16). Il ouvre ainsi un débat sur la place des migrations dans la recherche, mais aussi, de façon plus large, dans l'histoire française.

Pendant longtemps, l'étude des migrations dans les travaux scientifiques français et allemands a été empreinte d'une vision négative. Deux thématiques ont été abordées de manière récurrente : le processus de migration en lui-même, c'est-à-dire les flux et les causes des migrations, et l'installation des migrant·e·s dans leurs sociétés d'accueil (Rea et Tripier 2008). Ces deux objets ont tendance à être perçus comme involontaires et issus d'événements négatifs. Les travailleurs et travailleuses migrant·e·s et leurs familles ont souvent été présenté·e·s comme « posant problème » (Bommes et Thränhardt 2010, 21, Lutz 1991). Par ailleurs, la dimension interactive entre les migrant·e·s et leur société d'accueil n'a, la plupart du temps, pas été prise en compte. Seule l'adaptation des migrant·e·s aux structures présentes – et non leur propre impact sur les sociétés d'accueil – a été mise en avant (Treibel 2008).

1.1.2 Le transnationalisme

Cette vision partielle de l'immigration et de ses effets est liée à une approche linéaire des migrations qui a prévalu dans la recherche pendant plusieurs décennies. En effet, la migration a longtemps été envisagée comme le départ d'un point A pour une installation définitive dans un point B. Depuis le début des années 1990, les études sur le transnationalisme ont marqué un tournant dans la sociologie des migrations. Cette nouvelle perspective de recherche, développée aux États-Unis par Nina Glick Schiller, Linda Basch et Cristina Blanc-Szanton (1992) et en France par Alain Tarrius (1993), n'envisage pas les migrations comme des mouvements linéaires d'un point de départ vers un point d'installation, au contraire elle met l'accent sur les mouvements et les échanges *incessants* entre ces points. Elle montre que ni l'immigration, ni les retours dans le pays d'origine sont forcément définitifs (Faist 2004, Pries 1997, 2001, Vertovec 1999). Elle déconstruit la conception d'États-nations homogènes séparés les uns des autres, dans lesquels les migrant·e·s représenteraient une exception, voire une anomalie (Levitt et Glick Schiller 2004, Lutz 2005).

Ce courant de recherche met également en lumière la dimension asymétrique qui a prévalu dans les recherches précédentes, qui se concentraient sur l'adaptation des migrant·e·s à leur société d'accueil au détriment de leurs expériences dans leur pays d'origine ou dans d'autres pays. En outre, depuis les années 2000, une réflexion critique est menée sur l'importance trop souvent accordée, en sciences sociales, à l'échelle nationale. La perspective transnationale a conduit Ulrich Beck, Nina Glick Schiller et Andreas Wimmer à mettre en garde contre un « nationalisme méthodologique », c'est-à-dire le risque de percevoir l'État et la société comme automatiquement coextensifs (Beck 2000) et de considérer la nation comme un point de départ « naturel » à une analyse sociologique (Wimmer et Glick Schiller 2002, 304). En effet, le niveau national à lui seul ne peut pas être à la source de toutes les différences sociales vécues. Les expériences d'individus dans des régions rurales de deux pays, par exemple, peuvent révéler davantage de similitudes que celles d'habitant·e·s de villes ou de la campagne dans un même espace national. Certain·e·s scientifiques vont jusqu'à reprocher aux recherches basées sur une perspective linéaire des migrations de participer au « projet de construction de la nation » (Levitt et Glick Schiller 2004, 1028), car elles tentent par exemple de délimiter et contraindre les loyautés des migrant·e·s envers leur société d'accueil (Glick Schiller *et al.* 1995). Le transnationalisme a été étudié à partir de différentes perspectives, telles que la question de la définition de l'espace, de la famille ou du genre (Bryceson et Vuorela 2002, Faist 2000, Lutz 2005, Lutz et *al.* 2011).

Cet ouvrage s'inscrit dans une perspective de recherche transnationale. Il s'intéresse aux liens que les migrant·e·s établissent et maintiennent entre leur pays d'origine et leur pays d'accueil. Conformément à la proposition d'Alain Tarrius, je parlerai de « migration » et non pas « d'immigration » ou « d'émigration », afin d'éviter une perspective unidirectionnelle et européocentriste (Tarrius 1993, 51) et d'être en cohérence avec les liens que les personnes rencontrées dans cette étude entretiennent avec différents espaces nationaux.

1.1.3 Recherches sur les liens intergénérationnels dans le contexte migratoire

Un autre constat de la recherche sur les migrations en Europe concerne le manque de travaux sur les familles et les liens intergénérationnels. Cela est d'autant plus surprenant que la migration par la famille constitue le mode d'entrée légal majeur en Europe, depuis la fin de la migration de travail au début des années 1970 (Kofman 2004). Pendant longtemps, les migrations ont été perçues comme un phénomène essentiellement individuel et masculin, qui répondrait majoritairement à un besoin économique des migrant·e·s comme des sociétés d'accueil[3]. Pourtant, même lorsque le projet migratoire est réalisé par un seul individu, il est le plus souvent loin d'être un projet individuel et correspond au contraire à une décision et à une stratégie familiale et collective (Gültekin *et al.* 2003). La migration ne s'opère pas uniquement en réponse à des besoins du marché, mais également en fonction du cycle de vie des familles, d'événements biographiques majeurs, et en fonction des enfants et de leurs parcours scolaires (Nauck et Settles 2001). S'intéresser à l'expérience de migrant·e·s en partant d'une perspective qui englobe l'ensemble de la famille est d'autant plus pertinent que le projet migratoire en lui-même est le plus souvent motivé par un projet à long terme, qui ne peut être réalisé que par l'action de plusieurs générations : celui de la mobilité sociale ascendante des enfants (Attias-Donfut 2009, Nauck *et al.* 1998).

On compte quelques travaux en France et en Allemagne sur les liens intergénérationnels dans des familles migrantes. En Allemagne, au milieu des années 1990, Bernhard Nauck, Annette Kohlmann et Heike Diefenbach ont analysé, à partir d'une étude quantitative auprès de familles d'origine turque, l'importance des réseaux familiaux et les formes de transmissions intergénérationnelles dans les processus d'assimilation de descendant·e·s de migrant·e·s (Nauck *et al.* 1997). À la même époque, Bernhard Nauck, Heike Diefenbach et Cornelia Petri ont réalisé une enquête, elle aussi quantitative, qui compare les transmissions de capitaux culturels dans des familles migrantes et non migrantes (Nauck *et al.* 1998). Lena Inowlocki s'est intéressée, en partant de récits de vie avec des membres de plusieurs générations de familles juives déplacées vivant en Allemagne, en Belgique et dans les Pays-Bas, à la transmission de la mémoire de la Shoah (1993) et aux processus de re-traditionnalisation parmi les descendant·e·s des

[3] Ainsi que l'a souligné Mirjana Morokvasic (1984), les discours majoritaires et la sociologie des migrations ont longtemps contribué à invisibiliser le rôle des femmes dans la migration de travail. Pourtant, les femmes ont représenté environ 40% de la population étrangère en France du milieu des années 1950 au milieu des années 1970 et plus de 30% des travailleurs·euses étrangers·ères en Allemagne de la fin des années 1960 au milieu des années 1970 (Mattes 2005, Schor 1996).

survivant·e·s du génocide (1995, 1999). Helma Lutz quant à elle, dans une étude sur les transmissions intergénérationnelles de mères ayant immigré du Suriname vers les Pays-Bas à leurs filles, a mis en lumière le « capital biographique » des personnes interrogées dans leur adaptation à leur pays d'accueil à partir d'une perspective genrée (1999, 2000a, 2000b). Au début des années 2000, Leonie Herwatz-Emden a publié un ouvrage collectif qui compare les pratiques éducatives, les processus d'acculturation et les rapports de genre dans des familles originaires de Turquie, d'ex-Union soviétique et d'Allemagne dans une perspective intergénérationnelle à partir de données qualitatives et quantitatives (2000). Dans son étude monographique multi-située basée sur des récits de vie et des observations ethnographiques en Allemagne et en Turquie, Halil Can a étudié les dynamiques intergénérationnelles, les pratiques transnationales et les appartenances identitaires au sein d'une famille d'origine turque dans la durée (2005, 2006). Enfin, Michael Tunç s'est concentré sur les pratiques paternelles de descendants de migrant·e·s dans une perspective à la fois intergénérationnelle et genrée (2006).

En France, Nadia Belkaïd s'est penchée, au début des années 1990, sur les relations de femmes issues du Maghreb à leurs enfants et petits-enfants, mettant en lumière l'entraide, mais aussi les incompréhensions qui peuvent émerger entre les générations (1994). Smaïn Laacher a souligné l'importance des situations sociales et des expériences personnelles dans les processus de transmissions, qui priment selon lui sur la représentation d'un modèle culturel (1994). Nacira Guénif-Souilamas, dans son enquête sur des jeunes parents issus de l'immigration maghrébine, invite, elle aussi, à se distancier de thèses culturalistes (1994) et s'intéresse aux transformations que traversent les familles migrantes d'Afrique du Nord, notamment en termes de rapports de genre (2000). Ahmed Mohamed (2000) s'est intéressé plus précisément aux mécanismes à l'œuvre dans les transmissions de valeurs, de religion et de langues au sein de familles originaires d'Afrique du Nord. Catherine Delcroix, quant à elle, a mis en avant l'importance des ressources subjectives, des rapports de genre (2004b) ou de la mémoire (2009), notamment à travers son étude approfondie d'une famille d'origine marocaine, la famille Nour (2013). Elle a également réalisé plusieurs recherches sur la prévention familiale des risques dans le contexte migratoire des quartiers défavorisés (1999, 2004a). Emmanuelle Santelli (2001) a analysé les parcours professionnels de jeunes issus de l'immigration. Claudine Attias-

Donfut, enfin, en mobilisant des méthodes qualitatives et quantitatives, s'est intéressée au devenir de descendant·e·s de migrant·e·s sur plusieurs générations (2009) et à la situation de personnes migrantes à un âge avancé dans une perspective intergénérationnelle (2006).

Ces travaux ont mis en lumière un certain paradoxe : malgré le changement de contexte profond qui accompagne la plupart du temps les migrations, les rapports de solidarité intergénérationnelle sont particulièrement forts dans un grand nombre de familles migrantes (Nauck 2004). Ces familles révèlent une cohésion intergénérationnelle prononcée et un souci de transmission plus élevé que des familles non migrantes (Boos-Nünning et Karakaşoğlu 2005, Herwartz-Emden 2000, Nauck *et al.* 1997). Plusieurs facteurs expliquent ce constat contre-intuitif. Selon Bernhard Nauck (2004), les parents migrants se voient confrontés à une plus grande difficulté, mais aussi à une plus grande nécessité de la transmission intergénérationnelle. En effet, la durée de leur installation dans leur pays d'accueil est souvent incertaine. Dans leur projet initial, les parents prévoient souvent leur migration pour un laps de temps court, suivi par un retour dans leur pays d'origine. La durée de leur séjour est également variable dans la mesure où ils ont souvent des droits de séjour instables, qui font qu'ils ne savent pas pour quelle durée ils pourront rester dans leur pays d'installation. Le maintien de relations familiales solidaires est alors vital, en particulier pour les familles qui sont originaires de sociétés sans systèmes d'aide sociale élaborés, où les solidarités intergénérationnelles forment l'un des seuls espaces de soutien.

La cohésion familiale s'explique également par le fait que le projet migratoire lui-même est le plus souvent un projet familial à long terme, dont l'un des objectifs principaux est la mobilité sociale et la réussite professionnelle des enfants (Attias-Donfut 2009, Brinbaum et Delcroix 2016, Hummrich et Wiezorek 2005). Il est par conséquent défini à sa base dans une perspective intergénérationnelle (Attias-Donfut 2009, Nauck *et al.* 1998). De plus, une éducation orientée de manière à ce que les enfants s'adaptent aux représentations morales de la famille dans leur pays d'origine n'est pas à négliger, dans la mesure où celle-ci leur confère, même lorsqu'elle est géographiquement éloignée, un facteur de stabilité important dans leur quotidien (Lutz 2000b). Les expériences de racisme, de discrimination ou de difficultés liées au chômage renforcent elles aussi la proximité entre les générations (Attias-Donfut 2009, Can 2005).

1.1.4 Implications des termes de « première », « seconde » et « troisième » génération

Les travaux existants sur les rapports intergénérationnels invitent également à revisiter l'usage des termes couramment employés de « première, seconde et troisième générations issues de l'immigration ». Ce vocabulaire exprime l'idée d'une assimilation progressive des générations de migrant·e·s à leur société d'accueil. Robert Park et Ernest Burgess, de l'École de Chicago, stipulent dans leur théorie des « cycles des relations raciales » qu'après avoir traversé différentes phases d'adaptation, les migrant·e·s s'assimileraient à leur société d'accueil de façon quasi automatique (Park et Burgess 1921)[4]. Ce paradigme classique de l'assimilation a cependant été remis en cause dès le début des années 1960 par des études empiriques aux États-Unis, qui ont démontré une persistance des inégalités sociales et des différences ethniques au fil des générations (par exemple Glazer et Moynihan 1963). Il est aujourd'hui largement remis en cause en Amérique du Nord comme en Europe (Safi 2011). Une vision de l'assimilation progressive et automatique au fil des générations de migrant·e·s subsiste cependant dans les discours majoritaires. Ainsi que le relèvent Rudolf Leiprecht et Helma Lutz (2003), la « première génération » est souvent perçue comme restant étrangère à la société d'accueil dans laquelle elle vit, la « seconde » comme étant prise entre deux cultures, et la « troisième » enfin comme entièrement assimilée à la société d'accueil et étrangère à la société d'origine de ses grands-parents.

Ces termes ont été largement critiqués sur le plan théorique depuis les années 1970, en France comme en Allemagne. En effet, ils contiennent une contradiction de fond, puisqu'ils attribuent aux membres de la « seconde et troisième » génération nés dans leur société d'accueil la qualité de migrants, bien qu'ils n'aient jamais migré (Meister et Sander 1998). De plus, ils ne font exister les générations qu'avec la migration, comme si elles n'avaient pas eu d'existence précédemment. Se pose également la question de qui constituerait alors la génération « zéro », comme le soulève Abdelmalek Sayad (1977).

[4] Ainsi que le précise Alain Coulon, cependant, Robert Park rejette l'idée « communément admise selon laquelle l'unité nationale exige[rait] une homogénéité ethnique » et définit l'assimilation comme « un processus au cours duquel des groupes d'individus participent activement au fonctionnement de la société tout en conservant leurs particularités » (Coulon 2020, 39).

Ces termes reflètent de plus un point de vue partiel et ethnocentrique qui se focalise sur le pays d'accueil, au détriment de la société d'origine (Sayad 1999).

Enfin, les termes de « première, seconde, troisième génération » stipulent un écart fondamental entre les générations de familles migrantes, comme si les différences dans les expériences vécues par les parents et leurs enfants étaient telles qu'elles mèneraient à une aliénation intergénérationnelle (Santelli 2003). Selon Abdelmalek Sayad, la distanciation des relations entre parents et enfants apparaît ici comme « un garant de l'effectivité des mécanismes sociaux propres à l'ordre social et national » (Sayad 1994, 174). Ce discours de distance, voire de rupture entre les générations explique pourquoi les transmissions intrafamiliales ont longtemps été absentes de l'analyse de familles migrantes (Hummrich 2003, Santelli 2009). Bien que largement critiqués, ces termes continuent d'être couramment usités en sciences sociales. En raison des présupposés qu'ils impliquent, je n'utiliserai pas les termes de première, seconde et troisième génération dans cet ouvrage, mais plutôt, ainsi que le suggère Emmanuelle Santelli, ceux de *descendant·e·s de migrant·e·s* (Santelli 2003).

1.2 Les concepts de génération et de transmission

1.2.1 Imbrications micro et macro des liens intergénérationnels

La question des liens intergénérationnels pose également question en sociologie générale depuis les débuts de la discipline. En effet, comme le souligne Claudine Attias-Donfut, une génération « n'a pas d'existence sociale autonome, elle est fondamentalement hétéronome », et ne peut être définie que dans un rapport différentiel avec une autre génération (Attias-Donfut 1988, 186). En sciences sociales, le terme de génération est employé dans trois contextes majeurs : le contexte familial, dans lequel il désigne des liens de filiation, le contexte des générations sociales historiques, et le contexte démographique, on parle alors souvent de cohortes.

Dans son essai fondateur qu'il intitule « Le problème des générations », Karl Mannheim (1990 [1923]) introduit une perspective résolument sociologique dans ce champ de recherche dans la mesure où, pour la première fois, les générations ne sont plus définies comme une succession « naturelle », mais comme une formation socio-culturelle (Attias-Donfut 1988). S'inspirant de Wilhelm Dilthey,

Mannheim montre l'importance du « temps intérieur » (Dilthey 1924), du ressenti des individus dans la formation de générations « historiques » à l'échelle sociétale. La génération historique développée par Mannheim ne se caractérise pas uniquement par l'espace spatio-temporel dans lequel des individus grandissent, mais avant tout par une *expérience commune* qui les relie les uns aux autres. La formation d'une génération historique n'a pas automatiquement lieu dans chaque cohorte, mais dépend au contraire de l'expérience d'événements à la fois historiques et biographiques forts.

Mannheim part du postulat qu'une personne, même si elle se transforme tout au long de sa vie, sera particulièrement marquée par les expériences vécues jusqu'à sa seizième année. C'est pourquoi seul le relais générationnel, le passage d'une génération à une autre, permet selon lui une transformation sociale radicale (Mannheim 1990 [1923]). Il souligne de plus le fait que dans une société donnée, plusieurs générations historiques, marquées par différents événements sociaux, cohabitent et articulent parfois des expériences fort différentes les unes des autres. Une même génération historique, en outre, sera composée de différentes unités en compétition les unes avec les autres quant à la singularité de leur expérience liée à la classe sociale, etc. Ces luttes de significations, couplées au relai intergénérationnel, sont porteuses d'un important potentiel de transformation sociale. Karl Mannheim établit ainsi un lien entre la dimension biographique d'un individu, l'histoire et les transformations sociales.

Les niveaux familial et sociétal ont souvent été étudiés de façon séparée, alors qu'ils sont étroitement liés l'un à l'autre (Höpflinger 1999). Les étudier conjointement permet d'analyser les imbrications entre le niveau micro et macro. Les liens entre les évolutions de la famille et de la société ont formé un objet d'analyse sociologique dès les débuts de la discipline. Ainsi, dès la fin du XIXe siècle, Émile Durkheim montre comment l'industrialisation et la modernisation entraînent une « contraction de la famille », qui passe d'un clan familial élargi à la famille nucléaire. Il met en lumière la manière dont cette contraction est accompagnée d'un paradoxe : la famille moderne devient à la fois de plus en plus « privée » et de plus en plus « publique ». En effet, à mesure qu'ils s'autonomisent de leur parenté et de leur voisinage, les individus dépendent de plus en plus de l'État (Durkheim 1921).

L'État-providence joue ainsi un rôle central dans les rapports entre les générations dans nos sociétés contemporaines, car il prend en charge des rôles autrefois remplis par la famille. Il mène à une autonomisation relative des générations entre elles au niveau individuel, mais transpose en réalité les relations intergénérationnelles à d'autres niveaux. Les conflits entre les générations à l'heure contemporaine ne se jouent pas uniquement au sein de la famille, mais aussi à un macro-niveau, par exemple à travers le système des retraites (Höpflinger 1999). Le système d'assurance sociale n'est pas indépendant de la famille, et vice-versa, l'organisation de cette dernière dépend des systèmes de prise en charge de l'État (Attias-Donfut et Lapierre 1994). Le fait de s'intéresser à plusieurs niveaux d'analyse permet ainsi de saisir des relations intergénérationnelles qui ne sont pas repérables à un seul niveau.

1.2.2 Entre changement et continuité : l'incertitude de la transmissibilité

Les liens intergénérationnels sont étroitement liés au processus de transmission. Anne Muxel, dans le dictionnaire des sciences humaines, définit la transmission comme le processus qui fabrique « du lien, entre individus, entre les générations et entre les différents temps historiques » (Muxel 2006, 1177). Le processus de transmission est caractérisé par un paradoxe de départ : les générations doivent « transmettre pour durer, mais aussi s'adapter pour durer » (Muxel 1996, 23). La transmission se situe par conséquent inévitablement entre continuité et changement (Lenclud 2007). L'une des raisons pour lesquelles la transmission est profondément marquée par le changement réside dans le fait qu'elle s'effectue dans un processus de communication et ainsi d'interaction.

Un débat en sociologie de la socialisation[5] a porté sur la relation entre personne « socialisatrice » et personne « socialisée ». Tandis qu'Émile Durkheim conçoit la socialisation comme un processus linéaire et marqué par la contrainte allant de l'adulte à l'enfant, dans

[5] Les concepts de socialisation et de transmission ne relèvent pas, malgré leurs points communs, de la même conceptualisation. Alors que le concept de socialisation désigne un processus par lequel on entre dans la société (Darmon 2016), le terme de transmission est plus large, et est le plus souvent employé pour désigner des questions de continuité et de changement au niveau individuel et social. Cet ouvrage s'appuie sur le concept de transmission, dans la mesure où il ne s'intéresse pas avant tout à l'entrée dans un ordre social ou à l'adaptation à ce dernier, mais aux liens et aux dynamiques intergénérationnels.

lequel la personne socialisée est passive (Durkheim 2012 [1902-1903]), Jean Piaget, lui, à partir de ses observations de comportements d'enfants, perçoit la socialisation comme un processus de coopération, dans lequel la personne socialisée joue un rôle actif : face aux réactions de l'enfant, l'adulte est amené à modifier ses modes d'apprentissage ou d'enseignement, voire sa façon de voir le monde (Piaget 1932). La socialisation s'opère, dans cette conception, en interaction et non uniquement de manière unidirectionnelle (Dubar 2004). De nombreux·euses chercheurs·euses contemporain·e·s s'inscrivent dans cette deuxième conception.

En analysant les transmissions intergénérationnelles dans des familles boulangères, Daniel Bertaux et Isabelle Bertaux-Wiame (1988) ont développé le concept de « transmission en équivalence », qui traduit le processus lors duquel les enfants – loin de reproduire à l'identique le mode de vie de leurs parents – reprennent un certain nombre d'éléments qui leur ont été transmis, mais les transforment afin de se les approprier subjectivement : par exemple en visant un emploi dans le même domaine professionnel que leurs parents, mais sous un autre statut, ou au contraire en accédant au même statut, mais dans un secteur autre du marché du travail.

Les familles sont communément considérées comme le lieu privilégié de la transmission, car elles constituent le lieu de socialisation primaire, mais aussi un groupe d'attachement fort dans lequel différentes générations interagissent généralement toute une vie (Attias-Donfut 2000). La famille constitue de plus un niveau d'analyse stratégique en sciences sociales, car elle forme, ainsi que l'a formulé Tamara Hareven, « la scène sur laquelle se jouent de nombreuses interactions avec des processus plus globaux » (Hareven 1999, 13) et représente un outil important afin de relier les individus et les phénomènes situés à un niveau macrosociologique.

Si la famille constitue l'un des vecteurs centraux de la transmission, il serait cependant faux de penser que les transmissions ne reposent que sur cette dernière. Le contexte sociétal dans lequel s'opèrent les transmissions – par exemple à travers les institutions, les médias et les discours –, joue également un rôle central. On peut le constater dans les sociétés qui traversent des changements profonds dans des intervalles temporels courts. Dans son étude sur les transmissions en situation extrême après la révolution russe, Daniel Bertaux a démontré à quel point les ressources proprement familiales paraissent « dérisoires » (Bertaux 1994, 74) lorsque disparaît l'environnement qui les favorise. Son étude souligne à quel point la continuité du contexte, généralement tenue pour acquise, passe inaperçue dans les sociétés à l'ordre social stable, alors qu'elle constitue la condition première de possibilité de la plupart des transmissions.

Il s'agit également de préciser que les acteurs et actrices de ces processus n'ont pas les mêmes pouvoirs. Les langues ou les cultures valorisées et encouragées par l'État par le biais de ses institutions, entre autres, ont un fort impact sur les transmissions familiales (Zehraoui 2009). Dans le contexte de l'institution scolaire notamment, les enseignant·e·s ont plus de pouvoir que les parents (Lahire 1995). Le processus de transmission est ainsi tributaire du concours de nombreux acteurs et de nombreuses actrices, de différents contextes et situations. C'est pourquoi Daniel Bertaux et Isabelle Bertaux-Wiame proposent de parler de *transmissibilité* plutôt que de transmission (Bertaux et Bertaux-Wiame 1988). L'incertitude de la transmissibilité peut mener à une réflexivité accrue des individus, qui sont amenés à remettre en question l'idée qu'elle s'effectue de façon spontanée. La transmission peut alors devenir plus consciente, et faire l'objet d'une élaboration de stratégies éducatives.

Dans l'exemple de transmissions après la révolution russe évoqué plus haut, une même société traverse des transformations importantes dans un laps de temps court. On observe un autre cas de figure qui induit un changement profond de contexte : celui des migrations. Par leur passage d'un contexte à un autre, les familles migrantes vivent des situations de transformations majeures, dans lesquelles la transmission « ne va pas de soi » (Apitzsch 1999, 7). Contrairement aux familles sédentaires, les parents migrants ne sont pas secondés dans leur éducation par d'autres instances de socialisation telles que l'école ou les médias. Leur héritage culturel ne peut souvent être transmis que dans l'espace familial (Bertaux et Delcroix 2009). Les familles doivent alors trouver un équilibre entre différents modèles éducatifs, qui est difficile à établir dans une société dans laquelle les institutions publiques telles que l'école ou les services sociaux ont tendance à imposer un mode de vie où le système français est considéré comme supérieur et où l'assimilation est perçue comme le mode d'intégration à privilégier (Boulahbel-Villac 1991).

1.2.3 Transformations vécues par les familles migrantes

Les familles migrantes vivent un certain nombre de changements dans leur organisation qui rendent difficile la transmission de leur culture et des systèmes de valeurs qui leur sont familiers. Dans de nombreux cas, elles font l'expérience de séparations multiples : séparation géographique entre conjoint·e·s allant parfois jusqu'à plusieurs années voire décennies, séparation entre parents et enfants, entre frères et sœurs, ou entre famille nucléaire et famille élargie (Attias-Donfut 2009, El Moubaraki 1989, Erel 2002). Les familles émigrant de pays d'Afrique du Nord vers l'Europe de l'Ouest passent fréquemment d'un modèle de famille élargie à un modèle centré sur le couple. Les réglementations juridiques du regroupement familial ont renforcé ce phénomène, car elles imposent une certaine image de la famille en Europe de l'Ouest, définie la plupart du temps comme famille nucléaire, qui refaçonne les rapports entre générations (Kofman 2004). Les migrations peuvent aussi induire d'importantes transformations dans les rapports de genre. Par la séparation de leur mari avant le regroupement familial, puis en quittant leur belle-famille et en vivant seules avec leurs maris, les femmes vivent fréquemment un accroissement de leur pouvoir d'action (El Hariri 2003).

De plus, les personnes migrantes sont souvent confrontées à des différences dans la signification des âges de la vie : la jeunesse, l'âge adulte ou la vieillesse n'ont pas forcément le même sens dans leur pays d'origine que dans leur pays d'arrivée. Ainsi, Abdelhafid Hammouche évoque la découverte de l'âge de l'adolescence pour les parents et les enfants de familles maghrébines après leur arrivée en France dans les années 1980 (Hammouche 1995). Les individus concernés vivent également souvent un changement de classe sociale, et/ou d'occupations professionnelles comparé à celles qu'ils avaient exercées dans leur pays d'origine (Attias-Donfut 2009, Ertul 2009). Si les migrations entraînent des transformations familiales profondes, ces dernières constituent parfois l'un des motifs de la migration. En effet, le départ peut être motivé par la volonté de s'éloigner de la famille élargie, ou pour les femmes de se distancer de leur belle-famille (Ramond et Henocque 1996).

Les familles migrantes expérimentent souvent un renversement des générations plus précoce que les familles non migrantes. Alors que le moment où les enfants s'occupent de leurs parents a, dans les sociétés occidentales, généralement lieu lorsque les enfants ont près de 40 ans, ce renversement s'opère beaucoup plus tôt dans le contexte migratoire, parfois déjà dès l'enfance (Segalen 2006). Ceci est lié aux connaissances linguistiques des enfants, à leur plus grande maîtrise de codes sociaux et administratifs du pays d'accueil ou à leurs compétences dans l'usage de technologies (Attias-Donfut 2009). La dichotomie entre « l'enfant irresponsable et l'adulte responsable » (Hammouche 1995, 11) est alors remise en cause. Cette situation est de surcroît complexifiée par le fait que les individus eux-mêmes traversent des processus de transformation au fil de leur biographie, comme toute personne dans toute situation donnée.

1.2.4 Transmission et mobilité sociale : capitaux objectifs et subjectifs

La question de la transmission a largement été discutée en sciences sociales dans les recherches sur les inégalités sociales. Pierre Bourdieu en particulier a démontré comment, l'appartenance sociale formant l'un des grands enjeux des transmissions familiales, les familles tendent « à conserver voire à agrandir leur patrimoine » (Bourdieu 1979, 145). Dans ce processus, différentes formes de capitaux peuvent être mobilisées et converties. À travers un investissement dans des écoles privées grâce à leur capital économique, par exemple, certains parents visent à accroître le capital culturel de leurs enfants, qui facilitera leur réussite scolaire, puis professionnelle.

Dans leurs études empiriques, Bourdieu et ses collaborateurs relèvent l'immuabilité des inégalités sociales (Bourdieu et Passeron 1964, 1970). Selon eux, la mobilité sociale relève de l'exception, les appartenances sociales des enfants ayant tendance à ressembler fortement à celles de leurs parents. Bourdieu relie cette prédisposition au concept d'habitus, qui consiste dans l'incorporation des structures objectives des champs sociaux dans lesquels sont impliqués les individus (Bourdieu 1994) et qui va jusqu'à former les goûts, par exemple alimentaires ou vestimentaires, des individus. Selon Bourdieu, l'habitus des individus situés dans différents champs sont homologues, et correspondent à « l'espace des oppositions objectives entre les conditions » (Bourdieu 1979, 196). Pour l'auteur, les individus sont des « agents » plutôt que des acteurs (Bourdieu 1994, 45), dans la mesure où ils reproduisent l'ordre dicté par leur habitus (Bourdieu et Passeron 1964). Cette approche est cependant limitée, en particulier dans l'étude de parcours de migrant·e·s. En effet, la migration ayant fréquemment pour objectif une mobilité sociale ascendante sur plusieurs générations, l'école devient un lieu d'investissement important dans les transmissions familiales en contexte migratoire (Attias-Donfut 2009). Cet investissement se traduit par une réussite importante de jeunes issus de l'immigration. Plusieurs enquêtes quantitatives démontrent qu'à situation sociale et familiale équivalente, les descendant·e·s de familles migrantes réussissent mieux que leurs condisciples français (Brinbaum 2013, Vallet et Caille 1996), en particulier les filles (Brinbaum 2019).

En réponse au fait que la mobilité sociale de différents groupes sociaux, en particulier de migrant·e·s, ne s'explique pas par la théorie des capitaux développés par Bourdieu – puisque ces groupes sont précisément fréquemment démunis de ces formes de capitaux –, Catherine Delcroix a développé le concept de « ressources subjectives ». Ces ressources désignent « les énergies physiques, mentales et morales » qu'un individu développe afin de réaliser ses projets (Delcroix 2009, 144). Elles mobilisent de multiples aptitudes – courage, ténacité, réflexion, maîtrise de soi et apprentissage de la patience –, qui permettent d'établir une distance par rapport à ses propres expériences (Delcroix 1999). Dans le milieu familial, elles peuvent se traduire dans les pratiques développées par les parents pour contrer le risque que leurs enfants intériorisent une image négative d'eux-mêmes, ou pour éviter qu'ils développent une attitude négative vis-à-vis de leur pays d'accueil, par exemple en évitant de leur raconter leurs propres expériences de discrimination sur leur lieu d'emploi (Brinbaum et Delcroix 2016, Delcroix 2011). Ces ressources peuvent également être utilisées dans un cadre professionnel, comme dans le cas des médiatrices socio-culturelles dans les quartiers populaires qui réalisent une médiation entre les habitant·e·s et des institutions telles que l'école ou la police. Le plus souvent, les ressources de ces médiatrices ne reposent pas sur des diplômes, mais sur la capacité des femmes d'opérer une mise à distance de leurs expériences de vie et une réflexion autour de leur vécu (Delcroix 2007). Bien qu'étant opérationnelles dans la pratique sociale, ces ressources souffrent d'un manque de reconnaissance institutionnelle. En France, l'introduction de la VAE (validation des acquis de l'expérience) depuis 2002 permet de convertir ces ressources réflexives en diplôme (Dardy et Frétigné 2007) et ainsi en capital culturel.

1.3 Une perspective de recherche postcoloniale

1.3.1 L'altérisation dans le processus de colonisation

Ce travail s'inscrit dans une perspective de recherche postcoloniale. Ce courant de recherche, développé à partir de la fin des années 1970 majoritairement par Edward Saïd (1978), Homi K. Bhabha (1990, 1994) et Gayatri Spivak (1990)[6], met en avant les continuités du colonialisme dans l'époque contemporaine. Ces auteur·e·s remettent en cause l'idée selon laquelle les cultures colonisatrices formeraient un « centre », et que les pays anciennement colonisés se trouveraient en « périphérie ». Les études postcoloniales ont montré la manière dont l'exploitation ne se fait pas seulement sur le plan économique ou militaire, mais également à travers un discours et une culture de domination (Ashcroft *et al.* 1989). Edward Saïd (1978) a montré, à travers une analyse des représentations de l'Orient dans des œuvres littéraires occidentales, la manière dont « l'Orient » n'est pas irrémédiablement différent de « l'Occident » et comment il est construit comme inférieur par ce dernier. Le mécanisme d'altérisation et la « culture de la différence » (Blanchard *et al.* 2008, 25) ont joué un rôle central dans la légitimation de la colonisation. Selon Christine Delphy, la domination n'est pas une conséquence de l'altérité, mais une altérisation des personnes est au contraire mise en place dans l'objectif de *dominer* les « Autres » (Delphy 2008)[7]. L'auteure parle d'altérisation précisément afin de montrer que « l'Autre » n'existe pas en tant que tel, mais qu'il est, comme l'a mis en lumière Saïd, le résultat d'un processus de différenciation.

Plusieurs marqueurs de différence sont érigés en processus d'altérisation. L'idée de « race », ou plutôt le racisme, a constitué l'une des lignes centrales de la construction de « l'Autre » en situation

---

[6] Ces intellectuel·le·s se sont inspiré·e·s en particulier de Frantz Fanon (1952, 1961) et des *Commonwealth Literary Studies*, un courant littéraire regroupant des ouvrages rédigés en anglais par des auteur·e·s issu·e·s des anciennes colonies britanniques.

[7] Christine Delphy a développé cette idée en mettant en exergue le rôle de « l'Un » dans la construction de « l'Autre ». « L'Autre », selon l'auteure, est construit par « l'Un », qui reste invisible, car il se considère être la norme, qui ne nécessite selon lui pas d'être nommée. Si les « Uns », les dominants, se perçoivent comme étant universels et les « Autres » comme étant spécifiques, être blanc, ainsi que l'indique Delphy, est tout aussi spécifique qu'être noir. L'Un occulte l'impact de sa position sur la définition de « l'Autre », comme si celle-ci était « objective » (Delphy 2008, 39) et néglige la dimensions relationnelle – et asymétrique de cette construction.

(post)coloniale (Fanon 1952). La division des êtres humains en « races » est fréquemment présentée comme une réalité biologique. Elle relève cependant d'une construction sociale. C'est le racisme qui crée les races, et non la « race » qui précède le racisme, comme l'a précisé Colette Guillaumin (1972). C'est pourquoi plusieurs auteur·e·s proposent de parler de « racisation » plutôt que de « races » (Pfefferkorn 2011). Le racisme peut être tourné contre des groupes d'une certaine couleur de peau, mais aussi contre des groupes culturels ou religieux, tels que les gens du voyage, les personnes juives ou musulmanes. Un lien est alors établi entre l'apparence physique ou l'appartenance culturelle et religieuse et la disposition intérieure présumée des personnes. Dans le racisme, les groupes sont considérés comme statiques, comme si l'élément différenciateur était indélébile et hérité de génération en génération (Leiprecht 2005). Le genre constitue un autre marqueur de différence instrumentalisé durant le processus de domination (post)coloniale. Dès les débuts de la colonisation, il a servi de ligne de partage entre « l'Orient » et « l'Occident ». L'oppression de la femme en Orient a été utilisée comme preuve de supériorité de l'Occident, et a servi à légitimer l'intervention des pays occidentaux, présentée comme nécessaire afin de réformer la position de la femme dans les colonies (Castro Varela et Dhawan 2005). Selon plusieurs auteur·e·s, les Français·es n'ont cependant pas apporté d'améliorations pour les femmes dans les pays colonisés durant l'époque coloniale (Clancy-Smith 2006). De plus, le code français n'était alors guère plus favorable à la femme que le code musulman (Delphy 2008). La religion enfin constitue une autre ligne d'appartenance centrale instrumentalisée en contexte (post)colonial. L'islam étant la religion majoritaire de nombreuses populations colonisées, son contrôle a, ainsi que le souligne Anna Bozzo, été nécessaire au colonisateur afin de s'installer dans ses colonies dans la durée. Ainsi, le décret Crémieux introduit en Algérie française en 1870 a permis en théorie aux musulman·e·s d'accéder à la citoyenneté française, mais à condition qu'ils·elles renoncent au statut personnel musulman, qui régissait en particulier les règles concernant la famille (notamment le mariage et le divorce) (Weil 2005). Ce choix a fait peu d'adeptes, étant donné que le droit religieux formait « l'ultime rempart de résistance au colonisateur » (Touati 2006, 111).

Ces marqueurs de différence ne sont pas séparés, mais au contraire, dans une perspective intersectionnelle (voir partie 3.3.3), intrinsèquement liés les uns aux autres. Le sexisme et le racisme, ou le racisme et l'appartenance religieuse par exemple sont étroitement liés les uns aux autres. Le genre a été utilisé comme véritable « tactique » de conquête dans la colonisation. Les femmes colonisées étaient invitées à se rallier aux colonisateurs. Si elles se prêtaient au jeu, non seulement « l'hypothèse de la barbarie du genre [était] validée, mais les hommes [étaient] privés de leur plus grand soutien » (Delphy 2008, 153). Le combat contre l'islam durant la colonisation a contribué à ériger ce dernier en symbole de solidarité anticoloniale. L'islam a joué un rôle central dans le processus de construction de la nation de l'Algérie et d'autres pays de l'Afrique du Nord, après la décolonisation (Harbi 2007). Le positionnement des femmes est à situer dans ce contexte : pour plusieurs d'entre elles, adhérer au modèle d'émancipation occidental revient à adopter une position de traîtrise par rapport aux hommes. De plus, se réapproprier le religieux fait preuve de leur adhésion à la lutte anticoloniale. Le féminisme ne peut donc pas être le même en Orient qu'en Occident. Dans le premier, l'émancipation s'appuie souvent sur l'islam, bien que sur un islam revisité (Touati 2006).

1.3.2 Implications de l'altérisation (post)coloniale en contexte migratoire

Le sexisme et le racisme sont imbriqués dans le contexte colonial, dans la mesure où l'idée d'une domination des femmes colonisées par les hommes colonisés est instrumentalisée à des fins racistes (Benelli *et al.* 2006). On observe une situation semblable dans le contexte migratoire en Europe, où plusieurs auteur·e·s ont relevé un stigmate plus lourd à l'encontre des hommes nord-africains que des femmes. Les femmes migrantes originaires de pays anciennement colonisés sont souvent considérées comme les « victimes » de leurs maris et des hommes « violents » de leur entourage (Guénif-Souilamas 2005, 204). Les discours majoritaires tendent à inviter les filles issues de l'immigration postcoloniale à rompre avec leurs parents et à les inciter au mariage mixte, les poussant ainsi vers un autre marché matrimonial que les garçons (Hamel 2006). Cette imbrication entre le sexisme et le racisme met les jeunes filles issues de l'immigration dans une position inconfortable vis-à-vis des hommes de leur entourage. Elle les pousse à passer d'abord par une lutte contre le racisme avant de s'émanciper sur le plan des rapports de genre. Ainsi que l'indique Houria Bouteldja, lorsqu'elles quittent leur quartier elles sont souvent soucieuses de signaler aux garçons qu'elles ne les renient pas. En effet, elles encourent le risque d'être considérées comme des traîtresses par ces derniers, qui n'ont pas les mêmes chances de quitter leur quartier, en raison des stéréotypes plus lourds qui pèsent sur eux. Le fait de démontrer aux garçons leur solidarité – par exemple en portant le voile – permet aux jeunes filles concernées de montrer qu'elles ont conscience que ce n'est pas « la République qui a donné aux femmes leur liberté, mais avant tout les guerres d'émancipation anticoloniales, menées par leurs ancêtres », ainsi que l'exprime Houria Bouteldja (2006, 130).

1.3.3 Particularités de la mémoire coloniale en France et en Allemagne

Tandis que la mémoire de la Shoah est reconnue et institutionnalisée en Allemagne, on constate jusqu'à aujourd'hui une réticence à évoquer le passé colonial (Leiprecht 2005, Pape 2016). La continuité établie entre le colonialisme allemand et la Shoah ainsi que l'impact profond du passé colonial allemand devrait pourtant, selon plusieurs auteur·e·s, suffire à légitimer sa prise en considération dans la mémoire collective (Kößler 2005, Lutz et Gawarecki 2005). En 2004, au moment de la commémoration du centenaire du génocide des Héréro et des Nama commis sous l'époque colonial allemande, le gouvernement allemand a persisté à ne pas reconnaître ce dernier comme tel, malgré les travaux d'historien·ne·s sur la question (par exemple Kößler 2005, Zimmerer et Zeller 2003).

On observe également une forte réticence en France à reconnaître le passé colonial du pays, malgré sa plus longue durée comparé au passé colonial allemand et le fait que de nombreux·euses migrant·e·s soient issu·e·s d'anciens territoires coloniaux français (Bancel et Blanchard 2008). Ahmed Boubeker souligne également un refus en France à admettre que les migrations des anciennes colonies diffèrent de celles issues d'autres pays et que, contrairement à ces dernières, elles ne se fondent pas dans le « creuset français » (Boubeker 2005). Selon Benjamin Stora, cette réticence s'explique en partie par la contradiction entre colonisation et idéaux républicains, qui conduit de nombreux·euses Français·es à vouloir « oublier » l'Algérie et l'histoire coloniale (Stora 2005, 63).

Ce refus mémoriel s'est notamment exprimé par l'adoption, le 23 février 2005, de la loi sur la « reconnaissance de la nation » et son alinéa 4 sur « l'enseignement des éléments positifs de la colonisation dans les écoles françaises » (Bertrand 2006). Le tollé suscité par cette loi a mené à l'abrogation de l'alinéa mentionné en 2006. Néanmoins, le fait même qu'il ait été introduit démontre l'ampleur du déni par l'État français des conséquences douloureuses de la colonisation jusqu'à aujourd'hui. Les émeutes de 2005, entre autres, ont renforcé les débats publics sur l'impact du passé colonial. Plusieurs chercheurs·euses ont montré comment un certain nombre de discriminations que vivent les descendant·e·s de migrant·e·s issu·e·s d'Afrique du Nord s'inscrivent dans un long passé colonial et institutionnel (Bouamama et Tévanian 2011). Ainsi, Didier Lapeyronnie a mis en évidence la manière dont les banlieues évoquent la situation coloniale à travers la ségrégation vécue, mais aussi le sentiment des habitant·e·s d'être fréquemment défini·e·s dans les discours publics par un déficit de « civilisation » (Lapeyronnie 2005, 210).

En même temps, il ne s'agit pas d'homogénéiser les migrant·e·s originaires de pays anciennement colonisés ni de les percevoir comme occupant automatiquement une position subalterne, mais plutôt de prendre en compte leurs positions spécifiques dans leur pays d'accueil comme d'origine (Spivak 1990). Différents travaux invitent à repenser la dichotomie fréquemment effectuée entre pays « anciennement colonisés » et « colonisateurs » et à considérer l'histoire des pays concernés davantage à partir d'une perspective croisée et interactive (Roulleau-Berger 2011, Tamamoi 2005, Werner et Zimmermann 2003).

1.3.4 Divergences mémorielles dans le contexte migratoire (post)colonial

Alors que l'histoire se construit à partir de sources vérifiées et objectivées, la mémoire repose sur un rapport affectif que les individus ou les groupes entretiennent avec le passé (Bancel et Blanchard 2008). Maurice Halbwachs (1925, 1950) a montré la manière dont la mémoire, loin de constituer un phénomène individuel, est construite à travers les cadres sociaux dans lesquels évolue un individu. Il a également souligné le rôle de la mémoire dans la construction des identités collectives, un enjeu majeur notamment dans la constitution des identités nationales (Lutz et Gawarecki 2005). La mémoire nationale fait l'objet d'une socialisation institutionnelle et est enseignée par le biais des programmes scolaires, des musées, des œuvres littéraires, ou encore des monuments de commémoration (*Ibid.*). Elle se fait généralement à partir de la perspective du groupe dominant. Lors de son institutionnalisation au XIXe siècle, l'histoire a eu pour fonction de constituer une mémoire collective et d'assurer l'univocité d'un « récit national » (Bancel et Blanchard 2008, 497).

La mémoire peut représenter un champ de luttes importantes de significations et d'interprétations, en particulier lorsque des groupes porteurs de mémoires divergentes cohabitent et que des conflits passés ne sont pas résolus ou difficiles à accepter (Ferro 2008). Pierre Nora (1992) a mis en avant l'importance des générations comme « lieu de mémoire ». Cette dimension générationnelle de la mémoire devient particulièrement importante dans le contexte migratoire. La question des mémoires joue un rôle central dans les familles migrantes : leur histoire familiale diffère souvent fortement de l'histoire enseignée à l'école dans leur société d'accueil française ou allemande, surtout quand les familles sont issues de pays anciennement colonisés (Kerber 2005, Lemaire 2005). Ces différences peuvent mener à des tensions ou à des conflits, voire à des « guerres des mémoires » (Bancel et Blanchard 2008, Blanchard et Veyrat-Masson 2008), si ces différences mémorielles ne sont pas abordées dans l'espace public.

L'équilibre à trouver pour les familles migrantes issues de pays anciennement colonisés est complexe. Dans la mesure où les sociétés française et allemande évoquent peu leur passé avec les pays du Maghreb, la famille devient le lieu central dans lequel un lien entre la mémoire familiale et l'histoire du pays d'origine peut être forgé. Certains travaux montrent que lorsque les parents n'évoquent pas leur passé biographique, les enfants ont des difficultés à construire leurs repères historiques (Delcroix 2009). Simultanément, de nombreux parents font le choix de ne pas transmettre leur expérience de la colonisation à leurs enfants, de crainte que ceux-ci ne rejettent leur société d'accueil française. Cette situation est complexifiée du fait que les parents et les enfants peuvent être amenés, au fil du temps, à vivre des expériences historiques divergentes et à appartenir à des générations historiques différentes s'ils n'ont pas été socialisés dans les mêmes contextes nationaux. Un « travail générationnel » poussé et des stratégies de communication intrafamiliale sont alors nécessaires afin de développer une orientation commune. Ainsi que l'a montré Lena Inowlocki, ce travail se fait au quotidien au travers de discussions communes et la mise en relief d'expériences de vie passées avec le vécu actuel (Inowlocki 1999).

2 Migrations marocaines en France et en Allemagne

2.1 Le contexte historique des migrations marocaines vers l'Europe

L'émigration du Maroc à partir des années 1950 doit être appréhendée à l'aune du passé du pays, marqué par des luttes de pouvoir entre Arabes et Amazigh·e·s[8], par les protectorats[9] mis en place par l'Espagne et la France au XXe siècle et par le régime de répression et les crises socio-économiques après l'indépendance.

L'État marocain est créé au VIIIe siècle après la conquête de l'Afrique du Nord par des populations arabes issues du Proche-Orient. Les tribus amazighes qui vivent alors sur le territoire se rebellent contre les conquérants arabes et continueront, au cours des siècles qui suivent, à remettre en question le pouvoir étatique mis en place. Les conflits entre Arabes et Amazigh·e·s perdurent jusqu'à aujourd'hui. Si les occupants arabes parviennent à islamiser le pays dès le VIIIe siècle, en revanche, ils peineront à arabiser le territoire sur le plan linguistique.

---

[8] Le nom « berbère », dérivé du mot grec « barbaroi », a été attribué aux peuples autochtones d'Afrique du Nord et signifie « étranger », mais aussi « sauvage » ou « non-civilisé ». Les populations berbères se désignent au contraire sous le nom d'Amazigh·e·s, qui signifie « homme libre ». En raison des connotations négatives du terme « berbère » et en accord avec l'auto-désignation de cette population, cet ouvrage emploiera les termes « Amazigh·e » pour désigner les personnes connues sous le nom de « Berbères » et l'« amazighe » pour évoquer la langue « berbère ».

[9] Le système de protectorat, mis en place pour la première fois par la France en Tunisie en 1881, diffère de la colonisation en ce qu'il n'implique pas d'annexion territoriale, ni la création sur place d'une administration française propre. Les protectorats étaient moins couteux que les colonies : les institutions précoloniales existantes et la nationalité étaient maintenues dans ces territoires. La puissance colonisatrice y prenait cependant le pouvoir sur plusieurs domaines centraux, tels que les relations extérieures, l'armée ou la justice. Les systèmes de protectorat et de colonie ont en commun qu'ils ne reconnaissaient pas la souveraineté de l'État occupé (Deperchin et Lekeal 2011). Dans la mesure où le sultan du Maroc, bien qu'officiellement au pouvoir, avait pour fonction uniquement de valider les textes établis par les autorités françaises, et en raison des nombreux points communs entre protectorats et colonies, je parlerai dans cet ouvrage de protectorats et de colonisation de façon équivalente.

Jusqu'à aujourd'hui, environ 40% de la population marocaine parle la langue amazighe[10] (Aïd Kaki 2003, Vermeren 2010).

Au XVe siècle, l'Espagne tente de dominer le Maroc et crée plusieurs enclaves dans le nord du pays, notamment Melilla et Ceuta, qui sont des territoires espagnols jusqu'à aujourd'hui (Courcelle-Labrousse et Marmié 2008). En 1860, le Maroc, fragilisé par une crise politique interne, signe des traités de commerce inégaux avec la France et la Grande-Bretagne, qui engagent sa dépendance économique (Lugan 2011). Un traité européen signé en 1880 à Madrid étend les privilèges accordés à la France et à la Grande-Bretagne à d'autres pays, en particulier à l'Allemagne, l'Autriche et les Pays-Bas. Des entreprises européennes commencent à exploiter les richesses minières du Maroc. Des colons s'y installent, même si dans une moindre mesure qu'en Algérie, qui subit une véritable vague migratoire en provenance des États européens (C. Lacoste et Y. Lacoste 1991).

La France prend peu à peu le contrôle militaire du pays. En 1912, la signature de deux traités de protectorat partage le pays officiellement en deux zones : la zone espagnole, qui comprend le nord du pays ainsi qu'une partie du Sahara dans le sud, et la zone française, qui recouvre la majeure partie du territoire[11]. Contrairement à d'autres pays de l'Afrique française du Nord[12], la conquête du Maroc se fait en grande partie grâce aux notables autochtones et au sultan. En effet, jusqu'au début du protectorat, les dynasties du *makhzen*[13] sont loin de contrôler l'ensemble du pays. L'occupation française aide ainsi, dans un premier temps, la monarchie marocaine à affirmer son pouvoir (Dalle 2007). Les occupant·e·s français·es et espagnol·e·s diffèrent dans la gestion des territoires placés sous leur domination. Dans le nord, les Espagnol·e·s ne cherchent pas réellement à administrer l'arrière-pays, et se contentent d'occuper les ports (Lugan 2011). Cela est partiellement lié au fait que la zone espagnole constitue la région la plus difficile à contrôler : elle est principalement habitée par des tribus

[10] Au Maroc, la langue amazighe comprend trois variétés : le tarifit, le tamazight et le tachelhit.

[11] La ville de Tanger quant à elle est déclarée zone internationale en 1923 (Vermeren 2001).

[12] L'Afrique française du Nord inclut l'Algérie, le Maroc et la Tunisie. Elle est à distinguer du Maghreb, ou du « Grand Maghreb », qui comprend, outre les trois pays évoqués, la Libye, la Mauritanie et le Sahara occidental (C. Lacoste et Y. Lacoste 1991).

[13] Le *makhzen* désignait le gouvernement du sultan du Maroc avant le protectorat.

amazighes, qui reconnaissent le moins le *makhzen*, et encore moins une puissance étrangère (Courcelle-Labrousse et Marmié 2008). La partie française quant à elle est gouvernée par un administrateur français. Le sultan reste au pouvoir, mais n'a pour fonction que de valider les textes établis (Vermeren 2010).

Les occupations française et espagnole sont contestées par la population dès la signature des traités de protectorat. Parmi les régions les plus rebelles, on compte le Rif dans le nord du pays, où une guerre de résistance contre l'Espagne est menée à partir de 1921. Elle est dirigée par Abdelkrim El Khattabi, souvent connu sous le nom d'Abdelkrim, qui crée la République du Rif en 1922. Ce dernier reste jusqu'à aujourd'hui un héros national et une icône des mouvements indépendantistes. En 1924, la France vient en soutien à l'Espagne et entre elle aussi en guerre contre cette région. L'armée du Rif est finalement vaincue en 1926. Le secret de la victoire des forces européennes, longtemps passé sous silence, a consisté dans l'usage d'armes chimiques secrètement vendues par un fabricant de produits chimiques allemand à l'Espagne. L'usage d'armes chimiques constituait une violation flagrante du récent Traité de Versailles de 1919 (Balfour 2002, Kunz et Müller 1990).

Dans les années 1930, les protestations contre le protectorat s'étendent dans la zone française. Le Comité d'action marocain est créé en 1934 et prend le nom du Parti de l'Istiqlal ; il devient le Parti de l'indépendance en 1943 (Vermeren 2010). Dès 1944, ce parti diffuse un Manifeste de l'Indépendance. Le sultan Mohamed V participe au mouvement de résistance et refuse de signer les traités qu'on lui soumet (Lugan 2011). En mars 1956, la France reconnaît l'indépendance du Maroc. L'Espagne met fin au protectorat peu de temps après (C. Lacoste et Y. Lacoste 1991).

Les années postindépendance au Maroc sont marquées par de profondes mutations. L'agriculture sous-productive du pays à la fin du protectorat mène à un exode rural massif. Cette transformation est accompagnée d'une explosion démographique importante, à l'instar des autres pays du Maghreb (Vermeren 2010). La situation du Rif, connu pour être économiquement pauvre, s'aggrave suite au démantèlement d'entreprises par les occupants espagnols (Waltner 1988). Des mauvaises récoltes à la fin des années 1950 mettent le feu aux poudres et une insurrection éclate dans cette région de 1958 à 1959, qui est violemment réprimée (Vermeren 2001). Un autre enjeu central au lendemain de l'indépendance est l'école, car la scolarisation était difficilement accessible à la population marocaine sous le protectorat (Waterbury 1970). On observe dans un premier temps un progrès considérable : 13% des enfants âgés entre 7 et 14 ans sont scolarisés en 1956, contre 45% en 1965 (Vermeren 2010).

Hassan II accède au pouvoir après la mort de son père Mohamed V en 1961. Son règne, connu sous l'appellation des « années de plomb », durera jusqu'à sa mort en 1999, soit une période de 39 ans. Proche de l'élite politique française, Hassan II mène dès le début de son règne une politique contre le Parti de l'Istiqlal. En 1964, les partis de l'opposition, l'Union Nationale des Forces Populaires et l'Istiqlal nationaliste sont dissouts. De nombreux journaux sont suspendus. Les Amazigh·e·s, écarté·e·s du pouvoir depuis l'indépendance, sont opprimé·e·s de manière semblable à la période précédant le protectorat (Rivet 2007). Le Rif en particulier est négligé par l'État (Vermeren 2010). En 1965, suite à une circulaire du ministère de l'Éducation qui appauvrit un système scolaire déjà en crise, des grèves de lycéen·ne·s sont organisées à Casablanca (Dalle 2007). Elles se transforment en émeute. La répression de ce soulèvement mène à plusieurs centaines de morts et à des milliers de condamnations. L'éducation constituant un vecteur important « d'éveil à la conscience politique » (Vermeren 2010, 45), une politique de déscolarisation est mise en œuvre après ces événements (*Ibid.*). Le pays s'engage alors dans un analphabétisme chronique : en 1965, 89% de la population est analphabète. En 1998, l'analphabétisme continue de toucher plus de la moitié de la population (Souali 2004, Vermeren 2010).

En juin 1965, le Parlement est renvoyé pour une durée de cinq ans (Dalle 2007). Les contestations se poursuivent. En 1971 et 1972, deux coups d'État organisés en partie par des membres de l'armée originaires du Rif ont lieu et sont eux aussi sévèrement réprimés. Les grèves se succèdent dans les lycées et universités. De nombreux·euses étudiant·e·s sont arrêté·e·s (Vermeren 2010). Une phase économique éprouvante débute au Maroc au début des années 1980, suite au second choc pétrolier de 1979 et à la grande sécheresse des années 1980 à 1984. 70% des jeunes de 15 à 20 ans ne sont pas scolarisés et n'ont en grande partie pas d'activité fixe. Suite à la hausse des prix de produits alimentaires de base, de nouvelles révoltes éclatent à Casablanca en 1981. En 1984, de violentes émeutes du pain s'étendent également dans d'autres régions, en particulier dans le Rif, où on compte des centaines de morts (Vermeren 2010). Les problèmes économiques continuent de s'étendre au cours des années 1990. Le taux de chômage, de 10,7% en 1982, passe à 16 % en 1994 (Douidich 1998).

L'émigration marocaine est à situer dans ce contexte[14]. Dans les années 1960, lorsque plusieurs États européens font appel à une immigration de main-d'œuvre, une émigration est également encouragée par l'État marocain, en particulier dans les régions rebelles, car elle offre une possibilité d'atténuer les problèmes de chômage mais aussi les tensions politiques et sociales du pays (De Haas 2005). Le gouvernement marocain voit également dans les apports économiques et les connaissances acquises lors de la migration un potentiel pour faire évoluer positivement le pays (*Ibid.*). Des conventions de recrutement de main-d'œuvre sont établies en 1963 avec la France et l'Allemagne, en 1964 avec la Belgique et en 1969 avec les Pays-Bas (Belbah et Veglia 2003, Charef 2003, Ouali 2003)[15].

À la fin des années 1960, l'émigration marocaine augmente de façon significative. Elle s'inscrit dans le contexte de répression politique et de crise économique et sociale évoqué, en particulier dans le Rif : en 1971, plus de 50% des habitant·e·s de Nador, une province du Rif, vivent à l'étranger (Riesch 2007). Près de 50% des migrant·e·s issu·e·s de cette région se dirigent alors vers l'Allemagne (Waltner 1988). L'émigration s'intensifie avec la croissance démographique des années 1970 et les conflits sévissant (Vermeren 2001). L'immigration de travail, puis l'immigration par le regroupement familial en Europe est à situer dans ce contexte. L'accroissement de l'immigration estudiantine dans les années 1970 est elle aussi directement liée à la crise du système éducatif marocain et à la répression sous le régime de Hassan II (Laffort 2009).

---

[14] Une émigration marocaine vers la France métropolitaine a cependant également eu lieu précédemment, lors des deux guerres mondiales. Environ 35 000 soldats marocains ont été enrôlés dans chacune d'entre elles, souvent de force. Un nombre équivalent de travailleurs a été recruté dans des usines, par exemple de fabrication d'armes. On estime qu'environ 40 000 Marocains vivaient en France au lendemain de la Seconde Guerre mondiale (El Moubaraki 1989, Gershovich 2000).

[15] Paradoxalement, ainsi que le précise Hein de Haas, les conventions de recrutement de main-d'œuvre ne constituent pas la voie principale de la migration de travail vers l'Allemagne et la France dans les années 1960-70. La migration de travail est le plus souvent organisée sous forme de réseaux, généralement de type familial. De nombreux·ses migrant·e·s partent ainsi de leur propre chef, soit avec un visa de tourisme, soit de manière illégale, espérant régulariser leur situation après leur arrivée (De Haas 2007). Plusieurs auteur·e·s parlent par conséquent d'une migration principalement « auto-organisée » (Piepho 2005, 71).

En 2007, on estime le nombre de Marocain·e·s vivant à l'étranger à 3,3 millions et en 2013 à plus de 4 millions, soit environ 10% de la population totale (Berriane 2014, Hamdouch 2007). 85% d'entre eux·elles vivent dans l'Union européenne (Schüttler 2008). Les Marocain·e·s se sont dirigé·e·s vers un nombre de pays plus diversifié que les migrant·e·s issu·e·s d'autres pays du Maghreb. Cela s'explique par le fait que le Rif, l'une des régions principales d'émigration du Maroc, a été colonisé par l'Espagne, si bien que ses habitant·e·s maîtrisaient plus rarement la langue française et privilégiaient moins des destinations francophones que les ressortissant·e·s d'Algérie ou de Tunisie. Ils·elles se dirigeaient davantage vers des pays européens dans lesquels les salaires étaient plus élevés (De Haas 2007). Ils·elles forment, après les Turc·que·s, le groupe de migrant·e·s le plus réparti à travers le continent européen. Malgré tout, la France reste la destination principale des migrant·e·s marocain·e·s dans le monde (Charef 2014). Dans un sondage réalisé à la fin des années 1990, plus de 70% des jeunes Marocain·e·s rêvaient de s'expatrier (Vermeren 2001). La migration continue de constituer une thématique d'actualité majeure au Maroc.

La diaspora marocaine joue un rôle considérable pour le Maroc. Pendant longtemps, dans l'espoir que les liens entre les Marocain·e·s et leur pays d'origine perdurent et que les devises de la diaspora ne lui échappent pas, l'État marocain a peu encouragé l'intégration de ses ressortissant·e·s dans leurs pays de destination. Son manque de soutien à la création d'associations ou de mosquées en Europe vise également à empêcher la création d'une opposition politique dans la diaspora (De Haas 2005).

En 1999, la mort de Hassan II marque un profond tournant dans l'histoire du Maroc. Son fils Mohamed VI, qui lui succède, introduit des transformations importantes telles que la liberté d'expression, le retour de condamné·e·s ou la reconnaissance des victimes du régime de Hassan II (Vermeren 2010). Néanmoins, des difficultés subsistent. Suite à des contestations liées à des problèmes économiques, des journaux critiques sont suspendus en 2000. Quelques mois plus tard, en 2001, les Amazigh·e·s se voient interdit·e·s de construction de parti politique. La politique du roi reste ainsi ambivalente (Dalle 2004). Des contestations dans le contexte du Printemps arabe ont mené à une réforme de la Constitution en 2011, qui a renforcé le pluralisme politique, réduit les pouvoirs du roi au profit du gouvernement et du parlement, et introduit l'amazighe comme langue officielle. Cependant, en 2011, la victoire aux élections législatives du parti islamiste modéré PJD (Parti de la Justice et du Développement) mène à de nouvelles tensions.

Comme conséquence de la colonisation, plusieurs modèles sociaux et juridiques cohabitent au Maroc jusqu'à aujourd'hui. Ainsi, certaines institutions telles que le système de justice ou d'éducation, créées par les occupants français sur la base de leur propre modèle national, ont été maintenues après l'indépendance (Lacoste-Dujardin 1991). En revanche, le code la famille, maintenu durant et après la colonisation, est fondé sur l'islam. Au Maroc, la famille est étroitement liée à l'islam et à l'État. Elle revêt une importance centrale dans le Coran : dans les textes religieux musulmans, elle est l'un des seuls domaines abordés sur un plan juridique (Combe 2001). La parenté joue un rôle majeur dans la cohésion de groupe, qui va de la famille à la *oumma*, la communauté de musulman·e·s. Dans la mesure où le roi marocain est considéré comme le descendant direct du prophète Mahomet et le « Commandeur des croyants », le code de la famille est soumis au pouvoir du roi de façon plus prononcée que d'autres domaines juridiques. L'identité nationale au Maroc est en lien étroit avec l'islam, et par conséquent avec la famille (Sow 1991).

2.2 Comparaison des politiques migratoires en France et en Allemagne

2.2.1 Conceptions de la nation et politiques envers les migrant·e·s

En France, en 2008, on estime la population d'origine marocaine à environ 1 314 000 personnes, qui représentent 12% de la population immigrée et constituent le deuxième groupe de migrant·e·s après les Algérien·ne·s (INSEE 2012). En Alsace, les Marocain·e·s représentent 10% de la population immigrée, soit le troisième groupe après les Turc·que·s et les Allemand·e·s (Frey 2008, INSEE et FASILD 2005). En Allemagne, à la fin des années 2000, on estime le nombre des ressortissant·e·s du Maroc à environ 180 000 personnes (Haug *et al.* 2009), soit un peu plus de 1% de la population étrangère totale. Ils·elles sont minoritaires, comparé·e·s à la population turque, qui y représente 26% des étrangers·ères (Schüttler 2008). Néanmoins, en Allemagne, jusqu'à la fin des années 2000, les Marocain·e·s forment le groupe de ressortissant·e·s de pays arabes le plus grand[16] et l'un des groupes les plus anciens de la migration de travail (Schüttler 2008, Waltner 1988). Le choix du pays d'installation européen a eu des répercussions sur l'accès aux droits et aux processus d'intégration des migrant·e·s et de leur famille.

La France et l'Allemagne ont des systèmes d'intégration divergents, liés à leurs différentes conceptions de la nation. La France se caractérise par son mode d'intégration orienté vers l'assimilation, quand l'Allemagne, elle, fait preuve d'un manque de politique d'intégration affirmée. Le modèle français de la nation relève d'un contrat social, d'une volonté politique d'un peuple « lié par le sol » de vivre ensemble sur un même territoire, tel que l'a formulé Ernest Renan durant sa célèbre conférence (1997 [1882]). L'intégration républicaine repose sur la primauté des droits individuels par rapport aux droits collectifs. Elle vise à intégrer des individus et non des communautés. Les différences culturelles y sont séparées du politique et renvoyées à la sphère privée (Schnapper 1994). Le modèle allemand en revanche est fondé sur l'appartenance nationale ethnique, qui s'exprime par la prédominance du « droit du sang »[17] (Bizeul 2009, Wihtol de Wenden 1999). En dépit de ses flux d'immigration importants depuis les années 1960, l'Allemagne a longtemps refusé de se considérer comme un pays d'immigration. Au début des années 2000, pour la première fois dans son histoire, une loi réglementant l'immigration entière du pays, entrée en vigueur en 2005, a été élaborée au niveau national. Cette loi a entre autres simplifié les réglementations concernant le statut de séjour des étrangers·ères et a introduit une institution nationale en charge des migrations et de l'intégration (*Bundesamt für Migration und Flüchtlinge*). Après de vives polémiques, le terme adopté pour ce nouveau dispositif juridique est celui de *Zuwanderungsgesetz*, qui fait

---

[16] Les Marocain·e·s constituent le groupe de migrant·e·s issu·e·s d'un pays arabe le plus important en Allemagne jusqu'à l'arrivée de réfugié·e·s syrien·ne·s au milieu des années 2010 (Destatis 2017).

[17] Le droit du sang s'est notamment exprimé en Allemagne par l'immigration et la régularisation de plus de 12 millions de réfugié·e·s entre 1944 et 1949 issu·e·s d'anciens territoires allemands annexés majoritairement à la Pologne et à l'Union soviétique après 1945. Il s'est également exprimé par l'immigration en Allemagne de plus de 4 millions d'*Aussiedler*, des personnes appartenant à des minorités ethniques allemandes dans différents pays d'Europe de l'Est et de l'ex-Union soviétique à partir de 1950 jusque dans les années 1990 (Ohliger 2011). Ces immigré·e·s étaient considéré·e·s comme retournant « dans la 'mère patrie' de leurs ancêtres » (Gültekin *et al.* 2003, 8).

moins directement allusion au terme « immigration » que celui d'*Einwanderungsgesetz*. Malgré tout, cette nouvelle réglementation marque un tournant dans l'auto-reconnaissance de l'Allemagne comme pays d'immigration (Klinker 2010, Ohliger 2011). Si le modèle d'intégration allemand n'a pas de philosophie affirmée, le modèle multiculturaliste anglo-saxon est celui qui compte le plus de défenseurs·euses dans ce pays (Thränhardt 2009).

L'opposition de ces deux modèles est cependant fréquemment remise en cause : d'une part, on observe depuis le début des années 2000 une convergence des politiques d'intégration sur le plan communautaire, par exemple à travers l'introduction de cours de langue et d'éducation civique obligatoires pour les primo-arrivant·e·s dans plusieurs pays d'Europe depuis 2005, ou des politiques de lutte contre les discriminations (Rea et Tripier 2008, Wihtol de Wenden 2001). D'autre part, différent·e·s auteur·e·s soulignent que ces deux modèles ont toujours coexisté au sein d'un même territoire national, les nations démocratiques ayant toujours été à la fois ethniques et civiques (Noiriel 2001, Räthzel 1995). Selon Catherine Wihtol de Wenden, créer une typologie des modes d'intégration en fonction des pays engendre de plus le risque de les ériger en modèles statiques, le « poids des mots » finissant par « créer des mythes qui revêtent une force symbolique dans la représentation que les sociétés européennes se font d'elles-mêmes » (Wihtol de Wenden 1999, 122).

Il s'agit également de ne pas invisibiliser le poids des migrant·e·s dans leur processus d'adaptation. En effet, l'intégration de ces derniers·ères ne dépend pas uniquement du modèle d'intégration prôné dans leur pays de résidence, mais également de leurs propres ressorts d'action qui varient en fonction de leur pays d'origine, ou des liens historiques de ce dernier avec leur pays d'accueil. Selon Wihtol de Wenden, on peut par exemple se demander si la politique française de l'intégration est liée à son passé colonial ou, inversement, si ce ne sont pas « les Maghrébins, qui, par leur connaissance et leur socialisation à ce modèle, l'impriment d'une note particulièrement assimilationniste » (Wihtol de Wenden 1999, 124). De la même manière, l'auteure pose la question de savoir si l'Allemagne a développé des traits multiculturalistes par « philosophie », ou « parce que ce sont les Turcs, souvent organisés autour d'une vie communautaire, qui donnent le ton » (*Ibid*). Selon Patrick Simon, la vision de l'intégration qui prévaut en France peut être qualifiée de particulièrement rigide, dans la mesure où elle part d'une « croyance dans le caractère 'immémoriel' des normes de références ; comme si l'immigration ne modifiait pas la 'structure collective' » (Simon 2005, 241).

La possibilité du regroupement familial est, dans les deux pays, antérieure à la suspension de la migration de travail, même si elle s'est considérablement développée depuis le début des années 1970. En France, une procédure administrative permettant l'immigration familiale s'est mise en place entre 1945 et 1965. Un décret relatif aux conditions d'entrée et de séjour en France des membres de familles d'étrangers·ères, introduit en 1976, a marqué la reconnaissance formelle d'un droit au regroupement familial et a posé les conditions de ce dernier[18]. Ces réglementations sont en grande partie en vigueur jusqu'à aujourd'hui (Cohen 2012). Ainsi, le·la conjoint·e et les enfants de moins de 18 ans d'un·e ressortissant·e étranger·ère peuvent obtenir un titre de séjour, à condition que la personne effectuant la demande puisse justifier d'une année au moins de résidence en France en situation régulière, de revenus suffisants pour subvenir aux besoins de la famille, de conditions de logement adaptées, que la présence de la famille ne constitue pas une menace pour l'ordre public et que les résultats du contrôle médical obligatoire dans le pays d'origine n'impliquent pas de dangers pour la santé publique (Légifrance 1976). En Allemagne, la possibilité du regroupement familial est prévue depuis la première loi allemande relative au séjour des étrangers (*Ausländergesetz*), promulguée en 1965. Ici aussi, cette demande ne peut être déposée que par une personne vivant sur le territoire allemand de façon régulière, si elle peut pourvoir aux besoins économiques de la famille et si elle dispose d'un logement suffisamment grand. Si en théorie cette règle vaut pour le·la conjoint·e et les enfants de moins de 18 ans, en pratique seuls les enfants âgés de moins de 16 ans obtiennent un titre de séjour. Depuis 2007, le·la conjoint·e doit également justifier de connaissances en langue allemande depuis son pays d'origine (Lingl 2018).

[18] En raison de l'augmentation du chômage, ce décret a été suspendu en 1977 pour une durée de trois ans, sauf pour les membres de la famille ne demandant pas l'accès au marché de l'emploi (Cohen 2014). Cette décision a cependant été annulée par le Conseil d'État en 1978 (Héran 2017).

2.2.2 L'intégration des migrant·e·s et de leurs enfants en France et en Allemagne

La suspension de l'immigration de travail au début des années 1970 en Europe de l'Ouest a mené à une politique de contrôle des frontières au niveau communautaire, notamment à travers la signature des accords de Schengen en 1985 et l'introduction de visas uniques de moins de trois mois pour les extra-Européen·ne·s (Wihtol de Wenden 2009a). Si la maîtrise des flux migratoires fait l'objet d'une politique supranationale sur le plan communautaire, les politiques d'intégration, elles, relèvent du droit national des pays membres de l'Union européenne (Wihtol de Wenden 1999), même si on observe depuis les années 2000 une convergence concernant les politiques d'intégration évoquée plus haut.

L'intégration peut être définie comme les « pratiques sociales, juridiques, culturelles qui permettent aux étrangers de participer à l'existence collective de l'État-nation qui les a accueillis » (Noiriel 2002, 61). Ainsi que le souligne François Dubet (1989), l'intégration n'est pas un état homogène, mais elle s'effectue dans plusieurs domaines de la vie : un individu peut être intégré à la société dans laquelle il vit par ses droits politiques et civiques, l'emploi, l'école, l'habitat, ses pratiques linguistiques ou religieuses. Le degré d'intégration atteint n'est souvent pas identique dans tous ces secteurs (*Ibid.*) : on peut être intégré par l'école mais pas dans le domaine de l'emploi, ou avoir un logement situé dans un quartier à habitat mixte mais ne pas pratiquer la langue du pays d'accueil, ou vice versa. L'intégration se caractérise ainsi par sa dimension partielle et dynamique : elle n'est jamais atteinte une fois pour toutes dans tous les domaines de la vie mais dépend de la trajectoire biographique d'une personne, et des évolutions structurelles d'une société, par exemple à travers son cadre juridique, son marché de l'emploi, son système scolaire. La définition proposée par François Dubet implique également que l'intégration est un processus qui ne concerne pas uniquement les migrant·e·s, mais aussi les autochtones d'une société donnée. Enfin, elle met en avant le fait que l'intégration ne dépend pas seulement des efforts des migrant·e·s (ou de toute personne cherchant à être intégrée), mais aussi des structures d'accueil et d'insertion, et de la volonté d'une société d'intégrer les individus qui résident sur son territoire[19]. La France et l'Allemagne diffèrent dans leurs politiques d'inclusion dans les différents domaines d'intégration mentionnés.

2.2.2.1 Le droit de la nationalité

L'accès à la nationalité constitue un enjeu politique majeur dans l'intégration. La réglementation prévue par les codes de la nationalité de certains pays a maintenu de nombreux·euses migrant·e·s dans un statut précaire sur le plan juridique, alors qu'ils·elles étaient inséré·e·s dans leur pays d'installation sur le plan économique et social depuis de nombreuses années (Rea et Tripier 2008). Les possibilités de naturalisation sont d'autant plus importantes qu'en France comme en Allemagne, le droit de vote continue d'être lié à la nationalité. Les étrangers·ères peuvent voter sur le plan communal depuis la signature du Traité de Maastricht en 1992, mais seulement s'ils·elles sont citoyen·ne·s d'un pays de l'UE (Wihtol de Wenden 1999).

En France, bon nombre des principes d'accès à la nationalité en vigueur jusqu'à aujourd'hui ont été introduits dès 1889 (Noiriel 2002). Ils impliquent que les enfants nés d'au moins un parent français (droit du sang) et/ou nés en France d'au moins un parent né lui-même en France (droit du sol) sont français par filiation, donc considérés comme Français d'origine. Les personnes nées en France de parents étrangers quant à elles obtiennent automatiquement la nationalité française au moment de leur majorité, à condition qu'elles résident en France depuis l'âge de 11 ans sur une durée minimale de cinq ans. Les étrangers·ères majeur·e·s né·e·s en dehors de la France peuvent aussi demander la nationalité française après cinq ans de résidence sur le sol français[20] (Wihtol de Wenden 2001). Si le code de la nationalité française est particulièrement libéral comparé à celui d'autres pays européens, il s'agit de souligner que plusieurs de ses principes ont été remis en cause, voire restreints au cours des dernières décennies. Les lois Pasqua adoptées en 1993 par exemple ont introduit plusieurs composantes du droit du sang. Certaines ont été annulées par la réforme de 1998, comme

---

[19] Si ce sous-chapitre met l'accent sur les possibilités d'intégration des migrant·e·s marocain·e·s en France et en Allemagne, il s'agit de souligner le fait que, dans une perspective transnationale, les individus peuvent être intégrés dans différents domaines de la vie dans plusieurs pays simultanément : ils peuvent avoir des emplois dans deux pays, ou des droits politiques dans plusieurs États, ou aller à l'université dans un pays et travailler plusieurs mois de l'année dans un autre, etc.

[20] Cette durée peut être réduite dans certain cas.

la fin de l'automaticité de l'acquisition de la nationalité française pour des enfants nés en France de parents étrangers. En revanche, d'autres éléments des lois Pasqua, comme l'allongement du délai d'acquisition de la nationalité française suite au mariage avec un·e Français·e, subsistent jusqu'à aujourd'hui. Si les naturalisations sont beaucoup plus nombreuses en France que dans d'autres pays, elles ne peuvent néanmoins être perçues comme une simple opération administrative, dans la mesure où elles sont souvent vécues comme un déni de l'appartenance d'origine ou accompagnées d'un sentiment de culpabilité par rapport au pays d'origine, en particulier pour les personnes issues de pays anciennement colonisés (Stora 1998). Elles peuvent aussi être refusées de manière discrétionnaire.

En Allemagne, le code de la nationalité de 1913 a institué l'accès à la nationalité allemande exclusivement fondé sur la descendance. Il a cependant considérablement changé depuis le début des années 1990. Une loi entrée en vigueur en 1991 a permis aux étrangers·ères l'obtention de la nationalité allemande après quinze ans de résidence en Allemagne, et aux descendant·e·s de migrant·e·s né·e·s en Allemagne après huit ans de résidence et six ans de scolarité (Wihtol de Wenden 1999). Un changement beaucoup plus radical en faveur du droit du sol a été opéré par la loi de 1999 entrée en vigueur en 2000, qui attribue automatiquement la nationalité allemande aux enfants de migrant·e·s nés en Allemagne, si l'un de leurs parents réside en Allemagne depuis au moins huit ans (Bommes et Thränhardt 2010). Les personnes étrangères nées en dehors de l'Allemagne peuvent demander la nationalité allemande après huit ans de résidence sur le sol allemand. Cette période peut être écourtée à sept ans si la personne a participé aux cours d'intégration introduits en 2005 avec succès, et à six ans en cas de capacités d'intégration particulières, par exemple concernant l'insertion professionnelle ou l'apprentissage de la langue allemande.

Le taux de naturalisation en Allemagne est extrêmement bas comparé à d'autres pays d'immigration. De nombreux·euses migrant·e·s n'ont pas recours aux possibilités d'acquisition de la nationalité, même lorsqu'ils·elles y ont droit, du fait que la double nationalité était le plus souvent impossible avant 2014 et que de nombreuses personnes ne souhaitaient pas abandonner leur nationalité d'origine. Ce faible taux s'explique également par la durée des procédures et par les obstacles rencontrés (Thränhardt 2009)[21]. Comparé à d'autres groupes de migrant·e·s en Allemagne, les Marocain·e·s sont particulièrement nombreux·euses à être naturalisé·e·s. En 1999, peu avant l'entrée en vigueur de la réforme du code de la nationalité, ils·elles formaient déjà le deuxième groupe à être naturalisé après les Turc·que·s (Maas et Mehlem 2003). Cela s'explique en partie par le fait que les administrations allemandes autorisaient exceptionnellement la double nationalité pour les ressortissant·e·s de ce groupe, l'État marocain interdisant à ses citoyen·ne·s l'abandon de leur nationalité (Beauftragte der Bundesregierung für Ausländerfragen 2002). De plus, les citoyen·ne·s marocain·e·s qui vivent en dehors du Maroc de façon permanente n'ont pas le droit de vote dans leur pays d'origine, même s'ils conservent leur nationalité. Il devient par conséquent crucial pour eux·elles d'acquérir la nationalité de leur pays d'accueil s'ils·elles ne veulent pas vivre une double exclusion politique (Charef 2003).

2.2.2.2 Autres formes d'engagement citoyen et politique

Durant les premières années qui suivent leur installation en Europe, les travailleurs·euses migrant·e·s s'engagent peu dans la vie politique, en partie car ils·elles prévoient que leur séjour en Europe ne sera que de courte durée. En France, on observe une politisation croissante des migrant·e·s à partir du début des années 1970 : par leur participation à des grèves, à des manifestations ouvrières, par leur lutte contre leurs conditions de logement – par exemple dans la lutte contre la Sonacotra –, ou à travers des marches contre des expulsions (Wihtol de Wenden 1987). Un certain nombre de lois introduites en 1981 ouvre la voie vers une plus grande égalité de traitement entre individus étrangers et nationaux. Les étrangers·ères accèdent notamment au droit de créer et diriger des associations. Dès 1982, les migrant·e·s maghrébin·e·s créent l'Association des Travailleurs Maghrébins de France (ATMF) (Daoud 2002). En Allemagne, le droit associatif est ouvert aux étrangers·ères depuis 1966.

---

[21] Il s'agit de préciser que le taux de naturalisation en Allemagne diffère selon les *Länder*, en fonction des gestions administratives en vigueur dans ces derniers, qui dépendent de la couleur politique des régions. On observe également des disparités dans le taux de naturalisation sur le plan régional et départemental en France (Thränhardt 2009).

Un engagement politique est également possible à travers la participation à des conseils consultatifs. En France, la loi de l'aménagement du territoire de la République de 1992 ouvre la possibilité aux communes de créer de tels conseils. La ville de Strasbourg est la première grande ville de France à créer un conseil consultatif des résident·e·s étrangers·ères en 1993 (Kauff *et al.* 1997). En Allemagne, la possibilité de création de conseils consultatifs locaux relève du droit communal, élaboré à l'échelle des *Länder*. Les premiers conseils consultatifs locaux de résident·e·s étrangers·ères sont créés dès 1971 (Liebau 1999).

Catherine Wihtol de Wenden (1987) a mis en lumière la manière dont les revendications politiques ont changé au fil des générations de migrant·e·s. Ainsi, si les premières luttes ont concerné avant tout l'égalité des droits dans le domaine ouvrier, les descendant·e·s de migrant·e·s ont au contraire lutté, à partir des années 1980, pour une reconnaissance politique de leur positionnement culturel ou religieux. Cette lutte a pris forme notamment à travers des actions culturelles comme la création d'émissions dans des radios libres, ou encore par l'émergence de l'islam dans les quartiers. À partir des années 1980, l'un des traits les plus saillants de l'engagement des jeunes s'exprimait dans un engagement politique sur le plan local dans leur vie quotidienne. Plusieurs chercheurs·euses en France et en Allemagne ont relevé un fort attachement des descendant·e·s de migrant·e·s à la ville ou au quartier dans lesquels ils·elles vivent. Certains jeunes interviewés à Francfort, par exemple, se caractérisaient de « Turcs francfortois » (Sauter 2000). Cet attachement au plan local est d'autant plus important qu'il permet aux personnes concernées de contourner des exhortations à se positionner davantage du côté de leur pays d'origine ou de leur pays d'accueil.

2.2.2.3 L'intégration socio-économique

Les droits sociaux, comme le droit à l'assurance maladie, au chômage ou à la retraite jouent également un rôle central dans la participation des individus à une société donnée. L'accès des résident·e·s étrangers·ères à ces droits a fait, et continue de faire, l'objet de luttes importantes (Bolzman *et al.* 1992). Dans le système d'États-providence, fondé sur une « citoyenneté sociale » (Esping-Andersen 2008), l'emploi constitue une possibilité majeure d'accéder à ces droits. La situation socio-économique des migrant·e·s a par conséquent une incidence majeure sur leur intégration politique et sociale (Bolzman *et al.* 1992).

Si la participation politique d'étrangers·ères est fortement restreinte, comme nous l'avons vu plus haut, l'accès aux syndicats, lui, est beaucoup plus ouvert. En France, les salarié·e·s étrangers·ères peuvent adhérer aux organisations syndicales depuis 1881 (Coeuret 1976), en Allemagne depuis 1948 (Lamers 1977). Au début des années 1970, environ 20% des salarié·e·s étrangers·ères étaient syndiqué·e·s en Allemagne (Anagnostidis 1972), contre 10% en France (Coeuret 1976). Si l'intégration par le travail a été fréquemment décrite comme plus réussie en Allemagne qu'en France (Thränhardt 2009, Tucci 2008), elle est, depuis les années 1990, remise en cause dans les deux pays par le chômage, qui touche davantage les migrant·e·s et leurs descendant·e·s que les personnes non immigrées (Faist 2000, Thränhardt 2009).

En Allemagne, si la grande majorité des travailleurs·euses migrant·e·s des années 1960-70 est active dans les secteurs du bâtiment et de l'industrie, le secteur tertiaire – en particulier le commerce, la restauration et la santé –, représente 76% des emplois de Marocain·e·s au début des années 2010 (Bouras-Ostmann 2014). En France, à la fin des années 2000, le taux de chômage chez les jeunes issus d'Afrique du Nord dépasse les 20%, alors qu'il est inférieur à 10% pour les descendant·e·s de migrant·e·s européen·ne·s (Lhommeau *et al.* 2010).

2.2.2.4 L'intégration par l'école

L'école forme un vecteur essentiel à l'intégration des migrant·e·s et de leurs descendant·e·s, dans la mesure où elle constitue le lieu « dans lequel les enfants de migrants sont, souvent, confrontés pour la première fois de façon systématique à la culture politique du pays dans lequel leurs parents ont immigré » (Schiffauer *et al.* 2002, 1). Elle joue également un rôle majeur dans les chances d'insertion professionnelle et de mobilité sociale ascendante.

Les systèmes scolaires français et allemand diffèrent fortement l'un de l'autre. Le système français est centralisé sur le plan national, tandis que l'éducation scolaire allemande relève de la compétence des *Länder* : chaque *Land* possède son propre mode de fonctionnement. De plus, tandis qu'en France, les élèves sont tous scolarisés dans les mêmes types d'établissements jusqu'à la fin du collège[22], le système tripartite allemand divise les élèves dès la fin du primaire, à la fin de l'équivalent du CM1[23] (Hörner 2002). Les élèves sont alors, en fonction de leurs résultats, orientés vers trois formes d'établissements[24] : la *Hauptschule*, qui prend fin au terme de la 9ème année scolaire et qui permet l'accès à un apprentissage professionnel, la *Realschule*, qui comprend une année d'enseignement de plus donnant également accès à un apprentissage, et enfin le *Gymnasium*, qui, après treize années scolaires[25], permet seul, après l'obtention de l'*Abitur* (l'équivalent du baccalauréat), l'accès à l'université (Döbert 2002). En outre, en Allemagne les cours n'ont traditionnellement lieu que le matin, alors qu'ils s'étendent sur la journée complète en France (*Ibid.*)[26]. Dans ce système où les cours n'ont lieu qu'une partie de la journée, l'école et le foyer parental sont conçus comme partenaires dans la transmission des valeurs culturelles, même si l'école est considérée comme plus légitime que les parents (Schiffauer *et al.* 2002). Enfin, la maternelle en Allemagne ne fait pas partie du système scolaire, contrairement à la France. Les jardins d'enfants sont portés en grande partie par des associations caritatives, le plus souvent des associations religieuses, et par les communes.

Les comparaisons internationales réalisées dans le cadre des études PISA en 2000, 2003 et 2006 et les études PIRLS en 2001 et 2006[27] montrent que l'Allemagne est l'un des pays de l'OCDE dans

[22] À l'issue du collège, les élèves en France sont orientés soit vers des lycées généraux, soit vers des lycées professionnels.

[23] En Allemagne, l'école primaire s'étale sur une durée de quatre années, et non de cinq comme en France.

[24] Il existe en outre des *Förderschulen*, autrefois nommées *Sonderschulen*, qui sont des écoles spécialisées pour des enfants ayant des troubles de l'apprentissage.

[25] Dans certains *Länder*, cependant, le *Gymnasium* prend fin après douze, et non treize années scolaires.

[26] Ceci est particulièrement valable pour l'Allemagne de l'Ouest, le système scolaire de la RDA s'étant au contraire caractérisé par la dispensation de cours le matin comme l'après-midi. On observe actuellement un certain nombre de réformes dans différents *Länder* visant à rallonger la durée des cours.

[27] Alors que les études PISA portent sur les compétences scolaires de lecture, mathématiques et sciences d'élèves âgés de 15 ans, les études PIRLS évaluent les compétences de lecture lors de la 4ème année du primaire sur le plan international. Si en 2000, les résultats de l'enquête PISA n'ont suscité que peu de discussions en France, elles ont déclenché un vif débat sur la nécessité d'une réforme éducative en Allemagne, placée au 20ème rang des pays de l'OCDE. Une chute de résultats particulièrement frappante est apparue entre les compétences d'enfants de 10 et 15

lequel les élèves d'origine immigrée sont les plus défavorisés (Geißler et Weber-Menges 2008). Cette inégalité se reflète notamment dans l'orientation des élèves au terme du primaire : en 2006, presque deux tiers des élèves issus de l'immigration ont été orientés vers la *Hauptschule*, contre 42% des élèves d'origine allemande. Seuls 9% des descendant·e·s de migrant·e·s ont été orienté·e·s vers le *Gymnasium*, contre 30% des élèves d'origine allemande (*Ibid.*). À résultats scolaires et à appartenances sociales identiques, les enfants de migrant·e·s sont orientés 1,7 fois plus vers la *Realschule* que les autres (*Ibid.*). Ces inégalités s'expliquent également par la très faible inscription d'élèves d'origine migrante en maternelle comparé aux élèves d'origine allemande. En 2007, seuls 64% des enfants issus de l'immigration âgés entre 3 et 5 ans étaient inscrits dans une maternelle, contre 90% des enfants d'origine allemande (Geißler et Weber-Menges 2008). Cet écart s'explique d'une part par le fait que les parents qui inscrivent leurs enfants en maternelle doivent payer des frais mensuels obligatoires, d'autre part par un manque structurel de places dans les écoles maternelles et par leur caractère confessionnel, susceptible de rebuter certains parents musulmans (Hajji 2009). Ces faibles taux d'inscriptions ont des répercussions sur les compétences linguistiques des enfants en allemand, qui entraînent des inégalités d'entrée de jeu (Wüst et Heinz 2009). Les élèves originaires du Maroc rencontrent plus de difficultés scolaires que les enfants d'autres groupes de migrant·e·s en Allemagne, ce qui est en partie lié au faible niveau d'instruction de leurs parents, lui-même lié à la crise du système d'éducation au Maroc évoquée plus haut. En 2005, environ 15% des élèves d'origine marocaine en Allemagne ont quitté le système scolaire sans diplôme, 34% ont obtenu le diplôme de la *Hauptschule* et 32% celui de la *Realschule*. Seuls 18% ont obtenu la *Fachhochschulreife*[28] ou l'*Abitur* (baccalauréat) (Maas et Mehlem 2003).

En France, au contraire, on observe une réussite scolaire importante des enfants de migrant·e·s (Attias-Donfut 2009, Zeroulou 1988). Des études quantitatives ont montré qu'à situation sociale et familiale équivalente, les enfants de familles migrantes réussissent mieux que leurs condisciples français (Brinbaum 2013, Vallet et Caille

ans dans ces deux enquêtes, soit après l'orientation dans l'une des écoles du système tripartite à l'issue du primaire (Lamer 2003).

[28] La *Fachhochschulreife* est un niveau intermédiaire entre la *Realschule* et le baccalauréat qui permet l'accès à des Écoles d'enseignement supérieur, mais non à l'université.

1996). En 2008, au total, 44% des garçons et 55% des filles originaires du Maroc et de la Tunisie avaient accès à l'enseignement supérieur. Malgré tout, des inégalités persistent. Les élèves issus de l'immigration sont plus souvent orientés vers des établissements professionnels que des élèves d'origine française, même à résultats scolaires équivalents, et 23% d'entre eux ont vécu un sentiment d'injustice au moment de leur orientation (Brinbaum *et al.* 2010). En France, environ 31% des élèves d'origine marocaine possèdent un diplôme supérieur. 20% ont le bac, 16% n'ont aucun diplôme (*Ibid.*). Selon Maïtena Armagnague (2010), si la situation scolaire des élèves migrants est plus inquiétante en Allemagne qu'en France, le rapport des jeunes à l'école est plus conflictuel en France. Ceci est en partie lié au sentiment de contradiction plus fort vécu par les élèves en France entre les valeurs de l'universalisme prônées par l'école républicaine et les inégalités vécues de fait (Schiffauer *et al.* 2002).

2.2.2.5 L'intégration par l'habitat

La France et l'Allemagne se distinguent également par leurs politiques d'habitat. Les deux pays sont confrontés à une forte pénurie de logements au lendemain de la Seconde Guerre mondiale. En 1950, le gouvernement de la RFA vote un dispositif législatif qui prévoit un investissement massif dans le domaine du logement au niveau national. Au cours des dix années qui suivent, l'État finance la construction 3,3 millions de logements ; 2,7 millions de logements sont construits par des investisseurs privés (Bartholomäi 2004). Une loi sur la construction massive dans le domaine de l'habitat est également votée en France en 1953. À partir de 1958, des quartiers complets sont construits *ex nihilo* dans des « zones à urbaniser en priorité » (ZUP) composés d'habitations à loyers modérés (HLM) sous forme de grands ensembles. Ces quartiers, connus sous le nom de « banlieues », se caractérisent par un taux de chômage élevé et un manque de mixité sociale prononcé. Alors que ces quartiers sont construits en France au cours des années 1960 et 1970, l'Allemagne met en place, dès les années 1960, une politique visant délibérément à ne pas construire de logements sociaux à la périphérie des villes. On y observe un mélange plus important de la population qu'en France (Driant 2015, Thränhardt 2009).

Dans le but d'atténuer les inégalités sociales entre les quartiers, des politiques de la ville ont été mises en place en France en 1981. Celles-ci sont entre autres liées aux politiques d'éducation. En 1981, des « zones d'éducation prioritaires » (ZEP) ont été créées dans certains quartiers urbains définis comme « sensibles ». Les établissements scolaires dans ces zones géographiques disposent de plus de soutien que d'autres, par exemple sous forme d'effectifs d'enseignant·e·s par élèves plus élevés (Dewitte 2003). Si en Allemagne l'affectation d'un élève dans la *Hauptschule* ou la *Realschule* peut être perçue comme un frein à sa réussite scolaire et à sa future mobilité sociale, la réussite scolaire en France est souvent considérée comme liée aux politiques d'aménagement urbain : en effet, les écoles classées ZEP sont généralement considérées comme étant de moins bon niveau que des établissements publics dans d'autres quartiers. De nombreuses familles, soucieuses de la réussite scolaire de leurs enfants, tentent de quitter les banlieues, ou de trouver des moyens dérogatoires pour ne pas y scolariser leurs enfants. On estime qu'environ 40% des ressortissant·e·s marocain·e·s en France vivent actuellement en habitat à loyer modéré (HLM) (Pan Ké Shon *et al.* 2010).

2.2.2.6 La pratique de langues

Les institutions publiques allemandes et françaises, mais aussi les deux sociétés en tant que telles, peuvent être considérées comme des espaces nationaux traversés par un « habitus monolingue » (Gogolin 2008). Par ce terme, Ingrid Gogolin entend que de nombreuses institutions publiques, dont les écoles, définissent une orientation monolingue et monoculturelle pour les élèves comme une norme et une évidence. Ce positionnement est cependant en contradiction profonde avec la pluralité des origines et des langues parlées par les élèves à la maison (Leiprecht 2005). Les familles d'origine marocaine révèlent de fortes pratiques multilingues. La majorité des descendant·e·s de migrant·e·s marocain·e·s en Allemagne apprennent l'amazighe, l'arabe dialectal marocain (le darija) et l'allemand (Maas et Mehlem 2003). En France aussi, les chercheurs·euses estiment qu'au moins 59% des descendant·e·s de migrant·e·s ont eu une socialisation familiale plurilingue (par exemple Condon et Régnard 2010).

Les institutions scolaires tendent en outre à valoriser davantage l'apprentissage de langues étrangères telles que l'anglais, le français, l'allemand ou l'espagnol que la plupart des langues maternelles des enfants de migrant·e·s (Fürstenau et Gomolla 2009). Ce déséquilibre est cependant atténué depuis quelques années par le renforcement de l'enseignement de langues telles que l'arabe, le turc ou le portugais dans des établissements publics primaires et secondaires en France comme en Allemagne. Cependant, la plupart du temps ces cours sont facultatifs et ne pèsent pas dans les moyennes générales des élèves. De plus, ils ne sont souvent accessibles que dans des écoles situées dans des grandes villes et restent hors d'accès à un grand nombre de descendant·e·s de migrant·e·s.

Si les contextes nationaux français et allemand sont caractérisés par un habitus monolingue, des spécificités régionales doivent cependant être soulignées. Ainsi, des politiques scolaires bilingues franco-allemandes sont encouragées dans la région frontalière dans laquelle j'ai mené mon étude. En 1991, une circulaire rectorale a introduit un programme d'enseignement de l'allemand intensif en Alsace, en raison du passé de la région fortement marqué par la langue et la culture germanique. À partir de 1992, l'option d'un enseignement bilingue, avec une parité horaire en allemand et en français, a été progressivement mise en place de la maternelle au lycée dans les écoles publiques (Schumacher 1998). Aujourd'hui, plus de 16% des élèves en maternelle et en primaire en Alsace sont inscrits dans de telles classes (Académie de Strasbourg 2020).

2.2.2.7 *La religion*

La France et l'Allemagne entretiennent un rapport radicalement différent avec les religions. Alors que la France se démarque par son modèle laïque, l'État et l'Église ne sont pas séparés en Allemagne (Kastoryano 2007, Leveau *et al.* 2001). L'enseignement des religions est obligatoire dans les écoles publiques allemandes. De plus, l'Église est un acteur public et social incontournable : les fondations catholique et protestante de la Caritas et de la Diakonie sont les prestataires les plus importants dans le domaine social. Outre leur gestion d'un grand nombre de maternelles, ce sont ces fondations qui remplissent la majorité des missions sociales déléguées par l'État, les *Länder* et les communes.

L'acceptation du port de symboles religieux diffère profondément dans les deux pays. Ainsi, si le port du voile musulman est interdit dans les écoles publiques en France depuis 2004, il est autorisé en Allemagne jusqu'à aujourd'hui. Des lois ont été votées dans certains *Länder* en 2004 (puis déclarées non conformes à la constitution allemande) pour interdire le port de symboles musulmans, cependant cette loi ne concernait pas les élèves mais uniquement les enseignantes dans des écoles publiques (Berghahn et Rostock 2009, Pape 2005).

Si les politiques d'intégration évoquées dans les différents secteurs de la vie sont pour la plupart d'entre elles définies au niveau national et qu'on peut observer des différences entre la France et l'Allemagne, il s'agit cependant de préciser qu'elles sont, des deux côtés du Rhin, mises en œuvre à l'échelon régional ou communal. En France, l'intégration relève largement des municipalités. En Allemagne, en accord avec le principe de subsidiarité qui prévaut, l'État fédéral et les *Länder* délèguent, dans la mesure du possible, la responsabilité de l'action aux municipalités et à des associations caritatives telles que la Diakonie, la Caritas ou la Croix-Rouge (Thränhardt 1995). Si, comme évoqué plus haut, l'intégration ne dépend pas uniquement des migrant·e·s, mais aussi des politiques et des dispositifs d'insertion, soulignons la grande diversité d'acteurs et d'actrices qui mettent en œuvre ces politiques, et ainsi les potentialités d'actions à différentes échelles de la société.

3 L'enquête empirique

3.1 Approche méthodologique

3.1.1 Le récit de vie

J'ai fait le choix d'appréhender les transmissions au sein de familles d'origine marocaine en France et en Allemagne en partant de récits de vie. Les récits de vie ont été introduits en sociologie par l'École de Chicago au début du XXe siècle, lorsque les chercheurs·euses ont commencé à avoir recours à des documents personnels. La ville de Chicago, qui connaît au début du XXe siècle un accroissement exponentiel de sa population, compte en 1920 deux millions d'habitants, dont un tiers d'origine étrangère. Plusieurs sociologues réalisent des enquêtes empiriques sur les migrant·e·s dans l'objectif de saisir, prévenir au mieux les conflits et les problèmes liés à l'immigration. L'étude la plus célèbre réalisée dans ce contexte est celle de William Isaac Thomas et Florian Znaniecki, *The Polish Peasant in Europe and America* (1918-1920), publiée en cinq volumes. Les Polonais·es forment alors le groupe le plus important de migrant·e·s et sont régulièrement décrié·e·s dans la presse comme ayant des comportements particulièrement délinquants, voire criminels. Réfutant des explications simplificatrices de type ethnique, Thomas et Znaniecki cherchent à comprendre de *l'intérieur* ces comportements, en les mettant en perspective d'une part avec les expériences vécues durant le processus d'émigration et d'installation, d'autre part avec le passé des personnes dans leur pays d'origine. Les auteurs recueillent un certain nombre de documents personnels : des lettres, des témoignages, des récits de vie et des autobiographies. Le récit autobiographique d'un immigré polonais, Władek Wisniewski, occupe ainsi plus de trois cents pages de l'ouvrage.

S'inscrivant dans la continuité de l'approche qualitative et compréhensive de Wilhelm Dilthey, Max Weber et Georg Simmel, les auteurs mettent le sujet individuel et les significations qu'il donne à son action au centre de leur compréhension de la réalité sociale. À l'encontre d'Émile Durkheim, pour qui les phénomènes sociaux ne peuvent être expliqués que par d'autres phénomènes sociaux et pour qui le niveau individuel doit être banni de toute démarche analytique,

Thomas et Znaniecki affirment qu'un fait social est une combinaison intime de valeurs collectives et d'attitudes individuelles, et qu'une analyse sociologique doit tenir compte à la fois des valeurs sociales et de l'ensemble des idées et émotions d'une personne. Une perception subjective est de plus étroitement liée aux actions des individus et ainsi à la réalité sociale, car, comme le soulignent William Isaac Thomas et Dorothy Swaine Thomas (1928, 572) : « [si] les hommes définissent des situations comme réelles, alors elles sont réelles dans leurs conséquences ».

En Europe comme en Amérique du Nord, la méthode du récit de vie a été négligée après la Seconde Guerre mondiale, au profit d'approches quantitatives et structuralistes. Elle a été réintroduite en France et en Allemagne à partir de la fin des années 1960, dans un contexte caractérisé par de profondes transformations économiques et sociales et par les mouvements de mai 1968. Cette période a été marquée par la recrudescence de l'intérêt pour les voix du « bas », d'autant plus nécessaires qu'un tournant épistémologique s'imposait afin de comprendre les mutations sociales en cours. On observe alors une profusion de récits biographiques qui émergent dans le champ éditorial mais aussi associatif (Delory-Momberger 2019). En France, Daniel Bertaux, s'inspirant de travaux ethnographiques tels que *Les enfants de Sanchez* d'Oscar Lewis (1963), réintroduit le récit de vie en sociologie à la fin des années 1960 (Bertaux 1976). En Allemagne, Fritz Schütze, inspiré par la redécouverte des travaux de l'École de Chicago dans l'Allemagne d'après-guerre mais s'appuyant aussi sur la tradition compréhensive développée par Dilthey, Weber et Simmel, réintroduit l'entretien narratif biographique au début des années 1970 (Schütze 1976)[29].

Le récit de vie permet de laisser parler les personnes interviewées librement en fonction de leur propre logique, contrairement aux questionnaires utilisés en recherche quantitative ou aux entretiens semi-directifs qui orientent le propos. Contrairement à une approche déductive, dans laquelle le·la chercheur·euse impose ses propres catégories de connaissance aux personnes étudiées, le récit de vie permet de faire émerger de nouvelles catégories ou façons de percevoir des réalités sociales, en partant d'une approche inductive et compréhensive de récits

[29] Pour un aperçu sur l'émergence historique et l'usage du récit de vie en sociologie en France et en Allemagne, voir Pape 2010 et 2020.

recueillis. Le récit de vie nécessite des rapports de confiance particuliers, qui impliquent souvent plusieurs rencontres entre l'interviewé·e et l'intervieweur·euse. L'enquête se réalise ainsi fréquemment dans la durée (Delcroix 2010).

Depuis ses débuts, le récit de vie, loin de ne s'intéresser qu'à une compréhension individuelle et psychologique des parcours, étudie les phénomènes individuels et sociaux dans leur imbrication *mutuelle* (Alheit 1992, Bertaux 2016, Lutz 2000b, Schütze 1983, Völter *et al.* 2009). Il s'intéresse aux liens entre individu et société, et à l'impact de groupes tels que la famille, le voisinage ou la communauté dans le changement social. Il permet de remonter dans le temps et de donner une vision diachronique d'un parcours. Il permet en outre d'adopter une vision dynamique des positionnements des individus et souligne ainsi le caractère temporaire des analyses effectuées : si une personne développe à un moment de sa vie tel schéma d'action ou telle perception des choses, elle pourra à un autre moment biographique en développer d'autres (Dausien 1994, Fischer-Rosenthal et Rosenthal 1997, Riemann et Schütze 1991). Le récit de vie est enfin particulièrement propice à saisir un individu dans sa position d'acteur et non seulement comme subissant les structures sociales. Il permet plus précisément de croiser des approches centrées autour du pouvoir d'action de l'individu et de la domination par les structures sociales : en effet, un parcours de vie montre comment un individu est marqué par des structures sociales, mais aussi comment il réagit à ces dernières, contribuant à leur renouvellement et à leur transformation (par exemple Lutz 2000b).

L'usage du récit de vie est particulièrement adapté aux recherches sur les migrations – il n'est d'ailleurs pas anodin qu'il ait été développé dans une étude portant sur des migrant·e·s. Par sa perspective diachronique, il inclut les expériences vécues par une personne dans son/ses pays d'origine tout comme dans son/ses pays d'accueil, à différents moments de sa vie (Breckner 2005). Il permet de se distancier des discours d'intégration négatifs dominants, dans la mesure où il se concentre sur la perspective « intérieure » des personnes et sur leurs ressources (Bukow et Heimel 2003, Lutz 2000b). Plutôt que de partir d'une perspective figée de « l'identité », il permet de saisir la capacité d'action des migrant·e·s, décentrant ainsi l'attention des « problèmes identitaires » pour la tourner vers des pratiques d'actions multiples et complexes (Anthias 2003). Ceci permet de dégager l'important travail d'adaptation et de réflexion qui sous-tend la migration et qui reste souvent invisible aux non migrant·e·s.

L'usage du récit de vie est également propice à l'étude de familles. En effet, l'histoire de vie d'un individu se construit toujours sur une toile de fond plus large, qui inclut l'histoire familiale sur plusieurs générations (Bertaux et Thompson 2007, Hareven 1999, Rosenthal 1999). Ainsi que le soulignent Daniel Bertaux et Catherine Delcroix (2000), les études de cas de familles donnent une épaisseur temporelle beaucoup plus importante que les études de cas individuels, car des membres de différentes générations, et donc d'âges différents, sont interrogés. Étudier des familles en partant de récits de vie permet également de donner une vision particulièrement dynamique de ces dernières. Dans son étude sur des familles ouvrières dans le secteur textile sur la côte est des États-Unis, Tamara Hareven (1999) montre comment les récits de vie mettent en lumière les dynamiques intrafamiliales à différents moments historiques et biographiques, les actions parfois contradictoires des individus, et comment cette approche méthodologique permet de percevoir la famille non pas comme une structure figée, mais comme une entité sans cesse en mouvement, à l'encontre des analyses structuralistes qui tendent à typifier ou à catégoriser différentes formes familiales (Parsons et Bales 1955). Il permet également de décentrer le regard de la famille nucléaire, dans la mesure où les individus évoquent souvent le rôle de la famille élargie dans leurs parcours. Le récit de vie peut donner accès à l'histoire familiale de deux façons : d'une part, comme évoqué plus haut, en n'interviewant qu'une seule personne, qui donnera automatiquement des informations sur son histoire familiale plus large ; d'autre part, en réalisant des récits de vie avec plusieurs membres d'une même famille ou avec des personnes qui leur sont proches, une approche nommée par Anne Guyaux, Catherine Delcroix et Evangelina Rodriguez des « récits de vie croisés » et qui permet de compléter un récit à travers différentes perspectives (Delcroix 1995, Guyaux *et al.* 1992).

3.1.2 Construction de mon échantillon

J'ai cherché à rencontrer des personnes d'origine marocaine ayant grandi en France et en Allemagne et ayant présentement des enfants, ainsi que, dans la mesure du possible, leurs conjoint·e·s et parents respectif·ve·s. J'ai contacté ces personnes en passant par le plus grand nombre de voies d'accès possible : à travers des associations, des institutions publiques ou religieuses, des commerces, de bouche à oreille… Il m'a semblé important de ne pas fixer comme critère de sélection que les deux parents soient d'origine marocaine et aient grandi en France ou en Allemagne. Ce choix s'est avéré central : si j'avais défini mon échantillon de la sorte, je n'aurais réalisé aucun des entretiens de cette enquête. Cela reflète une réalité révélée par les données statistiques existantes : dans 31% des unions de personnes d'origine marocaine, l'un·e des conjoint·e·s est né·e en Europe et y a passé son enfance et sa jeunesse, tandis que l'autre a grandi au Maroc. Ils·elles forment des couples que l'on peut considérer comme mixtes, car les partenaires n'ont pas été socialisés dans le même contexte national (Hajji 2009). En outre, environ 20% des ressortissant·e·s d'origine marocaine en Europe vivent dans une union binationale avec un·e partenaire d'une origine autre que marocaine (*Ibid.*). D'autres enfin ont un·e conjoint·e d'origine marocaine, mais qui a grandi dans un autre pays européen qu'eux·elles. Chercher des couples dans lesquels les deux conjoint·e·s auraient partagé la même origine et le même cadre de socialisation en France ou en Allemagne aurait par conséquent correspondu à une vision linéaire des migrations et à une vision homogène des générations.

J'ai rencontré des personnes d'âge et de sexe différents, avec des passés migratoires contrastés. Les personnes se différenciaient en outre par leur niveau d'éducation, allant d'une absence de scolarité au doctorat. Elles occupaient des activités professionnelles variées dans le secteur privé, public ou libéral. Les personnes interviewées se distinguaient également au niveau de leur statut marital, certaines étant mariées, divorcées, célibataires ou veuves. Certaines étaient d'origine plutôt arabe, d'autres d'origine plutôt amazighe, ce qui se reflétait entre autres dans les pratiques linguistiques intrafamiliales.

La quasi-totalité de mon échantillon avait des parents dans différents pays d'Europe ou sur d'autres continents. Plusieurs personnes interviewées ont également vécu dans différents pays au cours de leur vie : certaines ont émigré dans d'autres pays d'Afrique du Nord, comme l'Algérie ou la Libye, avant d'émigrer en Europe. D'autres ont vécu dans différents pays européens avant de s'installer plus durablement en France ou en Allemagne, par exemple en Espagne, dans les Pays-Bas ou en Belgique. Certaines familles rencontrées ont également fait le choix de retourner vivre au Maroc après une première installation en France ou en Allemagne, puis de revenir vivre en Europe quelques années plus tard, s'inscrivant ainsi dans des pratiques de va-et-vient prononcées. Les parcours migratoires de mes interlocuteurs·trices étaient ainsi tout sauf linéaires.

Ma tentative de croiser les récits de différents membres de familles n'a pas toujours abouti. Cela m'a sensibilisée aux questions éthiques posées par les récits croisés. Les refus d'entretiens étaient liés à diverses raisons : un manque de temps, des problèmes de santé, des désaccords, voire des conflits familiaux, ou des distances géographiques, certains parents vivant dans d'autres villes ou pays. Parfois le refus était motivé par des craintes sur les possibles conséquences d'une interview. Halima Bouazza[30] par exemple, que j'ai rencontrée en Allemagne et qui avait la soixantaine au moment de notre rencontre, a tout d'abord refusé d'être interviewée car elle avait entendu parler d'une Marocaine qui avait exprimé ses positions politiques dans un entretien en Allemagne et qui avait été incarcérée lors de son séjour suivant au Maroc, à l'époque du règne de Hassan II. Sous l'incitation de sa belle-fille, elle a finalement accepté de raconter son histoire, mais seulement à partir de son arrivée en Allemagne.

Afin d'établir les rapports de confiance nécessaires à une enquête avec plusieurs membres d'une même famille, j'ai dû m'investir sur mon terrain dans la durée. Ainsi que l'ont montré Michael Haralambos et Martin Holborn (2004), le·la chercheur·euse s'intègre fréquemment au groupe étudié afin de légitimer sa présence – il·elle réalise alors des observations participantes[31]. J'ai passé du temps avec les familles rencontrées en participant à des repas du soir, à des fêtes de mariage ou de fiançailles. J'ai également participé à plusieurs activités associatives, à des cours de langue ou à différentes activités dans des mosquées. Ces

[30] Tous les noms et prénoms utilisés dans cet ouvrage sont des noms d'emprunts. Pour des raisons d'anonymat, j'ai également, dans certains cas, modifié des informations relatives aux personnes mentionnées, par exemple les disciplines qu'elles ont étudiées durant leurs études supérieures, ou les noms des villes mentionnées.

[31] L'observation participante diffère de l'observation non participante en ce que le·la chercheur·euse ne se contente pas uniquement d'observer des actions, mais participe également à ces dernières. L'observation ethnographique peut être déclarée ou cachée. Ainsi que le précisent Haralambos et Holborn (2004), le degré d'une observation déclarée ou cachée varie. Parfois, les chercheurs·euses déclarent leur activité, néanmoins sans la préciser davantage, ou ne révèlent qu'une partie de leur sujet d'étude. Une observation déclarée est souvent préconisée pour des raisons éthiques. Certains contextes ne pourraient cependant pas être étudiés par une observation ouverte, par exemple l'extrême droite. J'ai moi-même dans mon étude opté pour une observation participante déclarée.

rencontres m'ont notamment amenée à donner des cours d'allemand dans une mosquée à Marheim pendant un an et demi, ainsi que des cours particuliers au sein de familles qui avaient scolarisé leurs enfants dans des classes bilingues français-allemand évoquées dans la partie 2.2.2. Mon enquête s'est ainsi progressivement développée en recherche socio-anthropologique, qui combine des récits de vie – propres à la sociologie –, et des observations ethnographiques – propres à l'anthropologie (Delcroix 2010, Juan 2005). Cette démarche permet entre autres de comparer les récits recueillis aux *pratiques* réelles et quotidiennes des personnes (Bertaux 2016).

3.1.3 Observations ethnographiques

Comme évoqué plus haut, le récit de vie, contrairement à des enquêtes statistiques ou d'autres approches déductives, se rapproche du point de vue des personnes étudiées, notamment en les laissant raconter leur histoire d'après leur propre logique de sens. Effectuer des observations ethnographiques m'a cependant permis de me rapprocher encore davantage des personnes rencontrées. En effet, si le récit de vie permet aux personnes interrogées de parler librement, il leur impose néanmoins un format défini par le·la chercheur·euse – celui du récit, qui, comme le soulignent plusieurs auteur·e·s, peut constituer un défi, surtout pour les personnes qui ne s'expriment pas dans leur langue maternelle. L'ethnographie, l'outil principal de l'anthropologie sociale et de l'ethnologie, implique de se rendre dans le monde social des personnes étudiées, plutôt que de les faire entrer dans le monde du·de la chercheur·euse (Haralambos et Holborn 2004). En passant du temps avec les personnes, en partageant leur quotidien et en les observant en posant le moins de questions possibles afin de ne pas orienter les conversations selon sa logique de sens, le·la chercheur·euse obtient souvent des réponses à des questions qu'il·elle n'aurait jamais posées.

L'un des mérites majeurs de l'observation participante réside en outre dans le fait qu'elle conduit la plupart du temps à une transformation du·de la chercheur·euse, dans la mesure où elle n'implique pas seulement d'*observer* la réalité des personnes étudiées, mais également de la *vivre* (Haralambos et Holborn 2004, Welz 1991). Au fil des expériences partagées, le·la chercheur·euse acquiert un regard « de l'intérieur » qui lui permet de mieux comprendre les actions des personnes rencontrées. Selon les termes de Paul Rabinow, qui a lui-même effectué un séjour ethnographique prolongé au Maroc, une durée prolongée sur le terrain mène à une « accélération dialectique entre la perception d'expériences nouvelles et leur normalisation » (Rabinow 1988 [1977], 46). Ce processus peut également modifier les « images guides » du·de la chercheur·euse, c'est-à-dire des représentations du monde qu'il·elle a intériorisées depuis son plus jeune âge (Chombart de Lauwe 1964, Cohen-Emérique 1993). Lila Abu-Lughod (1995) évoque la manière dont, après son travail ethnographique dans un village bédouin en Égypte, sa perception de la maternité ne correspond plus seulement aux normes qu'elle a intériorisées lors de sa socialisation primaire aux États-Unis, mais également à celles qu'elle a assimilées en Égypte.

3.2 Déroulement de l'enquête

3.2.1 La conduite des entretiens

Au fil de mon enquête débutée fin 2007, j'ai recueilli 19 récits de vie en France, 18 en Allemagne et 3 au Maroc. J'ai pu interviewer plusieurs membres d'une même famille dans 9 cas. La manière la plus propice de réaliser des entretiens avec différents membres d'une même famille a consisté à rencontrer d'emblée plusieurs d'entre eux en même temps, ce qui a permis de faire leur connaissance dans un contexte interactif, par exemple lors d'activités associatives mais aussi lors d'invitations à domicile. Dans d'autres situations, je n'ai pu interviewer qu'un seul membre de la famille, mais j'ai pu compléter ces entretiens avec des observations ethnographiques de rencontres avec d'autres membres du groupe familial. Ceci a été le cas dans 15 familles. J'ai ainsi rencontré 24 familles au total dans les deux pays.

Certains récits de vie ont été recueillis en présence d'autres personnes du groupe familial. Celles-ci assistaient à l'entretien soit par curiosité, soit pour aider à traduire en cas de problèmes de langues, soit par appréhension que des informations confidentielles puissent être racontées, ou encore pour encourager la personne interrogée à s'exprimer. Parfois, un membre de la famille, le plus souvent issu de la génération des « parents », posait spontanément lui-même des questions à la génération des « grands-parents », prenant ainsi le rôle d'intervieweur. Cette co-présence intergénérationnelle s'est avérée particulièrement riche et apportait des éléments sur ce qui se transmettait de génération en génération (Inowlocki 1995). Elle a permis d'étudier les interactions en cours et les thématiques qui importaient particulièrement aux uns et aux autres. Lors d'une interview de groupe dans l'une des familles rencontrées, deux femmes âgées de 36 et 42 ans ont demandé à leur mère d'expliciter les conditions de vie difficiles dans leur village d'origine au Maroc, et la manière dont elle produisait elle-même sa propre farine. Elles mettaient ainsi en avant un aspect qui leur importait et qu'elles tentaient de transmettre à leurs enfants : l'importance de se contenter d'un mode de vie marqué par une sobriété matérielle. Voulant s'assurer d'être mieux renseignées que moi, elles m'ont également précisé qu'elles avaient interviewé leurs parents avant mon arrivée à leur domicile. Ma démarche empirique était ainsi perçue par certaines familles comme déclenchant un dialogue intrafamilial autour de certains sujets jusque-là passés sous silence.

J'ai recueilli les récits de vie en appliquant la proposition élaborée par Fritz Schütze (1987) qui consiste à réaliser l'entretien en trois temps : tout d'abord laisser les personnes raconter librement leur histoire de vie sans interruption aucune ; puis poser des questions « internes » à ce récit, comme leur demander de détailler l'un ou l'autre événement évoqué afin de leur permettre de rester dans leur propre logique d'énonciation et de leur communiquer indirectement que l'intervieweur·euse les écoute attentivement avec un réel intérêt pour leur récit, puis, enfin, en troisième lieu, poser des questions « externes », c'est-à-dire des questions sur des domaines intéressant le·la chercheur·euse mais pas encore évoqués dans l'entretien. J'ai observé qu'en respectant cet ordre de questionnement, les personnes abordaient d'elles-mêmes les thématiques de recherche qui m'importaient, et de façon beaucoup plus exhaustive que lorsque je posais des questions plus directives. En dehors du recueil et de la retranscription de ces entretiens, j'ai rédigé un journal de terrain sur mes observations ethnographiques à Marheim et à Rannstadt. En m'appuyant sur les conseils de Clifford Geertz (1973) j'ai, durant ce travail d'écriture, employé dans la mesure du possible les mêmes termes que ceux des personnes observées, afin de me rapprocher autant que faire se peut de leur point de vue et ressenti. De plus, tenant compte de certaines recommandations dans le champ de l'anthropologie réflexive, mes notes d'observation ne contenaient pas seulement des descriptions au sens pur, mais également des émotions et des réflexions personnelles (Jackson 1990) qui visaient à rendre compte de l'impact de ma recherche empirique sur mon propre horizon de sens (Geertz 1973, Sanjek 1990).

3.2.2 Une étude multi-située

Au bout de dix-huit mois de terrain à Rannstadt et à Marheim, j'ai effectué un séjour de recherche de trois semaines au Maroc. Il m'importait de me rendre dans ce pays afin d'apprendre à connaître, dans une perspective de recherche transnationale, le contexte dont mes interviewé·e·s étaient originaires, leur entourage sur place et les discours qui y régnaient et auxquels ils·elles étaient confronté·e·s. Un séjour de recherche dans ce pays s'imposait d'autant plus que je visais à croiser des entretiens avec plusieurs membres d'une même famille, dont certains vivaient au Maroc de façon permanente. Si le récit de vie peut aider à contourner une vision normative des migrant·e·s, il n'y parvient pas de façon automatique (Dausien et Mecheril 2006). En effet, les chercheurs·euses encourent le risque d'analyser les récits de vie recueillis au prisme de ce qu'ils·elles considèrent comme étant une biographie « normale ». Par exemple, ainsi que le relève Bettina Dausien (1994), les récits de vie sur les parcours professionnels de femmes ont souvent été analysés, dans les recherches sociologiques existantes, à partir d'une perspective « masculine », qui considère qu'une carrière professionnelle réussie est une carrière sans interruptions. Le risque de s'appuyer sur une vision normative est renforcé en sociologie des migrations, par exemple quand les chercheurs·euses ne connaissent pas les contextes d'origine des personnes rencontrées.

Mon séjour au Maroc a constitué un point nodal de ma recherche, dans la mesure où il a renversé les perspectives qui m'étaient familières. Durant ce voyage réalisé l'été 2009, j'ai séjourné dans cinq familles : deux que j'avais rencontrées en Allemagne, trois que j'avais connues en France. Mon terrain au Maroc a coïncidé avec le séjour estival de plusieurs d'entre elles dans leur pays d'origine, si bien que je les ai rencontrées dans leur contexte de vie en Europe et au Maroc. Mon enquête a ainsi pris une dimension multi-située.

L'approche multi-située a été développée en anthropologie par George Marcus (1995) au milieu des années 1990. Plutôt que de se limiter à un terrain, elle consiste à suivre les mouvements des protagonistes et se déroule sur plusieurs lieux. Elle a des implications importantes dans la recherche sur les migrations, dans le sens où elle permet d'appréhender les processus migratoires sous un autre angle (Can 2005), décentrant la perspective de recherche tournée sur le pays d'accueil et souvent empreinte d'une vision assimilationniste. Une enquête multisite permet également de mettre en lumière les différentes capacités d'action des individus dans leurs contextes de vie, ce qui conduit à considérer les migrant·e·s moins dans une position de « subalternes » qu'à partir des différents espaces et des discours qui leurs sont rattachés (Marcus 1995, 100).

De plus, si l'une des caractéristiques de l'observation participante consiste en une transformation du·de la chercheur·euse, cette expérience se trouve renforcée dans des enquêtes multi-situées. Ainsi que le souligne Marcus, une enquête multisite exige une plus grande part d'activité de la part du·de la chercheur·euse. En effet, non seulement le·la transmigrant·e mais aussi le·la chercheur·euse se trouvent face à l'obligation constante de se positionner dans différents contextes et de saisir les discours ambiants (*Ibid.*). Au Maroc, mon statut d'invitée dans un contexte dans lequel je ne maîtrisais ni la langue, ni la culture m'a demandé un travail d'adaptation aux familles plus important qu'en Europe.

3.2.3 Expériences lors de mon séjour de recherche au Maroc

Mon séjour au Maroc m'a d'emblée plongée dans un contexte cosmopolite :

> En attendant l'embarquement, je fais la première rencontre de mon séjour. Une jeune femme de mon âge environ, Anissa, engage la conversation avec moi et nous discutons en attendant le départ. Nous nous asseyons côte à côte dans l'avion et, durant le voyage, elle me raconte son histoire de vie. Elle a 26 ans et vit au Luxembourg avec son époux italien. Elle me dit n'avoir jamais imaginé vivre un jour autre part qu'au Maroc, avant de rencontrer son mari lors d'un séjour à Casablanca, lorsqu'elle allait chercher des livraisons pour son magasin de tissus à Marrakech. Elle est, comme elle dit, marocaine mais d'origine vietnamienne du côté paternel, et d'origine espagnole et d'esclaves noirs, comme elle le précise, du côté de sa mère. C'est vrai qu'elle a des traits asiatiques et que je ne pensais pas qu'elle était d'origine marocaine lorsque je l'ai vue à l'aéroport.
>
> Elle me raconte l'histoire de ses parents. Son père est en réalité moitié vietnamien, moitié marocain. Le grand-père d'Anissa, qui était marocain, a été envoyé comme soldat au

Vietnam par la France durant la guerre d'Indochine. Il y a rencontré son épouse, qui est vietnamienne, et a vécu quarante ans là-bas. Leurs enfants sont nés au Vietnam. Au bout de longues années – Anissa n'en connaît pas les raisons – toute la famille est retournée vivre au Maroc. Le père de la jeune femme avait alors 13 ans, et ne parlait que le vietnamien. Le déménagement de la famille du Vietnam au Maroc semble avoir été très difficile. La famille du grand-père, croyant celui-ci mort, ne pensait pas qu'il retournerait au Maroc un jour. Pour des raisons d'héritage, la famille a alors essayé d'empoisonner son épouse vietnamienne. Cette dernière a vécu la discrimination tout le reste de sa vie.

Anissa elle-même dit avoir toujours été dans une position marginale en raison de ses origines étrangères. Ses camarades de classe l'appelaient « celle qui mange des rats et des chats », appellation qu'avaient également connue son père, ses oncles, ses tantes et sa grand-mère. Elle dit avoir beaucoup souffert du système scolaire marocain, parce qu'il n'offre pas d'avenir aux élèves qui ne rentrent pas dans la norme[32].

Ma rencontre avec Anissa m'a d'emblée confrontée à des origines ethniques et nationales complexes. Ainsi, si la jeune femme était d'origine vietnamienne, espagnole et « africaine », puisque descendante d'esclaves, elle vivait actuellement au Luxembourg avec son époux italien. Cette expérience cosmopolite s'est souvent répétée durant mon séjour. Elle m'a plongée dans un contexte plurilingue qui était inédit pour moi. En raison du passé colonial du Maroc, de nombreuses personnes rencontrées parlaient, en plus de l'arabe dialectal et de l'amazighe, le français et l'espagnol. Nombre d'entre elles apprenaient également l'anglais et l'allemand à l'école. L'apprentissage de langues européennes joue un rôle d'autant plus important que la grande majorité des jeunes rêve d'émigrer un jour en Europe et qu'une bonne maîtrise des langues est un critère souvent incontournable dans un projet d'immigration, par exemple pour l'obtention de visas d'études.

---

[32] J'ai choisi de distinguer les extraits de notes d'observations dans cet ouvrage par des marges moins réduites que celles des extraits d'entretiens cités.

Cette situation cosmopolite est renforcée par le fait que le Maroc comporte deux enclaves espagnoles dans le nord du pays. Certaines des personnes enquêtées vivaient dans la partie marocaine et travaillaient dans ces enclaves, où elles avaient également scolarisé leurs enfants. Ceci crée des situations de transnationalisme et de vie de frontaliers·ères au sein même du pays.

J'ai également rencontré de nombreuses personnes d'âges différents qui ont vécu en Europe dans le passé. Certaines d'entre elles, venues dans le cadre de la migration de travail, n'avaient pas souhaité faire venir leur épouse et leurs enfants en Europe et étaient retournées au Maroc à la retraite. D'autres au contraire avaient tenté de réaliser le regroupement familial, mais n'y étaient pas parvenues, faute de réussir à remplir les conditions nécessaires pour cela (voir la partie 2.2.1). Toutes ces personnes sont invisibles en Europe. Leur migration a cependant eu un impact fort sur leurs proches restés au Maroc : à travers les devises envoyées, les années de séparation géographique vécues ou les expériences réalisées en Europe. J'ai été particulièrement frappée par le nombre de discussions et de débats publics qui tournaient autour de questions migratoires. Nombre de familles que j'ai accompagnées durant leur séjour estival effectuaient un bilan de leur migration sur plusieurs générations familiales avec leurs proches restés au Maroc. Ceci m'a poussée à décentrer ma vision de « l'immigration » et à inclure dans ma réflexion sur les processus migratoires les personnes qui n'ont pas émigré elles-mêmes, mais qui n'en restent pas moins affectées par l'immigration internationale qui, comme nous l'avons vu dans la partie 2.1, concerne de façon directe près de 10% de la population marocaine totale.

Mon séjour au Maroc a également eu un impact sur mon rapport à mes interviewé·e·s. Comme évoqué plus haut, le statut d'invitée dans un contexte dans lequel je ne maîtrisais ni la langue ni la culture a mené à un travail d'adaptation aux familles plus important qu'en Europe, et à un plus grand nombre d'expériences partagées. Ces expériences m'ont à certains moments amenée à développer un ressenti semblable à celui des personnes rencontrées, et ainsi à mieux *comprendre* ces dernières (Delcroix et Pape 2010).

Ainsi, durant mon enquête, j'ai constaté que les femmes, y compris celles que j'avais rencontrées en Europe, ne sortaient souvent qu'accompagnées d'hommes. Les premiers jours, j'étais fortement irritée par cette dépendance. Je ne comprenais pas comment ces femmes, qui, habituées à se mouvoir beaucoup plus librement en

Europe, acceptaient cette situation durant leur séjour estival dans leur pays d'origine. Au cours d'une soirée passée seule dans une ville dans l'est du Maroc, bien que ne ressentant aucun danger à voyager seule, les remarques de personnes masculines dans la rue m'ont semblé si pesantes que soudain, j'ai souhaité moi-même ardemment être accompagnée par un homme. À cet instant précis, je ne percevais plus cette situation comme une dépendance, mais comme une aide vivement souhaitée. Cette expérience a modifié mon regard sur les personnes rencontrées : sans remettre en cause mon regard critique sur cette dépendance pour autant, j'ai dès lors commencé à percevoir les rapports de genre de façon plus dynamique, réalisant également les contraintes que ces normes genrées représentaient dans le quotidien des hommes et découvrant que mon ressenti, similaire à celui de femmes marocaines et d'origine marocaine, dépendait de la situation vécue et non de nos appartenances nationales, ethniques ou religieuses différentes. Mon ressenti s'est également modifié vis-à-vis de la religion musulmane :

> Lors de mon retour en train à Marrakech, je discute avec un jeune professeur d'allemand de Rabat. Il a mon âge environ et a vécu deux ans dans une ville en Allemagne de l'Est, où il a été étudiant. Il me raconte ses expériences dans ce pays. C'est étrange, parce que j'ai soudain l'impression de le voir à la fois avec un regard allemand, et à la fois avec une perspective venant du Maroc. J'ai en tête les stéréotypes avec lesquels il a pu être perçu en Allemagne et simultanément, j'ai l'impression de le voir sans ces stéréotypes. Par exemple, il me dit qu'il s'appelle Mohamed. J'ai soudain l'impression d'avoir devant moi une image doublée, parce que je ressens tout le prestige qu'a ce prénom au Maroc et simultanément, je ressens l'image négative qui lui est associée en France et en Allemagne. C'est une drôle de sensation que de voir les images se multiplier ainsi devant mes yeux.

Observer au quotidien l'image positive dont bénéficie la religion musulmane dans l'espace public au Maroc ainsi que dans les familles que j'ai rencontrées m'a amenée à prendre de la distance avec le regard dépréciateur sur l'islam, très présent en Europe, et à développer un regard plus symétrique entre Européen·ne·s et Marocain·e·s. J'ai ainsi pris conscience du ressenti négatif qui est associé au prénom « Mohamed » dans les discours et mon contexte de vie en Europe, alors que mon immersion dans un contexte de vie marocain m'a permis d'intérioriser un autre ressenti – dans ce cas un ressenti opposé à celui que j'avais malgré moi intériorisé en Europe – relatif à ce prénom.

Paul Rabinow a souligné le fait que vivre dans le même contexte que les personnes étudiées et partager des expériences quotidiennes communes peut mener à déconstruire l'altérité, et à concevoir cette dernière comme quelque chose qui n'est pas « d'essence ineffable, mais plutôt la somme d'expériences historiques différentes » (Rabinow 1988 [1977], 144). Plutôt que de percevoir les personnes que je rencontrais comme « autres », j'ai commencé, à travers mon séjour au Maroc, à raisonner en termes de contextes : c'est le *contexte*, avec ses contraintes institutionnelles, juridiques, sociales, économiques, discursives qui était déterminant dans le positionnement des personnes, et non les appartenances ethniques et nationales. J'ai recueilli ces observations et ressentis dans un second journal de terrain, que j'ai rédigé en tenant compte des recommandations mentionnées dans la partie 3.1.3.

3.2.4 La question des langues

La question des langues a joué un rôle important dans mon enquête en Allemagne, en France comme au Maroc. L'ensemble des personnes que j'ai rencontrées parlait au moins deux langues, dans certains cas quatre ou cinq : les langues arabes dialectale (darija) et/ou classique, amazighe, française, allemande, anglaise, ou autres. Les récits de vie que j'ai recueillis ont été réalisés en langue française ou allemande. Certaines personnes, en particulier celles appartenant à la génération des grands-parents, avaient des réticences à s'exprimer dans l'une de ces langues, qui n'étaient pas leur langue maternelle. Dans certains cas exceptionnels, des parents ou ami·e·s se sont chargé·e·s de traduire leurs propos[33].

Le fait que les entretiens n'aient pas systématiquement été conduits dans la langue maternelle des migrant·e·s peut être perçu comme créant une relation asymétrique entre le·la chercheur·euse et l'interviewé·e. Sans réfuter ces arguments, certain·e·s auteur·e·s comme Gerhard Riemann (2003) ont cependant souligné que même si la langue du pays d'accueil ne constitue pas la langue maternelle des personnes interrogées, il s'agit néanmoins aussi de *leur* langue, qu'elles

[33] Ceci a été le cas dans quelques situations au Maroc. En Europe, des membres de la famille ont assisté à l'entretien ou à des parties de l'entretien afin d'encourager leur parent à s'exprimer, mais laissaient ce dernier s'exprimer seul.

se sont appropriées au fil du temps, notamment en racontant fréquemment certaines parties de leur histoire de vie, comme leur arrivée dans leur pays d'accueil, dans la langue de ce dernier (Schulze 2006).

De plus, ne pas parler la langue maternelle des interviewé·e·s peut aussi représenter certains avantages. En effet, les personnes interrogées font parfois l'impasse de certains récits lorsqu'elles s'adressent à des personnes issues du même groupe national ou ethnique qu'elles – partant du fait que ces récits et informations « vont de soi ». Parfois, elles passent certaines expériences sous silence, craignant que l'intervieweur·euse ne puisse les divulguer à des personnes appartenant à leur communauté, ou les considérant comme gênantes à raconter à une personne qui partage la même appartenance culturelle ou religieuse.

Mes observations au Maroc m'ont également fait prendre conscience de pratiques particulièrement dynamiques concernant l'usage des langues. Ainsi, au sein d'une famille installée en France que j'ai rencontrée durant son séjour estival au Maroc, la grand-mère – qui vivait elle aussi en France en dehors de la période estivale – demandait à ses petites-filles de me traduire ses propos du darija vers le français. Je suis donc partie du présupposé qu'elle n'aimait pas s'exprimer en français ou qu'elle ne maîtrisait pas suffisamment cette langue. Lors d'une visite chez son frère, qui lui n'avait jamais émigré en Europe mais vivait au Maroc de façon permanente, la vieille dame a soudainement pris le rôle de l'interprète et m'a traduit ses propos. Ceci m'a permis d'appréhender les personnes dans différents rôles : celui d'individus nécessitant un·e traducteur·trice, puis soudain celui de traductrices elles-mêmes. J'ai également pris conscience du message plus profond qui pouvait être sous-jacent au fait de demander aux enfants et petits-enfants de se charger de la traduction : dans l'exemple en question, le fait que la vieille dame demande à ses petites-filles de traduire ses propos faisait également partie de ses projets de transmission – les fillettes prenaient ainsi connaissance de ses récits en profondeur et, à un certain degré, les intériorisaient.

Pendant mon enquête, enfin, le fait que je parle deux langues, le français et l'allemand, a introduit une certaine proximité avec les personnes interviewées, car nous partagions une expérience de plurilinguisme et jusqu'à un certain point de pratiques transnationales. Plusieurs d'entre elles évoquaient ce partage d'expérience de façon explicite, me demandant par exemple dans lequel des deux pays je vivais la plus grande partie de l'année. Si en France, mon appartenance nationale allemande permettait aux personnes rencontrées de moins m'associer au passé colonial français, en Allemagne, en revanche, mon appartenance nationale française favorisait la proximité, en raison de connaissances partagées sur la France et le Maroc, qui faisaient le plus souvent défaut à leur entourage allemand. Ces expériences soulignent que la maîtrise d'une langue implique des positionnements qui vont bien au-delà de la simple dimension linguistique.

3.3 Analyse du matériau empirique

3.3.1 Analyse des récits de vie

Barney Glaser et Anselm Strauss, à travers leur concept de théorie ancrée (2010 [1967]), prônent l'importance de développer des théories non pas en partant d'approches hypothético-déductive, mais en partant de matériaux empiriques et en effectuant des allers-retours, dès le début de l'enquête, entre observations du terrain et travail de théorisation. En cohérence avec cette approche, j'ai commencé à analyser mon matériel empirique dès le début de mon enquête, tout en orientant mon échantillonnage en fonction des résultats préliminaires dégagés.

J'ai analysé les retranscriptions de mes interviews à partir d'une méthode développée en Allemagne, principalement par Fritz Schütze (1987) et Gabriele Rosenthal (2005). Trois éléments sont centraux dans cette démarche analytique : la dimension *reconstructive*, qui implique que le texte est analysé en partant avant tout du sens de l'entretien lui-même, et non pas à l'aide de catégories prédéfinies ; la dimension *séquentielle*, qui signifie que le récit est analysé dans l'ordre chronologique dans lequel il a été énoncé, ce qui permet au·à la chercheur·euse de rester dans la logique narrative du·de la locuteur·trice ; enfin, la dimension *abductive*, à travers laquelle différentes hypothèses d'interprétation sont formulées. Cette approche a pour objectif d'accéder à une connaissance nouvelle, et non de vérifier des hypothèses préalablement définies.

La méthode d'analyse développée par les auteur·e·s procède ligne par ligne. Quatre dimensions principales sont examinées de façon minutieuse durant ce processus : le niveau d'interaction entre l'interviewé·e et l'intervieweur·euse, la dimension grammaticale et syntaxique du texte (les temps des verbes, le choix des sujets « je/on/nous », les tournures passives et actives), la dimension sémantique (le choix des termes, ou des métaphores) et enfin la dimension du contenu (les thématiques abordées ou au contraire celles passées sous silence) (Kruse 2015). Cette technique d'analyse permet de ralentir le processus de la compréhension de la parole, et de ne pas considérer prématurément cette dernière comme acquise. À chaque ligne, le plus grand nombre possible d'hypothèses à la compréhension du récit est émis. Toutes les hypothèses d'interprétation possibles, même et surtout les plus invraisemblables, doivent être affirmées afin que le·la chercheur·euse s'éloigne, dans la mesure du possible, de sa propre subjectivité et se rapproche de celle de la personne interviewée. Seules les hypothèses d'interprétation validées jusqu'à la fin de l'analyse sont sélectionnées comme thématiques centrales de l'entretien (Rosenthal 2005).

Ici aussi, le fait que les personnes rencontrées ne s'expriment pas dans leur langue maternelle a constitué un inconvénient autant qu'un avantage : d'une part, il n'était pas toujours aisé de comprendre le sens de certains passages des interviews, d'autre part, comme le souligne Heidrun Schulze (2006), ce phénomène oblige précisément le·la chercheur·euse à remettre encore davantage en cause sa compréhension spontanée d'un récit. Rencontrer les personnes dans la durée et leur demander d'expliciter le sens de certaines parties des interviews difficiles à comprendre a parfois permis d'éclaircir ces questions. Enfin, dans l'objectif de m'éloigner le plus possible de mon propre horizon de sens et de multiplier les perspectives portées sur un entretien, j'ai analysé un certain nombre d'extraits d'interviews dans des ateliers d'analyse collaborative, une pratique d'analyse courante en recherche qualitative en Allemagne. Ces ateliers, qui réunissent plusieurs chercheurs·euses analysant des extraits d'entretiens ou de notes d'observations ethnographiques de façon conjointe, permettent d'élargir l'éventail des interprétations apportées à un matériau qualitatif et ainsi de contourner, dans la mesure du possible, le risque du *Fremdverstehen* (Dilthey 1924), c'est-à-dire la compréhension de l'Autre à partir de sa propre subjectivité (Pape 2020).

3.3.2 Enrichissement du récit de vie par des observations ethnographiques

Les observations participantes que j'ai réalisées ont été précieuses, non seulement parce qu'elles ont largement contribué à modifier mon ressenti et mon point de vue sur les expériences des personnes rencontrées, mais aussi parce qu'elles ont permis de compléter un certain nombre d'informations obtenues – ou justement non obtenues – par les récits de vie recueillis. Au Maroc par exemple, j'ai rencontré les parents et les frères et sœurs de Nissrine El Asri, que nous découvrirons plus amplement dans la partie 4. La jeune femme avait grandi au Maroc et avait immigré en Allemagne en 2006 suite à son mariage avec Karim, qui avait quant à lui grandi en Allemagne. Au moment de notre entretien, elle travaillait comme femme de ménage dans une institution publique. Elle m'avait parlé – sans apporter davantage d'informations ou d'éléments de contexte – de l'emploi de son père, qui était directeur d'entreprise. Ce n'est qu'en rendant visite à sa famille au Maroc que j'ai pris conscience de la position sociale fortement privilégiée dont était issue la jeune femme. Sa famille possédait une grande maison, un téléphone et une connexion internet, ce qui était très rare au Maroc au moment de l'enquête. Cette position sociale contrastait très fortement avec celle d'autres familles que j'ai rencontrées, qui vivaient dans des bidonvilles. Ainsi, ce n'est qu'en découvrant le contexte d'origine de Nissrine que j'ai pu saisir ses origines sociales, qui n'apparaissaient pas de la même manière dans son récit. J'ai ressenti beaucoup de respect pour la jeune femme, qui travaillait en tant que femme de ménage en Allemagne et faisait preuve d'une grande capacité d'adaptation pour passer d'une position sociale à une autre en fonction des pays. Le fait de rencontrer son frère, qui m'a parlé du souhait des jeunes gens de sa génération d'émigrer en Europe, m'a également permis de mieux saisir ce qu'une migration en Europe a pu signifier pour la jeune femme. La rencontre avec la famille de Nissrine a été importante, non seulement parce qu'elle m'a apporté plus d'informations sur sa famille, mais aussi parce qu'elle m'a aidée à accéder au point de vue de « là-bas », qui était central dans l'entretien, mais que je ne parvenais pas à saisir depuis Rannstadt (Delcroix et Pape 2010). Partager du temps avec les familles m'a également permis de comparer les récits avec les pratiques concrètes des personnes. Par exemple, Nissrine m'a raconté qu'il lui importait que ses enfants apprennent plusieurs langues, dont l'anglais. J'ai pu observer lors de mes visites chez la famille que sa belle-sœur Loubna, lorsqu'elle se rendait chez elle, s'exprimait en anglais avec son fils Samad, âgé de 2 ans.

3.3.3 Intersectionnalité

Une autre approche particulièrement féconde dans mon analyse a consisté dans une perspective de recherche intersectionnelle. Cette approche a été développée à partir de travaux féministes : par Danièle Kergoat (1984) au début des années 1980 en France et par Kimberlé Crenshaw (1989) à la fin des années 1980 aux États-Unis. Elle consiste à considérer les appartenances sociales telles que la classe, le genre et la « race »[34] – les « rapports sociaux » comme les nomme Danièle Kergoat[35] –, comme consubstantiels et coextensifs. Consubstantiels, car « ils forment un nœud qui ne peut être séquencé au niveau des pratiques sociales » (Kergoat 2011, 11) et coextensifs, car ils ne peuvent se reproduire qu'en interaction, dans un processus de co-production permanent (*Ibid.*). Si les premiers travaux réalisés dans le champ de l'intersectionnalité se sont concentrés sur la classe, le genre et les rapports de racisation – les trois rapports sociaux communément reconnus comme étant les plus importants –, Rudolf Leiprecht et Helma Lutz ont proposé une liste de seize autres rapports sociaux, comprenant notamment l'appartenance Nord/Sud, l'orientation sexuelle ou le fait d'être en situation de handicap ou non (Leiprecht et Lutz 2005). Les rapports sociaux sont d'autant plus complexes qu'ils peuvent changer pour une personne au cours de sa biographie : par exemple, un individu peut passer, au fil du temps, de pratiques hétérosexuelles à des pratiques homosexuelles, il peut changer d'appartenance sociale, vivre dans une partie Nord et Sud du globe, ou passer d'une situation de validité à une situation de handicap.

L'approche intersectionnelle m'a permis de déconstruire ce qui à première vue paraissait proche, ou inversement, lointain dans mon propre positionnement d'enquêtrice. J'ai appliqué la stratégie préconisée par Mari Matsuda, celle de toujours « poser l'autre question » dans la tentative de saisir ses rapports à « l'Autre » :

---

[34] Conformément à la discussion critique du terme « race » évoquée dans la partie 1.3.1, j'emploierai dans la suite le terme de racisation.

[35] Dans cet ouvrage, j'utiliserai les termes d'intersectionnalité et de rapports sociaux de façon équivalente. Le terme d'« intersectionnalité » présente l'inconvénient qu'il sous-entend que différentes formes d'appartenances sociales existeraient à l'état pur indépendamment les unes des autres, alors que c'est justement l'inverse que cette approche met en avant. Le terme de « rapports sociaux » quant à lui me semble moins illustratif du phénomène auquel il a vocation de renvoyer que le terme d'« intersectionnalité ».

> La manière dont je tente de comprendre l'interconnexion de toutes les formes de subordination est par une méthode que je nomme : « Pose l'autre question ». Quand je vois un phénomène qui semble être raciste, je demande : « Où est le patriarcat dans cela ? ». Quand je vois un phénomène qui semble être sexiste, je demande : « Où est l'hétérosexisme dans cela ? ». Quand je vois un phénomène qui semble être homophobe, je demande : « Où est l'intérêt de la classe dans cela ? » (Matsuda 1991, 1189).

L'approche de Matsuda m'a rapprochée de personnes que j'aurais perçues dans un premier temps comme « lointaines », car le fait de poser en permanence « l'autre question » m'a amenée à trouver des similitudes avec elles que je n'avais pas vues d'emblée. Cette technique d'analyse permet également de relativiser la proximité ressentie avec d'autres individus : en effet, on peut appartenir à un même groupe ethnique, mais être positionné fort différemment en termes de rapports sociaux de classe ou de genre.

La question des rapports sociaux se complexifie dans un contexte de vie transnational. En effet, par leur mobilité spatiale, les (trans)migrant·e·s font l'expérience de statuts sociaux, de rapports de genre ou de rapports de racisation changeants en fonction des contextes (Anthias 2008). Cette pluralité de positionnements entraîne dans de nombreux cas une réflexivité accrue des individus sur leurs positionnements et identités (Phoenix 2011), comme nous le verrons dans les chapitres 4 et 5.

Ces analyses m'ont permis d'élaborer des études de cas qui correspondent à une étude en détail de phénomènes sociaux dans des contextes particuliers. Le terme « cas » renvoie à l'idée que dans l'analyse sociologique d'une histoire de vie (ou d'autres matériaux qualitatifs), ce n'est pas la personne qui est analysée – mais la logique de fonctionnement d'un phénomène social ainsi que l'agencement de ses déterminations. Les études de cas mettent en avant les liens entre un individu et la société ou les contextes sociaux dans lesquels une personne est ancrée. Elles ne nous renseignent pas sur la fréquence statistique d'un phénomène, mais visent une « généralisation théorique » à partir d'une étude en profondeur du lien entre le particulier et le général (Rosenthal 2005).

3.4 Découverte de la thématique transversale des entretiens

3.4.1 À la recherche d'une remontée en généralité

Après avoir étudié les logiques internes des différentes études de cas, j'ai effectué un croisement thématique des lignes suprasegmentales pour dégager un thème qui ressortait majoritairement des entretiens. Cette démarche a eu un effet inattendu. Elle a éveillé mon attention sur le risque de verser dans le nationalisme méthodologique au sens d'Andreas Wimmer et de Nina Glick Schiller (2002). En effet, j'avais veillé à ne pas fonder mes analyses sur l'hypothèse d'une différence « inhérente » entre la France et l'Allemagne. J'avais cependant inconsciemment perçu les conditions vécues au Maroc comme « intrinsèquement différentes » de celles de l'Europe. Le croisement thématique a permis de redresser ce déséquilibre.

De nombreuses personnes rencontrées ont par exemple évoqué leurs difficultés scolaires en France et en Allemagne parce que personne ne pouvait les aider à faire leurs devoirs. J'avais mis ces difficultés sur le compte de leur migration d'un contexte national et linguistique à un autre, et émis l'hypothèse d'un lien de causalité avec la situation sociale des parents. Nombre de personnes interrogées ont cependant évoqué des difficultés semblables au Maroc. Elles ne réussissaient pas leurs études parce que leurs parents étaient amazighs et ne parlaient ni le français ni l'arabe, et ne pouvaient pas non plus les aider dans leurs devoirs dans leur pays d'origine. Ce phénomène est, comme nous l'avons vu dans la partie 2.1, lié au plurilinguisme du Maroc, lui-même lié au passé colonial du pays. Ainsi, ce n'est pas uniquement le passage d'un pays à un autre qui entraîne des difficultés pour les enfants de migrant·e·s mais la transition d'une langue à une autre, qui se présente également dans leur pays d'origine.

Le cadre du nationalisme méthodologique a également influencé mon raisonnement concernant l'âge du mariage et le nombre d'enfants de descendant·e·s de migrant·e·s. Plusieurs auteur·e·s indiquent que l'une des différences majeures entre les parents migrants et leurs enfants consiste dans le fait que ces derniers optent pour des mariages d'amour et qu'ils ont moins d'enfants. Cette différence n'est cependant pas uniquement liée à la migration. Durant mon enquête au Maroc, j'ai rencontré plusieurs jeunes femmes qui m'ont expliqué avoir de nombreux conflits avec leurs mères, parce que celles-ci pensaient que l'amour ne devait pas être à l'origine du choix du conjoint. Des études démographiques montrent d'importantes baisses de la natalité et du nombre d'enfants par foyer au Maroc au cours de la dernière décennie (Ouadah-Bedidi *et al.* 2012).

3.4.2 La fierté d'être soi

Au terme de mon croisement thématique, plusieurs axes sont ressortis concernant les transmissions familiales : les parcours de mobilité sociale, des transformations de rapports de genre, les pratiques transnationales, ou encore une prise de position des personnes interrogées par rapport au discours qui oppose tradition et modernité. Peu à peu, une ligne regroupant toutes ces thématiques, située à un niveau d'abstraction plus élevé, a émergé : celle de la transmission de ce que je propose de nommer « la fierté d'être soi ». Ce fil conducteur m'est tout d'abord apparu lors de mon séjour de recherche au Maroc. Dans une famille rencontrée en France et qui séjournait au Maroc durant l'été, j'ai observé les phénomènes suivants :

> Je repense à mes impressions les plus fortes dans la famille d'Aziz. J'ai été frappée, durant mon séjour, par plusieurs réflexions très positives des filles sur leur culture d'origine, notamment : « Moi, j'adore venir au Maroc » ou : « L'islam est une très belle religion ». Je suis témoin de plusieurs réflexions valorisantes sur le Maroc et leur culture d'origine. Cet attachement à la vie marocaine semble faire partie des buts éducatifs d'Aziz, de son épouse Zeyneb et de la grand-mère, la mère d'Aziz. Ils·elles veillent également à ce que les enfants aient des liens avec le Maroc. Aziz m'a par exemple raconté avec fierté que sa fille aînée Shirine a entretemps des ami·e·s dans leur ville d'origine située dans l'ouest du Maroc. Cette approche me rappelle les stratégies éducatives d'autres familles rencontrées, dans lesquelles la transmission d'une image positive de la culture marocaine et de la fierté de leurs origines semble constituer un point fondamental. Ici, tout comme dans d'autres familles, cet objectif semble – en tout cas partiellement – atteint, du moins pour le moment, car les enfants me font des remarques très positives sur le Maroc. Dans plusieurs entretiens à Marheim et à Rannstadt, les parents m'avaient raconté qu'ils avaient honte de leurs origines quand ils

> étaient enfants, qu'ils essayaient de les cacher et qu'ils ne voulaient pas que leurs enfants vivent les mêmes expériences d'auto-rejet qu'eux. Je suis frappée par ces enfants qui ressemblent si exactement à d'autres enfants français de leur âge, et qui en même temps revendiquent avec fierté leurs origines marocaines. C'est comme s'ils allaient contribuer, en grandissant, à montrer à la population majoritaire une autre image de leur culture et de leur religion. La nouvelle génération parviendra-t-elle à faire tomber les préjugés de demain ?

La tendance des enfants de migrant·e·s à valoriser leur pays, leur culture d'origine ainsi que leur religion m'est clairement apparue au Maroc, mais elle constituait déjà un thème récurrent dans les entretiens et les observations que j'avais réalisés auparavant en France et en Allemagne. Ainsi, plusieurs familles insistaient sur le fait qu'elles avaient emmené leurs enfants en vacances en Égypte – un pays touristique musulman souvent considéré comme le « berceau de la civilisation » –, où leurs enfants découvraient des sites culturels fortement valorisés en France et en Allemagne, tout en séjournant dans un contexte où la religion musulmane était majoritaire.

Plusieurs descendant·e·s de migrant·e·s en France et en Allemagne m'ont raconté qu'ils·elles avaient honte de leurs origines marocaines durant leur jeunesse. Ainsi Assia, une jeune femme née en France et âgée de 30 ans au moment de l'entretien, a révélé que ses parents leur avaient interdit, à elle et à ses frères et sœurs, de s'exprimer en arabe dans la rue afin d'éviter des réactions discriminatoires de passant·e·s. Aujourd'hui la jeune femme a pris le chemin inverse dans l'éducation de ses propres enfants : elle les a d'abord envoyés dans une association cultuelle musulmane qui enseigne l'arabe avant de les scolariser à l'école maternelle en grande section. Elle explique qu'elle a longuement réfléchi à la question et qu'elle considère à présent une double culture comme un « atout », à la différence de ce qu'elle pouvait ressentir autrefois :

> Cette différence de quoi ? De culte, d'origine, alors qu'on a une origine en plus, hein ? Alors que c'est vraiment un atout d'avoir d'autres origines, d'autres

> cultures, d'autres tradiTIONS[36]. C'est un PLUS hein, et ben non. NON, on ne l'a jamais ressenti comme ça en tant qu'adolescent et enfant. En tout cas moi je ne l'ai jamais ressenti, que c'était un plus, que c'était positif, hein, c'était toujours négatif.

Assia est rejointe dans ses propos par de nombreuses autres personnes rencontrées, qui insistent sur le fait qu'une double culture représente une richesse. Malika, une jeune femme âgée de 32 ans et également née en France, a raconté comment elle a, un jour, incité sa fille à continuer de chanter en arabe dans la rue, alors que le frère de l'enfant avait tenté de l'en empêcher. Elle observe leurs réactions, et réfléchit à une stratégie pour éviter qu'ils·elles intériorisent les préjugés qui existent sur les « Arabes » et les « musulmans » :

> Après, par rapport à-. Je regarde beaucoup par rapport aux enfants, comment ils réagissent, par rapport au fait par exemple d'avoir euh, d'être d'ori-, d'avoir des origines, ça donne du coup une deuxième langue maternelle. Et moi je sais que par exemple, la dernière fois, la petite, Lamia, je crois que tu l'avais vue quand on était manger, elle, elle parle tout le TEMPS. Elle chante tout le temps dehors, à haute voix comme ça, sans GÊne. Ça ne la dérange pas. Les gens, elle, elle ne les calcule pas du tout. Et une fois, on était dehors et puis elle chantait. Elle chantait en aRABE. Bon (rit). Ça ne la dérange pas. Hakim [son frère] lui dit (Malika chuchote) : « Chut, tais-toi, mais TAIS-toi, il y a des Français ! ». Alors je lui dis « Mais pourquoi tu lui dis ça ? ». Et il dit (elle chuchote à nouveau) : « Mais regarde, il y a des gens qui nous écoutent ! ». Je lui dis : « Mais c'est pas GRAVE, c'est pas grave ». Ça le GÊnait quoi. Il ne sait PAS en fait, je crois qu'il ne sait pas trop comment ça va être perçu, alors du coup c'est un peu comme s'il le cachait.

[36] Les mots ou syllabes orthographiés en lettres majuscules ont été prononcés de façon accentuée.

3.4.3 Amel et la transmission de la « fierté d'être soi »

L'importance de la transmission de la « fierté d'être de soi » est devenue particulièrement apparente dans le cas d'Amel, l'une des premières jeunes femmes que j'avais interviewées au début de l'année 2008. Amel est née en France en 1979. Elle est la benjamine d'une fratrie de sept. À 16 ans, elle tombe enceinte de son petit ami français, Luc. En raison de la transgression que sa grossesse hors mariage représente par rapport aux normes en cours dans sa famille, elle quitte le domicile familial. Elle se trouve alors en classe de 4ème et interrompt sa scolarité. L'objectif premier de la jeune femme est de réaliser une mobilité sociale ascendante, qui pour elle est synonyme de « quitter la cité ». Elle vit d'abord dans un foyer pour jeunes mères mineures, qu'elle quitte cependant avant la naissance de son enfant afin d'éviter un impact de cet environnement qu'elle juge néfaste sur sa fille. Elle vit alors quelque temps chez son frère, puis obtient un logement social en cité grâce à l'aide de travailleurs·euses sociaux·ales.

Elle vit séparée de son petit ami Luc, qui est pris dans une dynamique délinquante de bande dans leur quartier d'origine. Lorsque sa fille a 3 ans, Amel l'inscrit dans une école maternelle dans un quartier résidentiel, afin d'éviter une scolarisation dans la cité. Après plusieurs années de semi-séparation avec Luc, elle lui pose un ultimatum : c'est soit elle et leur enfant, soit la cité et ses amis. Luc cherche alors une formation et trouve un emploi. Ils·elles se marient, déménagent dans un quartier résidentiel et ont un deuxième enfant. Amel effectue une formation, puis trouve elle aussi un emploi. Suite à un accident cérébral de sa mère, elle renoue les liens avec sa famille sept ans après leur rupture. Sa mère décède cinq années plus tard.

À partir du collège, Amel inscrit ses filles dans un établissement catholique privé, afin d'éviter le collège de « cité » proche de leur domicile. Dans la poursuite de son objectif de mobilité sociale ascendante, la jeune femme choisit dans un premier temps pour stratégie une adaptation quasi-totale à la population majoritaire dite « française ». Elle se distancie de ses origines ethniques, culturelles et religieuses. Ce choix résulte du rejet familial entraîné par sa grossesse hors mariage, mais aussi du poids des discriminations vécues en France :

> Je- je rejetais vraiment euh, la culTURE, c'était un rejet complet quoi, c'était euh, en MOI j'étais française, mais à l'extérieur j'étais marocaine.

Amel intériorise l'idée qu'une assimilation la plus complète possible à la société dite « majoritaire » constitue un élément vital pour être acceptée par son entourage français. Elle ne pratique plus la religion musulmane, boit de l'alcool et mange de la viande de porc. Elle choisit tout d'abord de ne pas transmettre sa culture d'origine à ses filles. Elle baptise ces dernières – ce qui est rare parmi les descendant·e·s de migrant·e·s rencontré·e·s – dans la religion catholique. Cependant, elle remettra en cause sa stratégie car malgré son adaptation quasi-totale à la société dite « majoritaire » française, et bien que son mode de vie ne se différencie en rien, comme elle le précise, de celui de son entourage, ce dernier continue de la percevoir comme différente :

> C'est vrai qu'on s'intègre au maxiMUM hein, je veux dire, voilà, je mange du porc. C'est vrai, comme je ne pratique pas la religion, je mange du PORC. Je vais chez mon frère, il me fait mon apéro, comme tout le monde. MAIS c'est vrai que par moments, on peut- le ressentir. (…) Ici, dans (nom du quartier résidentiel dans lequel elle vit avec son mari), tout le monde était blanc, tout le monde était clair, c'est vrai que moi je fonctionnais comme eux par rapport à l'éducation des enfants, par rapport au mode de vie, et mon image extérieure ben montrait autre chose, quoi. Et c'est vrai que les gens se basent toujours sur l'image un peu extérieure quoi.

Deux événements personnels majeurs vont l'amener à un changement d'attitude concernant la transmission de ses origines marocaines à ses filles : le décès de sa mère, qui la rapproche de ses souvenirs d'enfance, et le moment où ses filles décrètent « ne pas vouloir une maman arabe, mais une maman comme les autres ». Amel réalise alors la nécessité, non seulement d'accepter sa culture d'origine, mais également de la transmettre à ses enfants :

> Dans la culture marocaine, ça va être les plats, ça va être avec les traditions, la LANGUE. Ça c'est des choses que je transmets à mes filles et pour moi, c'est très important, parce que je pense qu'elles-. Au départ, je voulais le CACHER, je ne voulais PAS euh… Je ne voulais pas leur transmettre, parce que non, il ne fallait surtout pas que les gens sachent que

vous êtes-, que votre maman est arABE, que votre maman est maroCAINE. À l'école maternelle, mes deux filles, et je ne sais pas COMment ça se fait, mais mes filles quand elles fréquentaient l'école maternelle de (nom du quartier), elles sont arrivées à un âge, à 5 ans, et toutes les deux, elles ont passé la même période, je ne sais pas COMMENT ça se fait, elles me disent : « Maman, je ne veux pas une maman arabe. Je veux une maman comme les autres ». « Mais POURQUOI ? ». « Non, je ne veux pas une maman arabe ». Parce que toutes les autres mamans n'étaient pas typées comme MOI et ben, elles se sentaient peut-être mal à l'aise, je ne sais pas. Je ne peux pas décrire, parce que bon, elles avaient CINQ ans, MAIS elles-elles refusaient d'avoir une maman arabe quoi. Elles ne voulaient pas avoir une maman arabe ; elles ne voulaient PAS être arabes, elles ne voulaient RIEN savoir de la CULTURE, de la religion, de la LANGUE, parce que ben les autres mamans ne sont pas comme ÇA. Elles voulaient que je sois comme les autres mamans, les autres mamans avec les cheveux RAIDES, CLAIRS, euh. Et moi, je trouve que-. Au début, je ne voulais PAS, et c'est vrai qu'après avec les années, je me suis dit : « Mais c'est n'IMporte quoi, on a une TRÈS belle CULture, on a une très belle LANgue, on a une grande gastronomie, on a de TRÈS belles architectures ». La mosaïque, mais c'est magniFIQUE, les RIAdes, les décors qu'on A, c'est magnifique, pourquoi rejeter tout ça ?

Amel décide alors de partager ses origines marocaines avec ses filles, en développant une stratégie dans laquelle elle ne transmet que les éléments valorisés par la société dite « majoritaire » française (voir Pape 2011), en particulier des pratiques culinaires marocaines qui sont « même » appréciées par des personnes d'extrême droite :

Et puis les PLAces, et c'est magnifique. Donc c'est vrai, comme disait mon mari, on a une maison de campagne dans les Vosges, on est propriétaires. Dans les Vosges, ils sont TRÈS racistes. Mes beaux-parents ont eu beaucoup de soucis à l'époque, parce

> que le frère de mon mari a aussi épousé une Algérienne, donc plus âgée que nous. Et apparemment, il y a eu des soucis. Mon mari disait qu'il y était allé à la période des élections et qu'il y avait des panneaux FN, donc Le PEN, TOUT le long, pendant quatre mètres. Et ils sont allés manger dans un petit restaurant là-bas, et ils proposaient des tagines, avec des petites décorations de tagines. Et mon mari n'a pas pu s'empêcher de faire la réflexion : « Bon c'est TRÈS surprenant, quand on arrive, on voit le FN partout, jusqu'au bout. Tout le village est du FN et quand on entre dans le restaurant, ben vous proposez du couscous, du tagine et des décorations orientales ». « Ah oui, mais on aime bien la nourriture, on aime la nourriture, mais pas les gens ». (...) Donc c'est vrai qu'au jour d'aujourd'hui, je me dis : « Non, ce n'est pas possible, il faut que je transmette ça à mes enfants, c'est très important ». J'espère qu'ELLES-mêmes le transmettront à leurs enfants. (...) Donc voilà, j'ai envie de transmettre, je pense que c'est important. Bien qu'avant, je ne voulais pas, parce que je me sentais mal à l'aise, mais maintenant non, j'assume. Voilà, je suis marocaine, j'ai une très belle culture- non ! Avant j'avais honte, mais maintenant, non, je n'ai plus honte. J'ASSUME, je suis marocaine, et puis voilà quoi. Après, celui qui m'accepte, celui qui ne veut pas, ben tant pis.

L'expérience d'Amel, qui l'a fait changer de position concernant la transmission de ses origines marocaines à ses filles, est liée à une contradiction forte face à laquelle se trouvent de nombreux·euses descendant·e·s de migrant·e·s : d'une part, les discours majoritaires prônent l'assimilation et une adaptation aux sociétés d'accueil, d'autre part, il est impossible, même pour ceux·celles qui réalisent une telle adaptation, d'être reconnu·e·s par leur entourage français comme semblables, en raison de leur apparence et des structures de racisme existantes. Homi K. Bhabha (1994) a mis en évidence cette contradiction dans un contexte (post)colonial, qui est selon lui caractérisé par un processus de « mimétisme ». En effet, le sujet colonisé est sans cesse exhorté à ressembler au colonisateur, mais il ne pourra jamais, ainsi que le souligne l'auteur, lui ressembler au point d'être considéré comme lui étant identique, puisque la légitimation même de la domination – la différence – disparaîtrait alors.

Ainsi que le montre l'exemple d'Amel, même s'ils·elles « jouent les règles » du jeu de l'adaptation qui leur est proposé, au risque de rompre avec leurs parents, les descendant·e·s de migrant·e·s, du moins ceux·celles qui peuvent être identifié·e·s comme étant issu·e·s d'Afrique du Nord en raison de leur apparence, continuent de vivre des situations de discrimination. L'élaboration, même partielle, d'une vision positive de leurs origines et de leur apparence s'impose alors pour un maintien de leur estime de soi[37]. C'est pourquoi une transmission centrée sur ce que je propose de nommer « la fierté d'être soi », qui repose sur une vision positive des origines ethniques, culturelles et sociales d'un individu, constitue une thématique centrale qui traverse tous les entretiens que j'ai réalisés.

Un grand nombre des personnes rencontrées sont conscientes de la contradiction évoquée. Nora par exemple est née dans une petite ville de l'est de la France en 1972. Son père est arrivé en France dans les années 1960, dans le cadre de la migration de travail. Nora entame des études universitaires à l'âge de 18 ans. Deux ans plus tard, elle se marie. Elle met fin à ses études un an plus tard à la naissance de son premier enfant. À l'âge de 16 ans, elle rencontre une femme d'origine française convertie à l'islam, qui marquera durablement son parcours de vie dans la mesure où cette rencontre la conduit à dissocier l'appartenance ethnique de la croyance religieuse. Depuis, Nora mène une réflexion approfondie sur les liens entre appartenance ethnique, nationale et religieuse et sur les injonctions paradoxales de la société française. Durant notre entretien, elle évoque le parcours de l'un de ses frères, qui a opté pour une adaptation complète au mode de vie « français » et conclut, dans la ligne d'Amel :

> J'ai un frère qui a choisi la fracture totale, qui VEUT vivre complètement à la française, jusqu'au jour où on lui demandera : « D'où tu viens ? ». Je pense qu'on doit lui poser la question sans cesse.

---

[37] Un débat traverse la discipline de la psychologie sur la différence entre le terme « d'estime de soi », qui concerne l'accord d'un individu avec ses propres valeurs, et la « confiance en soi », qui concerne davantage la mise en action, les capacités cognitives ou physiques afin d'atteindre ses objectifs (Yates 2006). Je ne me pencherai pas sur ce débat, dans la mesure où ce qui m'intéresse ici est le débat sociologique autour des « ressources subjectives ».

3.4.4 Définition de la « fierté d'être soi »

Par le concept de « fierté d'être soi », j'entends une estime de soi des personnes au regard de leur appartenance ethnique, culturelle, religieuse, et sociale. Cependant, dans une perspective intersectionnelle (Lutz *et al.* 2011), elle s'étend également à d'autres marqueurs de différences sociales. La « fierté d'être soi » constitue une forme de « ressource subjective » au sens de Catherine Delcroix. Comme nous l'avons vu dans la partie 1.2.4, les ressources subjectives désignent « les énergies physiques, mentales et morales » qu'un individu développe afin de réaliser ses projets (Delcroix 2009, 144). Dans le contexte migratoire, les parents transmettent cette forme de ressource afin d'éviter que leurs enfants intériorisent une image négative d'eux-mêmes. Comme l'a souligné l'auteure, les ressources subjectives se créent fréquemment à partir de la transmission de la mémoire familiale et des expériences vécues par les individus. En transmettant leur histoire familiale et en insistant sur l'importance de qualités telles que la patience, les parents mettent en place une prévention familiale des risques qu'encourent leurs enfants, en particulier dans des contextes d'habitat ou scolaire défavorisés. Ces ressources sont généralement développées à travers un processus réflexif des individus sur leurs propres expériences biographiques (Delcroix 2004b).

Dans leurs travaux sur les pratiques éducatives au sein de l'espace familial, Jean Kellerhals et Cléopâtre Montandon (1991) mettent en avant l'approche consciente et réflexive des parents dans leur travail éducatif, dans lequel ils ne tiennent pas seulement compte du passé familial et du futur de l'enfant, mais aussi du contexte socio-économique où ils se trouvent. Les auteur·e·s soulignent l'importance d'employer les termes de « stratégies » et de « tactiques » éducatives, afin de souligner le travail conscient réalisé. En développant des ressources subjectives, c'est ainsi une véritable *stratégie* éducative que les parents mettent en place.

La transmission d'une estime de soi[38] n'est pas propre aux situations de migration. Elle a été largement traitée dans les travaux sur la résilience, c'est-à-dire les facultés d'un individu à faire face et à résister à des situations difficiles, qui expliquent pourquoi « certains enfants placés dans des conditions à risque élevé s'en sortent plutôt bien

[38] Pour des questions de redondance, j'utilise les termes « estime de soi » et « fierté d'être soi » de façon synonyme.

alors que d'autres s'en sortent beaucoup moins bien » (Luthar 2006, 740). La résilience est avant tout étudiée dans le champ de la psychologie, de la psychologie sociale et de la pédagogie (Cyrulnik 2001, 2007, Fröhlich-Gildhoff et Rönnau-Böse 2011, Yates 2006). En dehors des travaux de Catherine Delcroix, elle a peu été étudiée en sociologie des migrations, même si plusieurs enquêtes ont démontré l'importance des ressources subjectives. En Allemagne, par exemple, une étude sociologique quantitative dirigée par Ursula Boos-Nünning et Yasemin Karakaşoğlu (2005) sur des jeunes filles d'origine migrante a démontré que celles-ci ont une capacité de résistance à l'échec et à la frustration plus élevée que les jeunes filles d'origine allemande, et qu'elles possèdent plus d'endurance dans la poursuite de leurs objectifs professionnels et personnels.

La transmission de la « fierté d'être soi » revêt selon moi une importance accrue dans un contexte de migration, en particulier dans un contexte postcolonial, marqué par des discriminations et une islamophobie importantes. Ces expériences mènent à un « discrédit » prononcé des personnes rencontrées. Erving Goffman entend par ce terme l'expérience de tout individu qui « possède un attribut qui le rend différent des autres membres » et qui le rend « moins attrayant » (Goffman 1975 [1963], 12-13). Dans le contexte actuel empreint de racisme ou d'islamophobie, Catherine Delcroix élargit cependant le concept de discrédit et le définit comme l'expérience de « toutes les personnes appartenant à une 'catégorie' donnée du simple fait qu'elles en sont membres » (Delcroix 2011, 83). Les personnes touchées par le discrédit sont souvent perçues comme passives, et « incapables de réflexion et d'action stratégique dans le long terme » (Delcroix 2004a, 191-192).

Dans cet ouvrage, j'ai choisi d'employer l'expression « fierté d'être soi » afin de souligner la force des revendications des personnes interviewées. Dans un contexte de discrédit et d'islamophobie prononcés, la « fierté d'être soi » remplit un rôle plus important que celui de renforcer la capacité d'action des individus : elle constitue la condition même d'existence des migrant·e·s et de leurs descendant·e·s. Dans la mesure où le racisme et l'islamophobie que vivent les descendant·e·s de migrant·e·s d'Afrique du Nord s'inscrivent dans la continuité des stéréotypes coloniaux (voir la partie 1.3.2), la « fierté d'être soi » est également une forme de résistance directe au postcolonialisme.

J'ai identifié quatre principales transmissions dans les familles liées à la thématique de la « fierté d'être soi » : la transmission de l'appartenance sociale, la transmission d'une déconstruction de l'altérité, d'une déconstruction du discours qui oppose tradition et modernité, et la transmission de pratiques transnationales. Ainsi que nous le verrons plus bas, ces thématiques sont concomitantes ; elles ne peuvent pas être séparées les unes des autres. De plus, les individus rencontrés transmettent la « fierté d'être soi » dans un contexte de transformation de leur organisation familiale et de rapports de genre, dans lequel leurs propres repères sont remis en question. Cela rajoute de la complexité à leur tâche. J'ai de surcroît constaté que les individus, avant de transmettre une « fierté d'être soi », se voient d'abord contraints de l'élaborer ou de l'assurer pour eux-mêmes. Ici, la transmission de l'estime de soi ne s'opère pas uniquement dans un mouvement unidirectionnel allant des parents vers leurs enfants, mais sous forme de dialogue familial inter- et intragénérationnel, comme nous l'avons vu dans la partie 1.2.2.

Cette recherche a mis en évidence la *difficulté* de la transmission de la « fierté d'être soi » en situation de migration dans un contexte postcolonial. Cette difficulté est devenue apparente dans le parcours d'Amel, mais aussi dans de nombreuses autres études de cas, telles que celles de Bouchra et de Warda, que j'ai rencontrées dans une mosquée à Rannstadt. Les deux jeunes femmes sont nées au Maroc et ont émigré en Allemagne, l'une à l'âge de 14 ans, l'autre à l'âge de 7 ans. Toutes deux ont relaté des expériences de rejet et de discrimination qui ont marqué leur enfance et leur jeunesse : Bouchra par ses camarades de classe et Warda par son institutrice. Les jeunes femmes ont dû réaliser un travail biographique considérable pour vaincre les effets de ces discriminations. Leurs expériences les ont conduites, à l'âge adulte, à donner des cours de soutien scolaire dans une mosquée à titre bénévole, afin de « donner une chance », ainsi qu'elles l'expriment, à des enfants vivant des situations similaires aux leurs.

La « fierté d'être soi » n'est pas présente dans toutes les phases de la vie, ni acquise une fois pour toutes. Si les migrant·e·s et leurs descendant·e·s rencontrent des difficultés particulières pour transmettre leur « fierté d'être soi », nous verrons cependant qu'ils·elles possèdent également des ressources puissantes pour y parvenir.

3.5 Organisation des entretiens

3.5.1 Contrastes maximaux et minimaux entre les familles

Comparer différentes études de cas entre elles permet de dégager des « types », chaque type comprenant des cas similaires (Rosenthal 2005, 95). La forme de type la plus connue est l'idéal-type élaboré par Max Weber. Un idéal-type est un modèle analytique et interprétatif que l'on ne « trouvera nulle part empiriquement (...) dans sa pureté conceptuelle » (Weber 1965 [1904], 181). Il correspond à un outil analytique dans lequel certains éléments sont accentués afin de rendre davantage visibles les mécanismes sociaux dans lesquels ils sont imbriqués. À travers la comparaison de différentes études de cas approfondies, un type qui regroupe plusieurs cas similaires est érigé afin d'illustrer certains mécanismes à l'œuvre traversant ces cas. Plusieurs types, qui correspondent à plusieurs groupements de cas illustrant des mécanismes différents, sont fréquemment érigés dans les travaux s'inspirant de la démarche proposée par Weber (voir par exemple Wohlrab-Sahr 1994).

Je me suis interrogée sur la manière la plus pertinente de regrouper mon matériel empirique. Bien que les parcours individuels des personnes interviewées m'intéressent, ce sont avant tout les *familles*, les liens et les relations intrafamiliales qui sont au centre de mon étude. J'ai donc cherché à organiser mon corpus en fonction des stratégies développées par des groupes familiaux. Mon enquête a fait apparaître qu'il est difficile, voire impossible, de regrouper les familles en fonction de critères précis, les groupes familiaux, et en particulier les familles nombreuses comportant une trop grande pluralité de parcours et de caractéristiques. Ainsi, certains membres des familles interviewés avaient des appartenances plutôt amazighes, d'autres plutôt arabes, et ils avaient des niveaux d'études ou des occupations professionnelles diversifiées.

Les stratégies centrales par lesquelles les familles transmettent la « fierté d'être soi » étaient présentes dans toutes mes études de cas, sans que des regroupements de cas deviennent apparents. De plus, les personnes rencontrées étaient toutes, peu ou prou, atteintes de façon similaire de discrimination et d'islamophobie, indépendamment de leur origine sociale. Cette observation rejoint l'analyse de Dietrich Thränhardt, selon qui les migrant·e·s issu·e·s de la migration de travail ont souvent automatiquement été perçu·e·s comme appartenant à une classe sociale défavorisée, indépendamment de leur origine sociale réelle (Thränhardt 1995).

Au fil de mon analyse, deux tendances sont néanmoins devenues visibles au sein de mon corpus : la « fierté d'être soi » semblait plus simple à communiquer, du moins dans un premier temps, pour les personnes et les familles ayant ce que je nomme un « sentiment d'appartenance à un groupe social favorisé » que pour les personnes ayant un « sentiment d'appartenance à un groupe social défavorisé ». Dans les entretiens ou lors de notre première rencontre, les personnes du premier groupe faisaient immédiatement allusion à leur appartenance sociale en se référant à des critères de positionnement social communément reconnus comme « élevés ». Ces références facilitaient leur estime de soi et la transmission de cette dernière à leurs enfants.

J'ai par conséquent organisé mon matériel en partant d'un contraste d'écarts maximaux et minimaux au sens de Barney Glaser et Anselm Strauss, en fonction des deux tendances évoquées. Les auteurs ont montré comment, en maximisant les différences, la probabilité de saisir des schémas différents s'accroît. Au contraire, une similarité maximale entre les données permet de vérifier la pertinence d'une catégorie (Glaser et Strauss 2010 [1967]). Gabriele Rosenthal (2005) a montré que lorsqu'une comparaison maximale est effectuée, ce sont dans un premier temps les phénomènes qui paraissent les plus différents à la surface qui servent de critère de différenciation. La comparaison minimale du matériel peut ensuite au contraire relativiser les écarts stipulés au début de l'analyse.

J'ai d'abord adopté une approche d'écart maximal entre les groupes familiaux, qui m'a permis de les regrouper en deux tendances : les familles ayant un « sentiment d'appartenance à un groupe social favorisé » et les familles ayant un « sentiment d'appartenance à un groupe social défavorisé ». J'ai ensuite comparé les cas similaires au sein de chacune ces deux orientations en appliquant le principe d'écart minimal. Cette démarche a validé mon approche en deux tendances majeures, mais l'a également relativisée : les personnes ayant un « sentiment d'appartenance à un groupe social favorisé » avaient bel et bien davantage de facilités à transmettre la « fierté d'être soi » que celles ayant un « sentiment d'appartenance à un groupe social défavorisé ». Ces dernières étaient cependant loin d'être dépourvues de ressources dans la transmission de l'estime de soi à leurs enfants – au contraire. De plus, dans une tendance comme dans l'autre, on pouvait constater un travail de déconstruction radicale de la notion « d'appartenance sociale » en elle-même.

3.5.2 Le sentiment d'appartenance à un groupe social favorisé ou défavorisé

J'ai choisi les termes « sentiment d'appartenance à un groupe social favorisé ou défavorisé » en référence au concept de « sentiment de mobilité sociale » développé par Claudine Attias-Donfut et François-Charles Wolff (2001), qui mettent en avant la « dimension subjective » dans les processus de mobilité sociale. Ils·elles montrent comment un sentiment de mobilité sociale ne se fonde pas uniquement sur des critères « objectifs » tels que le niveau d'études, l'emploi ou le salaire, mais également sur la manière dont les individus perçoivent eux-mêmes leur parcours. Les résultats de leur enquête à la fois quantitative et qualitative revèlent que le sentiment de mobilité sociale ascendante ne dépend pas uniquement de la carrière professionnelle réalisée, mais aussi de l'atteinte d'objectifs personnels. Ainsi, la situation maritale et familiale, entre autres, influe sur le sentiment subjectif de mobilité sociale des personnes interrogées par les auteur·e·s. Les personnes divorcées avaient un sentiment de mobilité sociale moins élevé que les personnes mariées, à diplômes et parcours professionnels équivalents. Le genre lui aussi joue un rôle particulier, les femmes ayant tendance à sous-évaluer leur parcours, les hommes à le surévaluer. La dimension intergénérationnelle enfin joue un rôle central dans le sentiment de mobilité sociale : les personnes évaluent fréquemment leur trajectoire en comparant cette dernière à celle de leurs parents (*Ibid.*).

La dimension subjective de la mobilité sociale prend une importance accrue en situation de migration. Les parcours des migrant·e·s sont fréquemment évalués à l'aune de la population d'accueil, alors qu'ils vont bien au-delà de cette dernière. À travers leur migration, les individus vivent fréquemment un changement d'activité professionnelle et font l'expérience soit d'un déclassement social, soit d'une mobilité sociale ascendante. Il n'est pas aisé de mesurer la mobilité sociale des migrant·e·s en comparant leur parcours professionnel à celui de leurs parents, les écarts étant souvent importants entre le niveau de vie du pays d'origine et celui du pays d'accueil (Attias-Donfut 2009). Il est par conséquent difficile d'évaluer la mobilité sociale sur plusieurs générations en partant de critères objectifs. Cette complexité est renforcée par les pratiques transnationales des migrant·e·s : lorsque ces derniers·ères sont ancré·e·s dans plusieurs pays, ils·elles peuvent avoir simultanément différentes appartenances sociales.

Les critères sur lesquels se basaient les personnes rencontrées dans mon enquête pour exprimer un « sentiment d'appartenance à un groupe social favorisé ou défavorisé » consistaient dans leur niveau d'études, leur occupation professionnelle, la durée dans laquelle s'inscrivait leur mobilité sociale ascendante ou descendante, mais aussi la mobilité sociale de leurs frères et sœurs, de leur conjoint·e, et le parcours de leurs parents et de leurs enfants. Nous verrons dans la partie suivante quelques exemples qui illustrent l'une ou l'autre tendance.

3.5.2.1 Le sentiment d'appartenance à un groupe social favorisé

J'ai rencontré Monsieur Halimi à la fin des années 2000 dans une petite ville de l'agglomération de Rannstadt. Il est né en 1962 dans le Rif en tant que troisième enfant d'une fratrie de six. Dans les années 1960, son père émigre en Allemagne tandis que sa mère reste au Maroc avec leurs enfants. Le père de Monsieur Halimi effectue une demande de regroupement familial en 1974, qui échoue car il ne parvient pas à trouver un logement suffisamment grand pour huit personnes. Monsieur Halimi poursuit donc sa scolarité au Maroc. La langue parlée dans sa famille est l'amazighe. Lui-même et l'un de ses frères vont à l'université, ce qui constitue une réussite pour ses parents, qui sont tous deux illettrés. Au bout de trois années d'études, en 1987 il s'installe en Allemagne où il entame un nouveau cursus universitaire. Au milieu des années 1990, il postule pour un poste de cadre dans la fonction publique, qu'il obtient. Il met alors fin à ses études et épouse une femme d'origine marocaine qui a grandi en Allemagne et qu'il a rencontrée au cours des années précédentes. Le couple a deux enfants.

Durant notre entretien, Monsieur Halimi met en avant plusieurs critères qui le distinguent socialement d'autres personnes. Ainsi, suite à une question portant sur l'origine de sa famille au Maroc, Monsieur Halimi insiste sur le fait que sa famille était originaire de la ville et non de la campagne. Il évoque également son niveau d'études, qui le distingue selon lui d'autres membres de la communauté marocaine en Allemagne. Son poste de cadre dans la fonction publique et la longévité de son emploi dans ce contexte contribuent également à son sentiment d'appartenance à un groupe social favorisé. Monsieur Halimi souligne enfin que ses deux enfants vont au *Gymnasium*, ce qui, comme nous l'avons vu dans la partie 2.2.2, est rare pour les descendant·e·s de migrant·e·s en Allemagne, en particulier pour les élèves d'origine marocaine. Ainsi qu'indiqué par Attias-Donfut et Wolff, la mobilité sociale subjective se mesure dans le récit de Monsieur Halimi par une comparaison intergénérationnelle prononcée : avec ses parents, qui n'ont pas bénéficié d'éducation scolaire, et avec ses enfants, qui réussissent d'emblée à l'école, et ce dans un contexte défavorable aux enfants issus de l'immigration. Cette comparaison joue un rôle central dans le sentiment d'appartenance à un groupe social favorisé de Monsieur Halimi.

L'exemple de Farida met en lumière d'autres caractéristiques de la construction d'un sentiment d'appartenance à un groupe social favorisé. J'ai rencontré Farida à Marheim. Benjamine d'une fratrie de sept, elle est née en France. Sa famille est originaire d'une ville dans le nord du Maroc et n'est pas amazighe. Son père émigre en France au milieu des années 1960, où il travaille en tant que maçon. La famille de Farida a toujours valorisé l'école. La fratrie de la jeune femme joue un rôle central dans son sentiment d'appartenance sociale à un groupe social favorisé. Ainsi, elle précise dès le début de l'entretien que son parcours scolaire s'inscrit dans la continuité des trajectoires scolaires et universitaires réussies de ses frères et sœurs aîné·e·s :

> Bon le grand, il était tout de suite au primaire, parce que quand il est venu, il avait 5 ans, donc voilà. Sinon après, c'était la maternelle, le primaire, le collège, le lycée, la fac pour ceux qui ont fait la fac, ou les grandes écoles pour ceux qui ont fait les grandes écoles. Chacun a suivi son chemin. Voilà.

Farida évoque longuement son propre parcours scolaire. Au collège, elle est déléguée de sa classe. Après l'obtention de son baccalauréat, elle entame des études supérieures à Marheim. Elle rencontre alors son mari, qui a grandi au Maroc et qui est venu poursuivre son troisième cycle d'études de physique en Allemagne. Ils·elles se marient lorsque Farida a 20 ans. Tous·tes deux poursuivent alors leurs études dans leur ville de résidence respective, en France et en Allemagne, et vivent de façon séparée pendant deux ans. Les arrangements qu'elle et son mari ont mis en place afin que chacun·e poursuive ses études, dans une logique d'égalité des rapports de genre, jouent un rôle important dans le récit de Farida :

> Quand je l'ai connu, il était encore étudiant. On était tous les deux étudiants. LUI il ne pouvait pas laisser tomber, MOI je ne pouvais pas laisser tomber. Ce qui fait qu'on s'est maRIÉS, MAIS qu'on ne vivait PAS ensemble. (…) Moi, j'allais chez lui pendant les vacances scolaires françaises. Lui, il ne pouvait pas venir pendant les vacances en Allemagne, parce qu'il travaillait à la bibliothèque là-bas. (…) MAIS il venait toutes les trois semaines un week-end et moi toutes les sept semaines, je partais quinze jours et les vacances d'été.

Après avoir terminé ses études, le mari de Farida obtient un emploi dans une ville allemande non loin de Marheim. Le couple s'installe alors en Allemagne. Cependant, trois ans plus tard, après la naissance de son premier enfant, il déménage à Marheim, dans le même quartier que l'un des frères de Farida. Ce quartier est réputé pour ses loyers onéreux et ses habitant·e·s de classes sociales élevées. Grâce à l'aide de sa belle-sœur qui réside à proximité et qui garde son enfant, Farida poursuit ses études. Son mari quant à lui est directeur d'un département dans une entreprise en Allemagne. Tous·tes deux sont en doctorat au moment de l'entretien. Farida évoque de plus avec fierté que ses enfants ont commencé à manier et à lire des livres depuis leur plus jeune âge. Elle pense que ce goût de la lecture leur vient d'avoir vu leurs parents travailler sur leurs recherches respectives le soir. D'une manière semblable à celle de Monsieur Halimi, la réussite scolaire – en cours – de ses enfants vient consolider son sentiment d'appartenance à un groupe social favorisé.

L'exemple de Farida met en lumière différentes caractéristiques centrales dans la construction d'un sentiment d'appartenance à un groupe social favorisé : sa position dans la fratrie, la réussite scolaire et professionnelle de ses frères et sœurs plus âgé·e·s qu'elle, son propre parcours scolaire et universitaire, celui de son mari, l'emploi de ce dernier, le quartier de résidence de la famille et la réussite scolaire en cours de ses enfants.

Monsieur Harbi, que j'ai interviewé à Marheim en présence de sa fille, constitue un exemple différent des deux précédents, dans la mesure où il n'a pas occupé d'emploi dans un secteur professionnel valorisé. Monsieur Harbi est né en 1948 dans le nord du Maroc, en tant qu'aîné d'une fratrie de sept. Ses parents ont une situation sociale modeste. En 1968, il immigre en Espagne où il entame des études universitaires, débutant ainsi un parcours de mobilité sociale ascendante. Deux ans plus tard, néanmoins, alors que le plus jeune frère de Monsieur Harbi est âgé de cinq mois, ses parents décèdent tous les deux. Monsieur Harbi est alors confronté au choix suivant :

> C'était soit étudier, et casser toute la famille, soit sauver la famille et laisser les études.

Il opte pour la deuxième solution et poursuit sa migration en France, où il prend un poste d'ouvrier. Un an plus tard, alors qu'il est âgé de 23 ans, il fait venir ses frères et sœurs dans le cadre du regroupement familial et se marie. Lui et son épouse élèvent conjointement ses frères et sœurs, et auront de plus six enfants. Dès le début de sa carrière en France, Monsieur Harbi s'engage dans le domaine associatif. Il fonde une association de travailleurs marocains et organise plusieurs luttes de migrants dans le secteur ouvrier. Ainsi, dans les années 1980, il engage un procès contre une administration française afin de promouvoir des droits sociaux égaux entre salarié·e·s étrangers·ères et français·es. Il sort gagnant de ce procès. Un accident du travail met prématurément fin à son emploi lorsqu'il est âgé de 57 ans. Il est en recherche d'emploi au moment de notre entretien.

En raison de son engagement associatif, Monsieur Harbi continue d'être présent sur la scène publique. Différent·e·s acteurs·trices politiques et économiques le consultent régulièrement, par exemple concernant les expériences de résidents de foyers de travailleurs migrants quant à leurs conditions de logement, ou encore à propos des préférences alimentaires de migrant·e·s originaires d'Afrique du Nord, dans l'objectif d'optimiser les commandes de chaînes de supermarchés. Bien qu'il ait travaillé comme ouvrier durant toute sa carrière, Monsieur Harbi et sa fille insistent à plusieurs reprises sur le fait qu'il est « un universitaire », le distinguant ainsi d'autres migrant·e·s souvent analphabètes. Umut Erel (2010), dans son étude sur des femmes hautement qualifiées d'origine turque ou kurde vivant en Allemagne et en Grande Bretagne, a montré comment ces dernières ne transposent pas directement le capital culturel acquis dans leur pays d'origine dans leur société d'accueil, mais l'adaptent au contraire de façon créative, tout en négociant la reconnaissance de ce capital dans leur nouveau contexte de vie. D'une façon semblable, Monsieur Harbi est parvenu à adapter son capital culturel à son nouvel environnement français. Il n'a pas travaillé dans un secteur professionnel socialement valorisé, mais il a mis à profit ses ressources culturelles pour faire avancer l'égalité sociale à travers son engagement associatif. Il est ainsi devenu un personnage public reconnu dans la ville et dans la région dans lesquelles il vit, ainsi qu'au sein de sa communauté d'origine.

Monsieur Harbi possède un sentiment d'appartenance à un groupe social favorisé. Ce sentiment est lié à son début de parcours universitaire, à son engagement associatif et politique, mais également au fait qu'en cessant ses études et en rapatriant ses frères et sœurs afin de ne pas « casser » la famille, il a fait preuve d'un sentiment de responsabilité familiale à un âge très jeune. Il est intéressant de constater que si Monsieur Harbi a un sentiment d'appartenance à un groupe social favorisé, ce n'est pas – encore – le cas de sa fille Sonia, qui a pourtant effectué un parcours de mobilité sociale ascendante.

3.5.2.2 Un sentiment d'appartenance à un groupe social défavorisé

Sonia Harbi est née et a grandi en France. Elle a fait des études supérieures et occupe actuellement un emploi dans un secteur administratif public. Plusieurs de ses ami·e·s, également d'origine marocaine, ont fait des doctorats. Il y a cinq ans elle a épousé Mustapha, qui a grandi au Maroc où il a fait des études supérieures. Cependant il n'a pas trouvé, en France, d'emploi qui corresponde à son niveau de qualification. Sonia n'a pas encore un sentiment d'appartenance à un groupe social favorisé, car elle n'exerce que depuis peu son emploi dans un secteur professionnel reconnu. De plus, son sentiment est lié à la difficulté de son mari à s'insérer en France dans un champ professionnel correspondant à son nouveau d'études. La raison majeure de son sentiment d'appartenance sociale à un groupe défavorisé réside cependant dans ses expériences de racisme. L'imbrication des rapports sociaux de classe et de « racisation » devient visible dans ce parcours. Sonia évoque à plusieurs reprises des expériences de rejet de la part de la société majoritaire française :

> Alors, comment voulez-vous qu'on se sente français de cette manière ! Déjà, on est rejetés, notre génération. La génération de nos parents elle a été repoussée, on ne lui a pas permis d'avancer socialement. Il y a des enfants qui ont réussi dans leurs études, il y en a qui n'ont pas réussi. Mais encore au jour d'aujourd'hui, il y a un problème pour trouver du travail, parce qu'on fait partie d'une certaine couche sociale, ou de couche de COUleur.

Le parcours de Sonia met en lumière toute la difficulté des parents à transmettre à leurs enfants un sentiment de mobilité sociale ascendante. Malgré son sentiment d'appartenance à un groupe social favorisé, Monsieur Harbi n'est pas parvenu à transmettre entièrement ce dernier à sa fille, en partie en raison du poids du racisme. Ceci souligne les efforts importants que les parents et les enfants doivent fournir afin d'élaborer une vision positive d'eux-mêmes et de leurs parcours.

Driss enfin, que j'ai rencontré dans l'agglomération de Rannstadt, a un sentiment d'appartenance à un groupe social défavorisé plus accentué. Il est né en 1970 dans une ville de l'ouest du Maroc en tant qu'aîné d'une fratrie de cinq. Son père émigre en Allemagne en 1968 ; sa mère rejoint ce dernier en 1973. Driss et sa sœur restent dans un premier temps au Maroc chez leur grand-mère et leur oncle. Les autres enfants de la fratrie viennent au monde en Allemagne dans les années qui suivent. En 1985, avant que Driss n'ait 16 ans – et qu'il ne puisse plus bénéficier du regroupement familial (voir la partie 2.2.1) – son père le fait venir en Allemagne. Au Maroc, Driss était déjà en décrochage scolaire à l'équivalent du CM1 :

> À l'école je n'étais PAS très bon. Surtout en français, j'étais MAUvais, parce que je n'avais personne qui pouvait m'aider. Ma grand-mère était âgée et mon oncle ne savait pas lire ni écrire[39].

À son arrivée en Allemagne, il est d'abord scolarisé dans une *Hauptschule*, mais ne parvient pas à suivre les enseignements. Il est orienté vers différents centres de formation professionnelle. Il débute une formation en tant que peintre et vernisseur, qu'il arrête au bout d'un an. Il trouve ensuite, grâce à l'aide d'amis allemands, des emplois dans différents secteurs qu'il occupe pendant des durées courtes. En 1990, il obtient un poste dans une cantine, où il travaille jusqu'au moment de notre entretien. Cet emploi, dans un secteur typiquement féminin, ne le satisfait pas entièrement, mais Driss explique qu'au fil des années, il s'est habitué à son travail. Le fait de ne pas avoir de diplôme secondaire, de ne pas avoir achevé de formation et de travailler dans un secteur typiquement féminin contribue à son sentiment d'appartenance à un groupe social défavorisé. Un autre facteur majeur qui a joué est son

[39] Tous les entretiens réalisés dans l'agglomération de Rannstadt ont été réalisés en allemand. Les extraits cités ont été traduits vers le français par l'auteure de cet ouvrage.

divorce en 2007. En 1995, Driss épouse une Allemande d'origine italienne, avec qui il a deux enfants. En 2005, son épouse le quitte. Le couple divorce deux ans plus tard. Driss explique avoir beaucoup souffert de sa séparation :

> J'ai plus d'AMIS ici [qu'au Maroc]. Le seul problème, ça a été le divorce. Il m'a CASsé. (…) Pour moi ça a été très dur. Je ne faisais QUE pleurer, ça m'a cassé.

Driss voit actuellement ses enfants durant les week-ends et un jour par semaine. Bien qu'il ait un sentiment d'appartenance à un groupe social défavorisé, Driss met également en avant des situations qui soulignent ses réussites dans certains domaines ou certaines phases de la vie. Par exemple, il se souvient de son enfance, durant laquelle il travaillait et contribuait aux rentrées d'argent de sa grand-mère. Il effectuait alors des tâches communément perçues comme « masculines » :

> J'ai toujours- à 7 ans, je travaillais déjà pendant les vacances. Ce que je gagnais, je le partageais toujours avec ma grand-mère. J'achetais des LÉgumes ou des vivres. (…) Je travaillais toujours quelque part. Quand c'était la saison des pastèques, je travaillais au marché. Même quand j'étais petit, je portais même les pastèques qui pesaient 5 kilos.

Driss est particulièrement fier de son sens du partage, qu'il souligne dans l'extrait cité, mais aussi dans d'autres passages de l'entretien. Son sentiment de réussite sociale est également renforcé par sa relation avec ses enfants, dont il est très proche. Cette proximité forme un contraste avec la distance qu'il a ressentie avec ses propres parents, à qui il reproche de les avoir laissé·e·s, lui et sa sœur, au Maroc durant leur enfance :

> Mes parents ils ne conNAISSENT pas ça. Ils disent : « Qu'est-ce qui se passe ? Ils collent à ta peau comme de la glue ! ». Je dis : « MAMAN ! Je suis le père ! D'accord ? Et je les vois- ils ne me voient que les week-ends ». J'ai dit : « MAMAN tu ne connais pas ça et mon père ne connaît pas ça NON plus. Hein ? Il doit comprendre ça. J'aime mes enfants. J'étais au

> Maroc et vous étiez là, quand est-ce que vous me voyiez ? UN mois par an ? Maman ? Hein ? ».

Malgré les difficultés qu'il a rencontrées dans sa vie professionnelle et familiale, Driss dispose de ressources pour les relativiser : il se souvient de son enfance, lorsqu'il contribuait aux rentrées d'argent de la famille en effectuant des tâches « masculines ». Il est également fier de la relation établie avec ses enfants, qui marque à ses yeux une amélioration par rapport à la relation distante qu'il a vécue avec ses parents, en raison de leur éloignement géographique.

Les exemples de Sonia et Driss montrent que les personnes ayant rencontré des difficultés dans leurs parcours de mobilité sociale sont loin de considérer toutes leurs expériences comme marquées par l'échec. C'est pourquoi il semble plus adapté de parler de « sentiment d'appartenance à un groupe social *plutôt* défavorisé ». La même chose s'applique au premier groupe, car les expériences réalisées ne peuvent, la plupart du temps, être considérées comme positives ou négatives de manière univoque. De plus, il s'agit de souligner la dimension dynamique d'un sentiment d'appartenance sociale, qui peut varier au fil d'une biographie.

Je présenterai à présent de manière détaillée deux familles situées aux deux extrémités des tendances évoquées. Nous nous pencherons ce faisant sur la manière dont s'opère la transmission de « la fierté d'être soi » dans ces deux groupes familiaux, l'un en Allemagne, l'autre en France.

4 La famille El Asri

4.1 Présentation de la famille El Asri

Je rencontre la famille El Asri au printemps 2009 à travers leur fille Loubna, qui est alors membre d'une association en lien avec le Maroc à Rannstadt. Elle me donne rendez-vous un dimanche après-midi dans la maison familiale construite sur deux étages, située à la frontière entre un quartier résidentiel et un quartier défavorisé du centre-ville de Rannstadt. Ahmed et Amina El Asri ont cinq enfants : Karim (né en 1968), Loubna (née en 1977), Kebir (né en 1980), Rachid (né en 1982) et Salua (née en 1984). Karim est marié depuis trois ans à Nissrine, qui est née et a grandi au Maroc. Tous·tes deux ont un enfant de 2 ans. Les autres enfants de la famille ne sont pas encore mariés et n'ont pas d'enfants. Au moment de notre rencontre, Karim et son épouse vivent à l'étage supérieur de la maison familiale avec leur fils Samad. Ahmed et Amina vivent au rez-de-chaussée avec trois de leurs autres enfants. Loubna pour sa part vit dans un appartement dans un quartier proche. D'emblée, je rencontre plusieurs membres de la famille.

Ahmed et Amina El Asri sont né·e·s respectivement en 1942 et en 1952 dans le même bourg du Rif. Ils·elles sont issu·e·s d'une famille majoritairement arabe, et ne parlent pas l'amazighe dans l'espace familial, ce qui forme un contraste avec de nombreux·euses autres habitant·e·s de la région. Monsieur El Asri est issu d'une famille particulièrement riche. Son grand-père possédait 130 hectares de terre. De plus, il était maire de sa ville. Il était également *hajj*, s'étant rendu à la Mecque[40]. Le grand-père d'Ahmed n'a eu que deux enfants, un garçon et une fille. Son fils, le père d'Ahmed, a eu trois épouses de qui sont nés 24 enfants. Ahmed est issu de la première union de son père. Bien qu'il ne soit pas l'aîné, son grand-père l'a toujours considéré comme tel. Ahmed porte par ailleurs le même prénom que le vieil homme. Lorsqu'il est enfant, le patriarche décide qu'il épousera plus tard sa petite-fille préférée. Ahmed va quelques années à l'école coranique : « jusqu'à ce que je sois grand et ensuite, c'était fini », explique-t-il. En 1961, à l'âge de 19 ans, Ahmed part tenter sa chance

[40] Le terme arabe *hajj* désigne le pèlerinage musulman à la Mecque. Il est attribué, de façon honorifique, aux personnes s'étant rendues à ce lieu et est alors accolé au nom de la personne concernée : par exemple *hajj* Ahmed pour la forme masculine, ou *hâjja* Amina pour la forme féminine.

en Allemagne, à la suite d'un cousin éloigné qui lui a parlé de ce pays. Il ne sait alors pas où se trouve ce pays. Ahmed part contre la volonté de son père, mais avec le soutien de son grand-père. Il voyage en bateau, puis en train. Au moment de son départ, Ahmed n'a pas de contrat de travail, mais il part de façon illégale et s'inscrit ainsi dans une migration auto-organisée fréquente à l'époque, comme nous l'avons vu dans la partie 2.1. Il parvient à traverser les frontières marocaine, espagnole, française puis allemande, avant d'atteindre sa destination finale la même année.

Ahmed El Asri arrive à Rannstadt, où il ne trouve pas immédiatement de travail. Deux semaines plus tard, suivant le conseil de compatriotes rencontrés sur place, il poursuit sa route jusqu'à Riesstadt, une ville dans un autre *Land* de l'Allemagne de l'Ouest, où il obtient aussitôt un emploi dans le domaine ferroviaire. Au bout de quatre ans, il se rend au Maroc pour une durée de quatre mois, durant lesquels il se marie avec Amina.

Amina est née dans le même réseau familial qu'Ahmed[41], mais dans une branche un peu moins aisée que son époux. Dans les années 1920, durant le protectorat espagnol, son père reçoit un enseignement privé de façon clandestine par un professeur arabe. Sa mère provient d'une famille pauvre et majoritairement amazighe. Elle est originaire d'une autre ville du nord du Maroc. Les parents d'Amina ont quatre enfants : Amina, deux fils, puis une fille. Lorsque la mère d'Amina est enceinte de son deuxième enfant, son mari prend une seconde épouse, originaire du même village que lui. Quatre ans plus tard, alors qu'Amina a 6 ans, sa mère quitte son époux en raison d'inégalités de traitement liées à la polygamie. Elle emmène avec elle la benjamine. Amina et ses deux frères grandissent chez leur père et leur famille élargie. Amina a des résultats scolaires particulièrement bons : elle est toujours première de sa classe. Son père souhaite qu'elle poursuive ses études et élabore même des plans pour qu'elle parte étudier en Europe. Cependant, lorsqu'Amina a 13 ans, le grand-père d'Ahmed décide que c'est elle qu'Ahmed épousera. Le père d'Amina proteste alors de façon énergique : il souhaite que sa fille poursuive ses études. Mais il ne peut contrer l'avis du patriarche. Le mariage d'Amina et d'Ahmed a lieu la même année.

Peu après leur union, Ahmed retourne en Allemagne, mais cette fois-ci à Rannstadt. L'un de ses oncles vit dans cette ville et Ahmed

---

[41] Le grand-père paternel d'Amina et l'arrière-grand-père d'Ahmed étaient frères.

souhaite se rapprocher de la famille. Il trouve tout d'abord un emploi en tant que jardinier, puis postule dans une usine où il travaillera jusqu'à la retraite. Amina reste dans un premier temps au Maroc. Elle vit dorénavant chez sa belle-famille. La situation avec cette dernière étant cependant particulièrement tendue, elle retourne vivre chez son père quelque temps plus tard. En 1968, Ahmed dépose une première demande de regroupement familial. Celle-ci est refusée par les autorités marocaines. Le fils aîné du couple, Karim, naît la même année. En 1973, Ahmed dépose une seconde demande de regroupement familial, qui est acceptée. Amina et Karim arrivent en Allemagne en 1974. Karim est alors âgé de 6 ans.

En 1977, Loubna, la seconde enfant du couple, vient au monde, suivie entre 1980 et 1984 de trois autres enfants. Amina évoque sa joie lors de ces événements. Elle et son mari craignaient de n'avoir qu'un seul enfant : « C'est comme si nous avions gagné au loto ! ». La famille vit dans un quartier défavorisé mais proche du centre-ville. En 1982, Amina obtient un emploi dans le domaine du nettoyage. Elle travaille d'abord deux heures par jour, puis quatre, puis progressivement à temps plein. En 1986, sa mère s'installe avec la famille et aide Amina à assumer la double charge de l'emploi et du travail parental et domestique. En 1988, les El Asri déménagent dans un appartement plus grand qui se trouve toujours dans un quartier défavorisé, mais davantage en périphérie de la ville. Quatre ans après son arrivée en Allemagne, la mère d'Amina contracte une maladie et décède. Amina et ses enfants gardent un souvenir particulièrement tragique de cet événement.

Au fil des années, Amina noue des liens de confiance avec les responsables de son entreprise. Lorsqu'elle commence à développer des problèmes de santé qui rendent ses trajets entre son domicile privé et son lieu d'emploi difficiles, ces derniers l'aident à trouver une maison sur deux étages proche de son travail, dans laquelle la famille El Asri emménage en 1998. En 2008, en raison de problèmes de santé, Amina prend une retraite anticipée. Ahmed, lui, prend sa retraite à l'âge légal au milieu des années 2000. Depuis, il passe plusieurs mois de l'année au Maroc où il a une plantation d'oliviers et d'arbres fruitiers dans son village d'origine. Amina l'y rejoint régulièrement. En 2006, Karim épouse Nissrine, qu'il a rencontrée au Maroc. La jeune femme est née en 1985 et a grandi dans une ville de l'est du Maroc. Elle émigre en Allemagne suite à son mariage. Le fils du couple, Samad, vient au monde en 2007.

À l'instar d'un grand nombre de familles marocaines en Europe, comme nous l'avons vu dans la partie 2.1, la famille El Asri a des parents – frères, sœurs, oncles, tantes, cousin·e·s – installé·e·s dans différents pays d'Europe : en France, Angleterre, Belgique, dans les Pays-Bas, en Norvège ou en Espagne.

Dès le premier jour de ma rencontre avec la famille et durant les semaines qui ont suivi, j'ai réalisé des entretiens individuels et de groupe avec Amina, Karim, Loubna, Nissrine, puis quelque temps plus tard avec Ahmed El Asri. Durant mon séjour au Maroc l'été 2009, j'ai également rencontré et interviewé les parents et les frères et sœurs de Nissrine, ainsi qu'une partie de ses oncles et tantes. Au cours des mois et des années suivantes, j'ai passé du temps avec le groupe familial à différentes occasions : lors de repas, de fêtes d'anniversaire ou encore de festivités dans l'école maternelle de Samad. J'ai ainsi progressivement rencontré l'entourage proche de la famille : des ami·e·s d'origine allemande, l'ancien responsable d'Amina et son épouse avec qui la famille est restée en contact, ou encore des éducatrices de l'école maternelle de Samad.

Je présenterai les stratégies principales des El Asri pour transmettre la « fierté d'être soi » en partant des récits des membres de la famille. Je montrerai comment les différentes thématiques qui sont ressorties de l'analyse – la transmission de l'appartenance sociale, une déconstruction de l'altérité, les transformations des rapports de genre, un questionnement de la modernité et les pratiques transnationales –, se croisent et sont constitutives les unes des autres.

4.2 Le parcours d'Amina

4.2.1 « J'étais vraiment trop jeune »

Le début du récit de vie d'Amina met d'emblée en avant l'une de ses expériences biographiques centrales, qui constitue également l'un des messages forts qu'elle a transmis à ses enfants, en particulier à ses filles : ne pas se marier trop jeune. Elle raconte :

> J'ai été mariée JEUNE. À 13 ans, je me suis- on m'a mariée. À 16 ans, j'ai eu mon FILS. (...) Je ne savais rien quand je me suis MAriée. C'était TRÈS dur pour moi. Je ne savais rien du tout sur ce que c'est l'HOMme ou ce que c'est... ça. C'était terrible pour

> moi. Tout était difficile, et aussi de vivre avec autant de gens, avec la BELLE-mère, le beau-père, l'arrière-grand-père, c'était une grande famille. Moi AUSSI je viens d'une grande famille, mais j'étais vraiment trop JEUNE. J'ai eu quelques problèmes, oui, j'ai eu quelques problèmes avec ma belle-mère. (…) C'était DUR pour moi. (…) Mon mari était ICI [en Allemagne] et ensuite finalement je suis venue ici ; j'ai été un peu tranquille[42].

Deux aspects essentiels liés à la difficulté de se marier à un âge aussi jeune ressortent ici : le manque de connaissances d'Amina de « l'homme », euphémisme pour évoquer la sexualité[43], et le fait de vivre dans la famille élargie de son mari, de surcroît sans ce dernier. Elle regrette particulièrement d'avoir dû mettre fin à sa scolarité après son mariage. Elle relate la manière dont cette décision a été prise, contre la volonté de son père :

> Mon père, mon père en FAIT ne VOULAIT pas. Mais le grand-père de mon mari voulait que son petit-fils se marie. MON père était TRÈS fâché, il a dit : « Je veux que ma fille finisse d'abord l'école, et qu'elle fasse encore ÇA, elle est bonne à l'école ! ». Chez nous, à l'époque, rien qu'avec un diplôme de *Realschule*[44], tu avais quelque chose. Les Espagnols étaient partis, on avait besoin de gens. Pour n'importe quel travail, même pour un bon travail, par exemple pour le travail d'enseignante, RIEN qu'avec un diplôme de *Realschule*, tu pouvais être enseignante. MAIS le grand-père de mon mari ne VOULAIT pas,

[42] J'ai lissé les extraits d'entretiens cités, en particulier ceux des interlocuteurs ou interlocutrices qui n'ont pas été socialisé·e·s en France ou en Allemagne.

[43] Amina revient sur ce point plus tard et évoque que son mari a été « raisonnable », et qu'il ne l'a pas forcée à des rapports sexuels dès le début de leur mariage.

[44] Comme nous l'avons vu dans la partie 2.2.2, la *Realschule* est la forme d'établissement intermédiaire du système scolaire tripartite allemand qui, après dix années de scolarité, ne permet pas l'accès à l'université, mais à un apprentissage. Ce type d'établissement n'existe pas au Maroc, mais Amina le met en équivalence avec le système scolaire de son pays d'origine afin de rendre compréhensible son argumentation dans un contexte allemand.

> il a dit : « Non ! Mon fils, mon petit-fils se mariera. Un point c'est tout ! ».

Si le père d'Amina ne parvient pas à empêcher ce mariage en raison du poids économique et politique du patriarche, Amina relativise cependant la richesse de sa belle-famille dans le passage suivant. En effet, si le grand-père d'Ahmed n'a eu que deux enfants, son père en revanche en a eu vingt-quatre à travers les mariages polygamiques qu'il a contractés. Le nombre élevé de ses enfants menant à un partage des terres important au moment de l'héritage, Amina insiste sur l'appauvrissement relatif des descendant·e·s du grand-père d'Ahmed. Elle met ainsi en avant la relativité d'un statut social acquis, qui est tributaire des décisions familiales prises par les différents membres de la famille, et ici plus particulièrement concernant les rapports de genre.

La lutte d'Amina pour une émancipation de la femme et une égalité entre hommes et femmes s'inscrit dans la continuité du parcours de sa mère. Amina évoque la séparation de ses parents de façon détaillée. Lorsqu'elle atteint l'âge d'être scolarisée, son père loue un logement en ville car la distance entre le village et l'école est trop longue pour être parcourue quotidiennement. Il décide alors que ce sera la deuxième épouse qui s'installera en ville avec les enfants. La mère d'Amina proteste : c'est sa propre fille qui est sur le point d'être scolarisée. De plus, alors que la deuxième épouse est originaire de leur village de résidence, elle-même a grandi en ville. Elle propose des compromis, notamment un roulement équitable des deux épouses entre les deux lieux de vie. Le père d'Amina rejetant toutes ses propositions, son épouse quitte le foyer conjugal :

> Ma mère a dit : « Je n'accepterai pas cela. Moi, je reste ici dans le vilLAGE, je fais le travail difficile, et toi tu mènes une belle vie avec ta femme en ville ? Non ! Ici, je fais tout le travail agricole, alors que je n'y connais rien. J'ai appris à le faire parce que je le devais. Mais maintenant, je ne le dois plus ». Et ensuite, ma mère est retournée vivre dans sa famille. Elle a divorcé. Elle et a laissé trois-. Mon père nous a gardés et ma mère a emmené la petite. Elle était encore bébé. Elle l'a emmenée. Elle est allée vivre chez sa mère. Là-bas, elle a commencé à travailler dans un hôpital.

Après la séparation de ses parents, Amina reste chez son père, en conformité avec le droit de la famille marocain de l'époque (Murgue 2011), qui ne permet pas la garde des enfants par la mère en cas de divorce. Elle souffre du départ de sa mère. Son père prend alors une place centrale dans sa vie. Parfois il lui peigne les cheveux, une tâche habituellement réservée aux femmes. Il l'encourage dans sa scolarité et la soutient également lorsqu'elle décide de retourner vivre chez lui après son mariage. Suite à des conflits avec sa belle-mère, Amina effectue des allers-retours fréquents entre la maison de son père et de sa belle-famille, mais vit majoritairement chez son père. Son fils Karim vient au monde chez son père, ainsi que le souligne Amina :

> Après mon mariage, mon beau-père avait une maison dans le vilLAGE et j'étais là-bas. Ça ne m'a pas plu. Je suis retournée chez mon père parce qu'il habitait là-bas, seul mon mari était ici. J'étais la seule à être chez mon père et Karim est né dans la maison de mon père. C'est pourquoi mon père et Karim s'aiment beaucoup. Il est né chez lui et il l'a élevé, car mon mari était ici en Allemagne.

Amina évoque également avec insistance que c'est son père, et non ses beaux-parents, qui a choisi le prénom de son fils et qui a organisé la fête célébrant sa naissance. Elle met ainsi en œuvre un remaniement important des rapports de genre qui s'apparente, sous certains aspects, au passage d'un système patrilinéaire à un système matrilinéaire. En acceptant le retour de sa fille au sein de son foyer après son mariage, et en jouant un rôle central dans les premières années de vie de son petit-fils, son père participe lui aussi à ce remaniement des rapports de genre.

4.2.2 Une transmission ciblée autour de la réussite scolaire

Amina regrette particulièrement d'avoir dû mettre fin à ses études et a projeté ses aspirations de réalisation éducative et professionnelle sur ses enfants. La scolarité de ces derniers occupe une place centrale dans son récit. À la question de ce qu'elle a souhaité transmettre à ses enfants, elle exprime d'abord le souhait que ses filles ne se marient pas tôt, puis l'importance à ses yeux de l'éducation scolaire :

> À mes enfants ? À mes enfants- déjà que mes filles ne se marient pas tôt. Et l'école ! Parce qu'ils m'ont fait

> arrêter l'école et ce nœud est resté en moi ICI (montre sa gorge du doigt). Autrefois, je voulais terminer mes études, je voulais FAIRE quelque chose, deveNIR quelqu'un ! (...) Je révisais, jour et nuit. (...) Et quand- donc j'ai suivi l'école ensuite avec mes enfants. Quand mon fils était à l'école, je regardais toujours, « Je veux FAIRE quelque chose, faire des ÉTUDES, deveNIR quelqu'un ». Voilà ! C'est ça ce que je veux. Pour mes enfants.

Amina raconte son arrivée en Allemagne en 1974, avec Karim. Elle relate d'emblée la scolarisation de son fils dans ce pays et, de façon détaillée, les soutiens obtenus. Le parcours de Karim a constitué un modèle pour le reste de la fratrie, car il est parvenu à intégrer le *Gymnasium*, et à obtenir l'*Abitur*. De plus, c'est par Karim qu'Amina a acquis ses connaissances du système scolaire allemand, nécessaires à l'éducation de ses autres enfants.

Karim lui aussi débute son récit de vie en évoquant son insertion scolaire en Allemagne et les facteurs qui l'ont aidé dans ce processus. La similarité entre les récits de la mère et du fils est frappante. Elle indique que ces souvenirs ont été racontés à de nombreuses reprises et qu'ils forment une thématique centrale dans la famille.

4.3 Le parcours de Karim

4.3.1 « Ma chance a été que »

Karim entame son récit de vie de la manière suivante :

> Alors mon histoire de vie ici, en Allemagne, est- je suis arrivé ici en 1974, j'avais 6 ans et à l'époque, je suis allé directement au CP[45]. Je suis arrivé en Allemagne et je ne parlais pas un mot d'allemand, je ne savais même pas dire oui ou non, c'était difficile, hein ? Au CP, je ne comprenais rien, les profs ont vu cela, ils m'ont ensuite envoyé dans la CLASSE

[45] Karim emploie ici le terme allemand de « *erste Klasse* », qui est l'équivalent du CP. Dans tous les passages suivants traduits de l'allemand, les niveaux scolaires seront nommés d'après le terme équivalent français.

> préparatoire[46] qui existait à l'époque. Et MA chance a été que nous avions à l'époque des VOISINS allemands. Leur FILS était MORT à la guerre. Et quand ils m'ont VU, j'étais le seul petit garçon dans la maison pour ainsi dire, et… des SOUvenirs ont probablement resurgi en eux et ils étaient fascinés par moi. Ils m'ont accueilli chez eux, ils me ramenaient à la maison, ils parlaient aussi un peu allemand avec moi. Je leur dois le fait qu'ils aient conseillé à mes parents de m'envoyer dans une école PRIVÉE de langues afin que j'y apprenne l'allemand comme langue étrangère et qu'ils leur aient dit que cela allait m'aider à avancer. Mes parents à l'époque n'avaient aucune idée de comment cela fonctionnait parce qu'ils ne parlaient pas-. (…) Ils ont suivi ce conseil et à 6 ans, on apprend tout BEAUcoup beaucoup plus vite qu'à mon âge maintenant (rit) et cela a PRIS disons TROIS mois maximum et ensuite je pouvais déjà me faire comprendre. Je comprenais déjà BEAUCOUP de choses et je pouvais m'exprimer. Les progrès ont été si rapides que j'ai pu repasser de la classe préparatoire à mon ANcienne classe. Après TROIS mois, je suis retourné vers les autres. Et à partir de là, c'est allé très très vite.

María do Mar Castro Varela a montré que les enfants de migrant·e·s qui ont réussi leur parcours scolaire en Europe ont fréquemment bénéficié d'une « clé d'entrée » facilitant l'accès à leur société d'accueil (Castro Varela 2002). Cette clé consiste en personnes-ressources, telles que des voisin·e·s, ami·e·s ou enseignant·e·s, qui expliquent aux familles le fonctionnement du système scolaire ou les aident à apprendre la langue du pays d'accueil. Dès leur arrivée en Allemagne, les voisin·e·s allemand·e·s constituent une telle « clé d'accès » pour Karim et sa famille. Diverses recherches ont mis en avant l'humiliation ressentie par de nombreux enfants lorsqu'ils ont été scolarisés dans des classes inférieures, comparé à leur âge et à leur niveau scolaire, après leur arrivée en France ou en Allemagne. Ces études montrent comment cette expérience tend à altérer leur confiance

[46] La *Vorklasse* est une année entre la maternelle et le CP qui prépare les élèves n'étant pas encore prêts à débuter le CP.

en eux-mêmes de manière durable (Gomolla et Radtke 2002). Ces redoublements forcés de parfois deux, trois ans voire plus, n'étaient le plus souvent pas liés à une déficience intellectuelle, mais à un manque de maîtrise de la langue allemande et à un manque de dispositifs scolaires dans l'accueil de primo-arrivant·e·s. C'est donc en connaissance de cause que Karim a insisté sur « sa » chance.

« Sa chance » : elle a consisté dans leurs voisin·e·s. Elle n'est cependant pas seulement liée à la présence de ces derniers·ères, mais également à leur expérience biographique et historique spécifique : ils·elles ont perdu leur fils durant la Seconde Guerre mondiale et s'attachent donc particulièrement à Karim. Les familles que j'ai rencontrées ont fréquemment évoqué leur ressenti d'un manque d'espace à leur arrivée en Europe. Après avoir souvent vécu dans des maisons familiales spacieuses au Maroc et passé beaucoup de temps dehors, elles se retrouvaient, en Allemagne ou en France, dans des appartements exigus. Elles étaient également habituées à vivre au sein de leur famille élargie. Vivre confinées dans des logements étroits avec leur famille nucléaire a dans de nombreux cas mené à un sentiment de solitude. Karim passait beaucoup de temps chez le couple âgé. Le fait de pouvoir circuler quotidiennement d'un appartement à un autre a facilité sa transition et celle de ses parents d'un système familial à un autre, et a joué un rôle central dans le processus d'adaptation de la famille à son nouvel environnement.

Dans la suite de l'entretien, Karim relate qu'après avoir réintégré sa classe de CP, sa scolarité s'est déroulée de façon satisfaisante. Cependant, malgré ses bons résultats scolaires, à la fin de l'école primaire il est orienté vers une *Förderstufe* (classe de renforcement) et non directement vers le *Gymnasium*. Les *Förderstufen* ont été introduites sous le gouvernement du parti social-démocrate en Hesse en 1969. Elles consistaient en années transitoires après le primaire qui retardaient de deux ans le passage dans le système tripartite et visaient ainsi une plus grande égalité des chances (Schuchart 2006). Ainsi que le précise Amina ultérieurement, les enseignant·e·s de Karim craignaient qu'il ait des difficultés au *Gymnasium* du fait que l'allemand ne soit pas sa langue maternelle. Au terme des deux années de *Förderstufe*, Karim est enfin orienté vers le *Gymnasium*, où il poursuit sa scolarité jusqu'à l'obtention de l'*Abitur*.

Le récit de Karim sur son parcours scolaire s'arrête à son entrée au *Gymnasium*. J'ai observé un phénomène similaire dans de nombreux autres entretiens réalisés en Allemagne, comme chez Nabila, une étudiante en droit rencontrée dans une mosquée à Rannstadt. Née au Maroc en 1979, elle arrive à Rannstadt à l'âge de 3 ans. Dès son enfance, elle a pour objectif de faire des études de droit et de devenir avocate. Cependant, au terme du cycle primaire, elle est orientée vers la *Realschule*, alors que sa meilleure amie, qui est d'origine allemande et qui a les mêmes résultats scolaires qu'elle, est orientée en *Gymnasium*. Les parents de la jeune femme interviennent auprès des enseignant·e·s, mais rien n'y fait. Lorsqu'elle exprime un jour à une enseignante de la *Realschule* qu'elle rêve de devenir avocate, celle-ci lui conseille de viser un apprentissage pour accéder au métier d'assistante juridique. Ce n'est qu'après plusieurs demandes de dérogation et de recours que Nabila parvient finalement, à l'âge de 16 ans, à intégrer le *Gymnasium*. Il est intéressant que son récit s'arrête subitement au moment où elle a intégré ce type d'établissement. C'est à peine si la jeune femme mentionne le déroulement de ses études universitaires de droit, alors même qu'elle vient de réussir ses examens de fin d'études au moment de notre entretien. Ainsi, la difficulté majeure dans le parcours scolaire de Karim, Nabila, et d'autres personnes rencontrées en Allemagne, n'a pas consisté dans l'obtention de leur baccalauréat, ni dans la réussite de leurs études universitaires, mais dans leur orientation vers le *Gymnasium* après l'équivalent du CM1.

4.3.2 Une avance scolaire grâce au système scolaire marocain

Si les voisin·e·s allemand·e·s ont joué un rôle décisif dans le parcours scolaire de Karim, ce dernier évoque un autre facteur qui explique sa réussite, qui paraît de prime abord contre-intuitif : son expérience à l'école maternelle au Maroc.

> Pour ce qui était de l'apprentissage des langues, cela est toujours allé VITE. (…) Et les MATHS (…) toujours, pendant DES années, j'étais TRÈS très bon. J'en faisais déjà au MAROC à la MATERnelle, à l'époque. La maternelle, chez nous, est quand même un peu différente d'ICI. Chez nous, il y a beaucoup beaucoup plus d'enseignement déjà à la maternelle, hein ? Nous apprenions vraiment à faire du calcul, etcetera alors qu'ICI il s'agit plutôt de- seulement de jouer. Pareil pour les langues étrangères, chez nous on apprend le français déjà à l'école primaire. Mais

> comme je n'ai pas passé mon primaire au Maroc, je ne maîtrise pas la langue française. Je n'ai que les connaissances de français que j'ai acquises ici, c'est TRÈS très peu. Donc LÀ, il y a quand même une grande différence. On voit bien cela aussi dans les études PISA. Les résultats qui ont été obtenus ici sont, disons, vraiment mauvais. Au Maroc, c'est autre chose. Il y a cours aussi l'après-midi là-bas et tout. Il y a cours toute la journée. (...) GRÂCE à ça, j'avais déjà des connaissances en calcul à l'école primaire. Et en fait, c'était vraiment fastoche ici pour moi au CP et au CE1, c'était à s'endormir pour ainsi dire ! Les matières scientifiques ont continué à être mes matières préférées. Et ensuite, comme dit, après ces deux années de *FÖRderstufe*, j'ai rejoint le *Gymnasium*.

Karim compare l'enseignement préscolaire marocain et allemand. Selon lui, alors qu'en Allemagne, la maternelle est un lieu dans lequel il ne s'agit que de « jouer », au Maroc, l'école maternelle correspond à un lieu d'enseignement[47]. La supériorité du système scolaire marocain s'explique pour Karim par le nombre d'heures de cours plus élevé qu'en Allemagne et par la qualité de l'enseignement des langues étrangères, qui débute dès l'école primaire. Karim s'appuie dans sa comparaison sur l'étude scientifique PISA et sur le classement particulièrement bas de l'Allemagne en 2000 et 2003 qui a, comme nous l'avons vu dans la partie 2.2.2, déclenché un vif débat sur la nécessité d'une réforme du système éducatif allemand au début des années 2000. Alors qu'on pourrait faire l'hypothèse que les enfants de migrant·e·s qui réussissent le mieux à l'école sont ceux·celles qui sont né·e·s sur place et qui y ont passé leur petite enfance, plusieurs de mes entretiens démontrent précisément l'inverse : les personnes que j'ai rencontrées en Allemagne qui ont le mieux réussi à l'école sont, de façon contre-intuitive, les enfants qui ont effectué l'école maternelle au Maroc.

---

[47] Le système préscolaire marocain ressemble davantage au système français, fondé sur un véritable enseignement scolaire, qu'au système allemand qui correspond plus à un lieu d'épanouissement. L'école maternelle au Maroc est obligatoire pour les enfants de 4 à 6 ans. L'éducation préscolaire est assurée soit par des écoles maternelles privées, soit par des écoles coraniques (Benoliel 2004).

Karima El Karoui, par exemple, a émigré en Allemagne dans le cadre du regroupement familial en 1977. Elle est arrivée avec trois de ses fils, âgés de 10 à 4 ans. Madame et Monsieur El Karoui ont fait le choix de laisser leur fils aîné au Maroc, car il était plus avancé dans sa scolarité et ils·elles craignaient de mettre en péril sa réussite scolaire en le changeant de système après l'école primaire. Le couple a eu deux autres fils, nés en Allemagne. Karima a travaillé à temps plein pendant vingt-deux ans dans une usine de confection de gâteaux afin de pouvoir financer les études de ses enfants. Trois des fils sont allés à la *Realschule* et ont effectué un apprentissage, tandis que deux d'entre eux ont obtenu le baccalauréat et ont réalisé des études supérieures. De façon contre-intuitive, le fils qui a réussi l'ascension sociale la plus importante, Ibrahim, est celui qui a été scolarisé au Maroc. Ibrahim avait 10 ans au moment de son arrivée en Allemagne, et a été scolarisé dans l'équivalent du CM2[48] dans une *Förderstufe*, à l'instar de Karim El Asri. Cinq mois après son arrivée, un concours régional de mathématiques a eu lieu au niveau régional de la Hesse pour tous les enfants en CM2. Ibrahim y a participé, et a remporté le premier prix. Dans notre entretien, Karima évoque la scène dans laquelle la famille a alors été convoquée chez le proviseur de l'établissement :

> Ils nous ont envoyé une lettre et nous ont demandé de venir avec notre fils pour rencontrer le proviseur. Nous y sommes allés. Il nous a demandé : « Depuis combien d'années votre fils est-il là ? ». Nous avons répondu : « Depuis cinq mois ! ». Il a dit : « Seulement cinq mois ? Et comment est-il devenu le premier en mathématiques de toute la Hesse ? ». Mon fils a répondu : « Parce que chez NOUS, au Maroc, l'école est bien meilleure qu'ici ! Parce que chez NOUS, les enfants vont à l'école le matin de 7 heures à midi et ensuite de 16 heures à 19 heures ! Nous sommes en cours toute la journée ! Ici, il n'y a cours que le matin et ensuite ils laissent les enfants jouer ». (...) Et le proviseur a dit : « Oui, tu as raison ».

Par la suite, Ibrahim El Karoui a intégré le *Gymnasium*, à la différence de ses frères nés en Allemagne. Il a ensuite suivi des études

[48] Donc la cinquième année scolaire.

universitaires et est devenu ingénieur, tandis que la majorité de sa fratrie a effectué un apprentissage.

4.3.3 La réussite scolaire et le genre

Ce constat de l'avantage d'avoir été scolarisé au Maroc est particulièrement vrai pour les parcours scolaires des garçons. Il ne se vérifie pas, dans mon corpus, de façon aussi marquée pour les filles. Dans la fratrie de Karim, par exemple, les filles nées en Allemagne sont allées au *Gymnasium*, tandis que les fils nés en Allemagne sont allés à la *Realschule*. Il en va de même dans d'autres familles rencontrées. Le parcours scolaire réussi de Karim et d'autres jeunes hommes s'explique d'une part par le niveau scolaire plus exigeant de l'école maternelle au Maroc comparé à l'Allemagne, mais aussi par le fait qu'ils ont été, durant les premières années de leur vie, moins marqués par le poids des stéréotypes sur les descendant·e·s de migrant·e·s que les enfants nés en Europe. Comme nous l'avons vu dans la partie 1.3.2, les garçons sont plus touchés par les discriminations que les filles. Le fait que Karim ait été moins imprégné de ces préjugés durant sa petite enfance au Maroc constitue un facteur qui a favorisé son estime de soi, et indirectement sa réussite scolaire.

Après l'obtention de son *Abitur*, Karim envisage tout d'abord de faire des études universitaires, puis il choisit d'effectuer dans un premier temps un apprentissage professionnel dans une entreprise, où il est ensuite embauché. En 2002, son employeur lui finance, à sa demande, une formation supérieure dans le secteur informatique. Au moment de notre entretien, il travaillait dans ce domaine, toujours dans la même entreprise. Amina s'est déclarée satisfaite du parcours de Karim. Elle insiste cependant sur sa volonté que ses enfants fassent des études universitaires, notant une pointe de regret :

> Normalement, ils auraient tous dû faire des études.

4.4 Déconstruire l'altérité

4.4.1 Les « grands-parents » allemands

Le couple voisin âgé évoqué plus haut a aidé la famille El Asri lors de la scolarisation de Karim en Allemagne. Par la suite, il s'occupe aussi des enfants plus jeunes. Il intervient à plusieurs reprises lors de problèmes rencontrés à l'école. Par exemple, lorsque Karim fait l'expérience d'une situation de racisme avec un camarade de classe, le couple va parler aux enseignant·e·s. Dans leurs récits, Amina et Karim les qualifient de « papi et mamie ». Si cette proximité s'explique par l'expérience biographique douloureuse du couple évoquée par Karim (voir partie 4.3.1), le récit d'Amina apporte une explication supplémentaire, qui met la capacité d'action de la famille El Asri en avant. Suite à une question sur ce qu'elle a souhaité transmettre à ses enfants, Amina évoque la scène suivante au Maroc avec Karim, avant leur arrivée en Allemagne :

> Déjà au Maroc, tout à coup il [Karim] disait : « Hé, mon papi, mon papi ». Il sortait de la maison en courant, lui prenait la main [à un vieil homme du quartier] et l'accompagnait à la mosquée. Ensuite, pour le retour, même si nous étions à table, il disait : « Je dois aller chercher papi ». Si je disais : « Viens manger », il répondait : « NON ! ». À 4 ans. C'était sa vie, TOUS les matins et tous les soirs (rit). Et c'est comme ça qu'ici, il est venu avec ses deux mamie et papi allemands. Quand mamie voulait nettoyer les escaliers, mon fils lui disait : « Si tu glisses dans les escaliers, si tu tombes, tu es vieille. Tu ne pourras plus JAMAIS marcher. Je le fais pour toi ». Il nettoyait le sol pour mamie. Si mamie était malade, qu'elle avait besoin de quelque chose, vite, il allait chercher des médicaments à la pharmacie ou il allait faire des courses. (...) C'est pour ça que papi était complètement fou quand il a dû déménager[49]. Pourquoi devrait-il laisser son Pimpo[50] ? Noon. (...) Il ne voulait PAS du tout déménager à cause de nous. Et c'est comme ça que je veux qu'ils soient, serviables, gentils, qu'ils respectent les personnes

[49] Lorsque le vieil homme a dû quitter son appartement après le décès de son épouse, il a fugué et s'est caché chez la famille El Asri. C'est là que la police, alertée sur sa disparation, a fini par le retrouver. En voyant le vieil homme, l'un des policiers a exprimé sa surprise qu'une famille marocaine héberge un homme, « malgré la tradition ». Amina s'est alors écriée : « Mais ce n'est pas un homme inconnu ! C'est papi ! ».

[50] Pimpo est un néologisme à connotation affectueuse évoquant un « petit homme », que le vieil homme utilisait comme surnom pour Karim.

> âgées. Chez nous, par exemple, parfois ma fille dit : « Combien ai-je de tantes ? » (rit). Parce que chez nous, tu ne dois pas appeler une femme âgée par son nom. Tu dis « tante ou oncle ».

Karim transpose en Allemagne un comportement envers les personnes âgées qu'il a développé au Maroc. Alfred Schütz, dans son essai sur l'étranger (1944), a évoqué la manière dont la migration mène à une discontinuité de contexte, qui met souvent fin à un certain nombre de pratiques et qui crée chez les migrant·e·s un sentiment d'étrangéité. Cependant, ainsi que l'indique Ursula Apitzsch (2001), la migration ne constitue pas nécessairement une expérience d'étrangéité ou de rupture de pratiques. Dans la situation évoquée, Karim par exemple ne fait pas l'expérience d'un nouvel environnement qui mettrait fin à ses actions habituelles. Il transpose au contraire ces dernières dans son nouveau cadre de vie. Ses pratiques sont perçues positivement par ses voisin·e·s, en demande de proximité familiale. En créant une atmosphère familiale autour d'elle, la famille El Asri façonne ainsi activement son insertion dans son nouvel environnement. J'ai retrouvé des récits semblables dans d'autres familles rencontrées. Cette expérience contribue, dans les entretiens réalisés, à la « fierté d'être soi » des migrant·e·s et de leurs descendant·e·s, car les rapports intergénérationnels qu'ils·elles ont appris au Maroc ne sont pas seulement acceptés par leur entourage allemand, mais sont en partie perçus par ce dernier comme un soutien. Par ses pratiques quotidiennes et le vocabulaire qu'elle emploie, la famille El Asri déconstruit ainsi l'idée d'une altérité fondée sur l'appartenance ethnique et nationale, incluant son entourage allemand dans sa propre conception de la famille. Cela aussi contribue à l'estime de soi des membres de la famille, qui considèrent ainsi être en cohérence avec l'idée d'une « commune humanité » qui pour eux est le fondement d'un monde cosmopolite. D'une façon similaire à de nombreuses autres personnes que j'ai rencontrées, la famille El Asri déconstruit de plus la notion d'altérité entre les individus en remettant en cause la fréquente opposition entre « tradition » et « modernité », qui associe dans de nombreux cas les pays d'origine des migrant·e·s à des modes de vie traditionnels, tandis que les pays dits « du Nord » seraient caractérisés par leurs modes de vie « modernes ».

4.4.2 Une déconstruction de la « modernité » et de la « tradition »

Cette déconstruction était récurrente dans mon enquête et m'a notamment frappée durant mon séjour au Maroc. Ainsi, Aziz par exemple, dont les filles parlaient de façon positive de leurs vacances au Maroc et de l'islam, m'a raconté, en me montrant le marché dans sa ville d'origine, que sa famille faisait quotidiennement ses courses là-bas. Il a précisé que cela est courant au Maroc, puisque les personnes n'ont souvent pas de réfrigérateur. Il a ensuite souligné, rejoint par sa mère : « Nous, au Maroc, on mange bio ».

Dans la même veine, Amina a évoqué dans son récit de vie les pratiques courantes de médecine douce au Maroc telles qu'elle les a vécues durant son enfance. Ce récit est lié aux discours français et allemands qui valorisent les formes de médecines alternatives. Amina souligne le fait que ces pratiques, qui selon elle (et de nombreux discours en vogue dans son contexte allemand) sont « meilleures » que les médicaments prescrits par la médecine moderne, ont « toujours » existé au Maroc. Elle raconte :

> Par exemple NOUS autrefois, quand tu avais des enfants, quand tu avais un enfant, tu devais par exemple l'enduire tous les soirs d'huile d'olive, le frotter correctement avec de l'huile d'olive. Il y a des choses ici qui se font SEUlement à la façon moderne, tu comprends ? Nous avons beaucoup de choses naturelles pour un enfant. Quand il vient au monde, tu n'as MÊME pas besoin d'un médecin, d'ailleurs autrefois il n'y avait même pas de médecins sur place. Quand un enfant tombait malade, tu le frottais avec de l'huile d'olive. (…) Quand Samad était petit, je le lavais et l'habillais, maintenant aussi ! Ma belle-fille VEUT ces vieilles choses. Autrefois, mon fils ne voulait RIEN savoir. Ma belle-fille est venue du Maroc et mon fils a grandi ici, il ne comprend rien à ces choses. Ça lui fait peur. « Donne-moi Samad, je réchauffe un peu d'huile d'olive et je frotte tout son corps avec. Je l'habille bien chaudement » et le lendemain matin, « Regarde, Samad n'est plus du tout malade ». Depuis sa naissance, il n'a JAmais été malade. Oui. Jamais. C'est bon pour les enfants. (…) Donc sa mère, elle comprend parce qu'elle est venue

> du Maroc. Mais mon fils, il ne comprend pas. Il ne comprend pas ces choses. Il ne veut QUE ce que le médecin dit. Moi, quand un enfant vient au monde, je l'observe beaucoup. Je regarde ce qu'il a, si quelque chose ne va pas. Je l'observe beaucoup. Oui, et j'ai dit : « Samad a besoin de chaussures spéciales ». Et mon fils a dit : « Qu'est-ce que tu racontes là ? Est-ce que tu es médecin ou quoi ? ». J'ai dit : « Il en a besoin ». (...) Ensuite Nissrine et mon fils sont allés chez le médecin. Et le médecin a dit : « Oui, c'est vrai. C'est vrai ».

Amina souligne ici l'efficacité des remèdes naturels « traditionnels », plus efficaces que ceux de la médecine « classique » : non seulement Samad n'est encore jamais tombé malade, mais en plus les médecins lui donnent raison. La réticence de son fils à ses méthodes est selon elle liée au fait qu'il a grandi en Allemagne, contrairement à sa belle-fille, qui « veut » ces méthodes. Cet extrait d'entretien met également en lumière la posture particulièrement active d'Amina, qu'elle a développée dans un contexte caractérisé par un manque d'infrastructures sanitaires marqué (voir par exemple à ce sujet Dalle 2007). La pénurie de médecins, en particulier dans les régions rurales, l'a poussée à apprendre, très jeune, à « observer » les bébés et à se fier avant tout à son propre jugement. La « fierté d'être soi » d'Amina s'en trouve renforcée, car elle acquiert ainsi une position d'experte dans un secteur aussi valorisé que celui de la médecine. Ici, Amina déconstruit la hiérarchisation entre « tradition » et « modernité » : elle présente la médecine naturelle, souvent considérée comme « traditionnelle » et subordonnée à la médecine « moderne », comme supérieure à cette dernière.

À d'autres moments, Amina déconstruit également l'idée selon laquelle certains phénomènes considérés comme « modernes » en Allemagne seraient absents du contexte marocain. Ainsi, lors d'un repas de famille, elle m'explique que les femmes amazighes âgées sont toutes tatouées et que la coupe de cheveux courts pour les femmes était à la mode au Maroc bien avant que cette coiffure ne soit en vogue en Allemagne. Par ces récits et pratiques, Amina et de nombreuses autres personnes rencontrées transmettent à leurs enfants – et à leur entourage français et allemand – que le fait d'associer les sociétés européennes à la « modernité » et les sociétés nord-africaines à la « tradition » ne correspond pas à la réalité et que de nombreux·euses Marocain·e·s ont adopté des pratiques considérées comme « modernes » par les Allemand·e·s bien avant ces derniers·ères.

4.5 Le parcours d'Ahmed

Qu'en est-il d'Ahmed, le père de famille ? Plusieurs remarques d'Amina indiquent que sa transmission, qui a visé une mobilité sociale ascendante de ses enfants, s'est effectuée en co-construction étroite avec son époux. Ahmed quant à lui dit qu'il n'est pas allé à l'école et que par conséquent c'est son épouse qui était chargée d'aider leurs enfants dans leurs devoirs. Il raconte également qu'Amina, après leur mariage, lui a appris à lire et à écrire afin qu'ils·elles puissent échanger des lettres durant leur séparation géographique. Quels messages forts a-t-il transmis à ses enfants ? La transmission de la « fierté d'être soi » d'Ahmed s'articule autour de quatre thématiques principales : la fierté d'avoir immigré en Allemagne, son rapport privilégié à son grand-père, sa position de témoin d'événements historiques et ses pratiques transnationales.

4.5.1 La fierté d'avoir immigré

Ahmed débute son récit de vie en présence d'Amina et de leur fils Rachid. Il hésitait à réaliser une interview, car il considère que sa maîtrise de l'allemand est moins fluide que celle du reste de sa famille. Le fait qu'il négocie ce début d'entretien en présence d'Amina et de son fils témoigne également de codes de communication dans le groupe familial et de permissions implicites à l'un·e ou à l'autre de parler de telle ou telle thématique à des personnes extérieures. Karim et Ahmed, par exemple, détaillent principalement leurs parcours professionnels dans leurs récits de vie. Amina et Nissrine abordent également leurs parcours professionnels, mais évoquent aussi plus librement des thématiques touchant à la famille. J'ai retrouvé un phénomène semblable dans certaines familles – mais pas dans toutes. Le fait que les personnes « négocient » leur récit était cependant commun à toutes les familles.

J'ai demandé à Ahmed de raconter son histoire de vie « de manière générale ». Amina lui a expliqué qu'il devait raconter comment il était arrivé en Allemagne seul, « comme il leur racontait parfois ». Ahmed a ensuite demandé à sa femme et à son fils s'il devait raconter son arrivée en 1961, si c'était bien cela, ou s'il devait raconter comment il avait travaillé dans le domaine agricole. Amina lui a répondu qu'il devait raconter son arrivée en Allemagne. Ces premiers propos ont d'emblée souligné l'importance du travail agricole pour Ahmed. Au milieu de l'entretien, en raison du bruit des conversations autour de nous, j'ai demandé à continuer l'entretien dans une autre pièce, seule avec Ahmed.

Ainsi qu'Amina le lui a suggéré, Ahmed a débuté son récit en racontant son arrivée en Allemagne. Sa migration forme l'un des thèmes centraux de sa transmission à ses enfants, car elle constitue *son* apport à la mobilité sociale ascendante de la famille. Elle est également étroitement liée à l'élaboration de sa masculinité. Ahmed raconte son arrivée à Rannstadt puis la manière dont il poursuit son voyage à Riesstadt, une autre ville d'Allemagne de l'Ouest. L'un des premiers obstacles qu'il rencontre consiste dans sa non-maîtrise de la langue allemande. Il communique avec son entourage par gestes. À Riesstadt, il s'adresse à la police et lui explique par gestes qu'il cherche un emploi. Les policiers lui donnent une adresse et lui indiquent le tram qui y mène. À 22 heures, Ahmed arrive dans le bureau d'une entreprise de chemins de fer, où il trouve un employé qui est de garde la nuit. Ce dernier lui indique une baraque dans laquelle sont logés d'autres ouvriers marocains et algériens. C'est ainsi qu'Ahmed commence à travailler dans cette entreprise, dans laquelle il restera quatre ans. Il décrit cette période de sa vie comme particulièrement heureuse. Il rentre ensuite au Maroc pour une durée de quatre mois, durant laquelle il épouse, comme nous l'avons vu plus haut, Amina. Après son mariage, Ahmed ne retourne pas à Riesstadt, bien qu'il apprécie particulièrement cette ville, mais à Rannstadt. Un de ses oncles vit dans cette ville et Ahmed souhaite se rapprocher de sa famille élargie suite à son mariage. Là-bas, il travaille d'abord comme jardinier, puis comme ouvrier. La famille souligne, lors de nos rencontres, qu'il a travaillé jusqu'à la retraite. Cette précision est importante, car en raison des conditions de travail souvent difficiles pour les travailleurs·euses immigré·e·s, nombreux·euses d'entre eux·elles ont dû cesser leur activité professionnelle avant l'âge légal de la retraite en raison de problèmes de santé. Différentes études montrent que les salarié·e·s étrangers·ères sont davantage touché·e·s par des accidents du travail et le chômage que les salarié·e·s français·es (Attias-Donfut 2009, Bennegadi et Bourdillon 1990). Bon nombre de mes interviewé·e·s ont dû cesser leur emploi à la cinquantaine. Ils·elles ont ensuite souhaité se reconvertir dans d'autres secteurs, mais n'ont généralement pas pu réaliser ce projet. Souvent, les seuls emplois auxquels ils·elles pouvaient accéder en raison de leur niveau d'étude étaient des emplois pénibles sur le plan physique. De plus, dans plusieurs cas, ils·elles n'ont pas obtenu de financements de la part des services publics d'accompagnement vers l'emploi pour une formation permettant une réorientation. Le fait de perdre son emploi avant l'âge légal de la retraite a pour beaucoup d'hommes mené à une dévaluation importante de leur sentiment de masculinité (Chafiq 1999). C'est donc en se référant à de nombreux autres hommes qu'ils connaissent que les membres de la famille El Asri soulignent la chance – et le mérite – d'Ahmed d'avoir pu garder son emploi jusqu'à la retraite.

Ahmed El Asri évoque également à plusieurs reprises qu'il était jeune au moment de sa migration – il avait 19 ans, et qu'il est arrivé en Allemagne seul, sans autres parents. Il souligne qu'il a réalisé son projet migratoire *contre* la volonté de son père. Son choix marque ainsi un processus d'autonomisation par rapport à ce dernier et un passage à l'âge adulte :

> Mon père m'a dit : « Sans moi, tu seras perdu ». « Non, je partirai seul ». Papa pleurait. Ma mère, mes frères et sœurs pleuraient. Ils disaient : « Pourquoi ? Non, ne pars pas ! ». « Si, je vais essayer ! ». « Que veux-tu essayer ? Tu ne connais personne ». J'ai dit : « Non. Je pars seul. Je pars en Allemagne, un point c'est tout ».

De nombreux migrants marocains rencontrés en Europe lui conseillent de retourner au Maroc, en raison de son jeune âge. Son oncle à Rannstadt lui propose de payer son billet de retour, le jugeant trop jeune pour travailler en Allemagne et vivre loin de ses parents. Ahmed évoque sa réplique lors de cette conversation :

> « Non je suis un homme, je peux nourrir cinq enfants ».

Ainsi que l'a montré Pierrette Hondagneu-Sotelo (1994) dans son étude sur des migrants mexicains aux États-Unis, la réalisation de la migration seul – à un âge jeune – joue un rôle central dans l'élaboration de la masculinité des hommes migrants. C'est le cas aussi chez Ahmed. Son courage et sa détermination à réaliser son projet migratoire constituent un pan de l'histoire familiale dont ses enfants peuvent, selon lui, être fiers, et qu'il souhaite également transmettre à ses petits-enfants :

> Peut-être que mes petits-enfants demanderont un jour : « Quoi, tu as fait ça ? Et qu'est-ce que tu as fait ? ». « Il s'est passé ça, ça et ça ». « Et tu étais seul ? ».

Il est intéressant qu'Ahmed souligne dans l'entretien les expériences qui ont renforcé de façon positive son sentiment de masculinité. Sa stratégie est à situer dans deux contextes : d'une part, le contexte raciste et postcolonial qu'il a rencontré en Europe de l'Ouest qui, comme nous l'avons vu dans la partie 1.3.2, a tendance à davantage marquer les hommes que les femmes. D'autre part, sa place dans la famille nucléaire. En effet, afin de s'assurer que ses filles ne soient pas contraintes à se marier à un âge jeune, Amina a pris la mainmise sur l'éducation de ses enfants, reléguant son mari dans une position périphérique. Il s'agit cependant de préciser qu'Ahmed a activement contribué à une transformation des rapports de genre au sein de sa famille. En effet, c'est une inégalité familiale liée à la polygamie, ressentie comme une injustice, qui a motivé sa migration.

4.5.2 Une expérience d'inégalité liée à la polygamie

Ahmed évoque la famille polygamique dans laquelle il a grandi de façon détaillée. Il décrit une situation d'inégalité au sein de sa fratrie, dans laquelle les enfants de certaines épouses sont allés à l'école, d'autres pas[51]. De plus, le travail agricole est inégalement réparti. Ces inégalités expliquent selon lui pourquoi son père ne peut pas l'empêcher de partir en Europe :

> Ce n'était pas bien, vraiment. L'agriculture, ici. Toute la famille voulait faire des études. Je travaillais avec mes frères, et ça, ce n'était pas correct. Je suis allé jusqu'en maternelle, et ensuite fini. Ensuite je faisais

[51] Le fait que certains enfants de la famille soient allés à l'école et d'autres pas est également lié à leur année de naissance. En effet, Ahmed est né durant le protectorat espagnol, et peu d'écoles existaient à cette époque pour la population marocaine. Son récit montre cependant que la question de la scolarisation est également liée à une inégalité de traitement des enfants des différentes coépouses : les enfants de sa mère, même ceux nés après la fin du protectorat, sont désavantagés dans leur scolarité, comparé aux enfants des deux autres coépouses.

> le travail agricole. FINI. Je n'ai pas fait d'études. (…) Donc que pouvait-il faire ? Pouvait-il me dire : « Reste, ne pars pas ? ». Il a vingt enfants. Des frères. (…) S'il n'y a qu'une mère, ok. Mais avec trois femmes, chacune a des enfants, chacun est d'une autre mère. Quand tu travailles dans le domaine agricole, tout appartient à tous. Toi, tu travailles comme un fou, l'autre pas du tout. Pourquoi est-ce que je travaillerais ? Qu'est-ce que je reçois en retour ? Rien du tout. Rien ne m'appartenait. Je suis donc parti en Allemagne.

Dans l'entreprise agricole collective, certains travaillent « comme des fous », d'autres pas du tout. Tous cependant ont le même niveau de vie. Cette situation aurait été acceptable pour Ahmed s'il n'y avait eu qu'une seule épouse, ainsi qu'il l'explique dans l'extrait présenté et dans d'autres passages de l'interview. La polygamie de son père, le nombre élevé d'enfants et l'inégalité de traitement entre les enfants des coépouses déclenchent son départ en Europe. Durant l'entretien, Ahmed exprime à plusieurs reprises son rejet du modèle polygame. Ce positionnement le valorise dans son environnement allemand, car il est en accord avec les discours négatifs dominants sur cette organisation familiale et sur les rapports de genre qui y sont liés.

4.5.3 Être témoin – et acteur – de l'histoire

Une autre thématique centrale dans l'élaboration de la « fierté d'être soi » d'Ahmed consiste dans ses connaissances de l'histoire, qu'il a élaborées à travers sa migration. Ses observations lors de sa traversée de l'Espagne, durant son voyage vers l'Allemagne, lui serviront plus tard à comparer les deux pays. À son arrivée en Allemagne en 1961, il est particulièrement surpris par les images d'après-guerre et la vue de la ville détruite de Rannstadt qui s'offre à lui :

> À Rannstadt- il n'y avait rien. Pas de maisons, pas d'appartements. Après la guerre, tout était resté comme ça, jusqu'en 1970. Tout est resté comme ça. J'ai vu cela. (…) Tout était détruit, après la guerre, tout était complètement- la ville, tout. À Rannstadt,

> tout avait disparu, il n'y avait pas de banques, pas de gare, rien.

Les termes « j'ai vu » mettent en avant le rôle actif d'Ahmed. Il détient la preuve de la destruction de Rannstadt durant la guerre, car il n'a pas uniquement entendu *parler* de ce phénomène, il l'a également *vu*. De plus, il est intéressant de constater qu'Ahmed interprète par la suite ses observations en Allemagne à l'aune de ses expériences historiques au Maroc. Ainsi, de son point de vue, Rannstadt et Riesstadt, les deux villes d'Allemagne de l'Ouest dans lesquelles il a vécu, étaient « colonisées » à l'époque de son arrivée : l'une par les États-Unis, l'autre par l'Angleterre. Il vit ainsi une *continuité* d'expérience de domination coloniale :

> Rannstadt, en 1961, était entièrement américaine. Mais à Riesstadt, c'était l'Angleterre. Les gens à Riesstadt étaient COMplètement différents qu'à Rannstadt. Ils t'aidaient, ils disaient : « Viens là, là. Le Maroc, où est le Maroc ? ». (…) C'était totalement différent. Les gens parlaient beaucoup. C'était bien. Les gens étaient très gentils là-bas. C'était très facile. Beaucoup plus facile. C'était tout à fait différent qu'à Rannstadt. À Rannstadt, c'était dur. Riesstadt était une colonie anglaise. Ici [à Rannstadt], c'étaient les Américains. Il y avait des Américains partout dans la ville, il n'y avait que des Américains. Tu ne voyais pas de policiers allemands. Que des Américains. Quand il y avait une bagarre ou une dispute, la police arrivait, les poussait. Les Américains arrivaient tout de suite, et les gens avaient peur des Américains. Oui, oui. La police allemande ne disait rien. Elle ne pouvait rien faire. Si tu te disputais avec quelqu'un ou quoi, c'étaient d'abord des Américains qui arrivaient. Tandis qu'à Riesstadt, c'était totalement différent. À Rannstadt, ton salaire était plus élevé, ce n'était pas comme à Riesstadt. Ça, c'était mieux. Si tu gagnais un *Deutschmark* à Rannstadt, par exemple, tu gagnais 50 centimes de moins à Riesstadt. Mais tout était moins cher à Riesstadt, le loyer, etc. (Tout bas) Je rêve toujours de retourner un jour à Riesstadt.

Dans l'extrait présenté, Ahmed compare les différents styles d'occupation dans les zones américaine et britannique d'après-guerre en Allemagne : alors que les personnes qu'il rencontre à Riesstadt, une ville « britannique », sont serviables et aimables, la situation est plus « dure » à Rannstadt, une ville occupée par les Américains. Les pratiques d'occupation diffèrent dans les deux villes. À Rannstadt, les Américains sont présents dans « toute » la ville, tandis que les Britanniques sont peu visibles à Riesstadt. Dans son observation, Ahmed se réfère à sa propre expérience historique. Le village dont il est originaire au Maroc se situait à la frontière entre le protectorat espagnol et français. Il a grandi du côté espagnol. Il est habitué, par son vécu, à comparer différents styles d'occupation et à observer leurs impacts sur les habitant·e·s des régions concernées : si les habitant·e·s de Riesstadt sont aimables, ceux·celles de Rannstadt en revanche sont plus dur·e·s.

Ahmed se solidarise de surcroît avec les Rannstadtois·es, les « colonisé·e·s ». Un jour, il refuse de suivre un policier américain, lui disant qu'il n'accepte que les ordres de policiers allemands. Sa peur le fait néanmoins changer d'avis. Il se positionne ainsi de façon active dans l'ordre politique d'après-guerre allemand :

> Les Américains commandaient. Une fois, ils sont venus vers moi, ils m'ont dit : « Tu viens ? ». J'ai dit : « Non, j'attends la police allemande. Pourquoi est-ce que je devrais partir avec les Américains ? Ok ok, je viens ». Parce qu'autrefois, quand on voyait des Américains en Allemagne, on avait peur. Les Américains commandaient. À Riesstadt, euh en Angleterre, on ne voyait pas de militaires. Aucun. Mais ici non, ils commandaient toute la ville. Riesstadt était une colonie dans laquelle tu ne voyais pas un seul Anglais en ville. Tandis qu'à Rannstadt, ils commandaient vraiment. Ce n'étaient pas les Allemands qui commandaient, c'étaient les Américains. C'est pour cela que c'était dur. Oui.

Par sa migration, Ahmed accède à une observation nuancée des événements géopolitiques en Allemagne. Cette expérience est particulièrement prégnante car elle lui confère un accès direct à l'histoire : il ne l'a pas apprise dans des livres, mais à travers son propre vécu. De plus, en transmettant ses observations à ses enfants, ces derniers accèdent à l'histoire de l'Allemagne non par des livres ou par des journaux, mais par le propre vécu et le travail d'analyse de leur père. L'expérience d'Ahmed met en avant l'importance de l'histoire vécue et observée, comparé à l'histoire enseignée par des institutions officielles telles que l'école et les musées. Bien qu'il ne soit pas allé à l'école, Ahmed possède une expertise dans le champ de l'histoire.

Un autre phénomène transparaît dans cet extrait d'entretien : Ahmed n'a pas seulement été témoin, mais également *acteur* de l'histoire. Il se positionne clairement du côté des Allemands, contre les policiers américains[52]. Mais sa contribution active à l'histoire de l'Allemagne s'inscrit avant tout dans son travail : avec de nombreux autres travailleurs migrants, il a contribué à reconstruire l'Allemagne d'après-guerre. J'ai retrouvé des récits semblables dans les entretiens que j'ai réalisés à Marheim, dans lesquels les hommes interviewés ont évoqué leur emploi sur des chantiers et la manière dont ils ont contribué à la construction de différents quartiers de la ville – et de façon plus large, à la reconstruction de la France durant les Trente Glorieuses. Cette contribution – souvent au prix de conditions de travail particulièrement dures pour les migrant·e·s – à ce pan de l'histoire française/allemande est pour eux en contradiction flagrante avec les restrictions des droits d'entrée dans l'espace Schengen pour les ressortissant·e·s du Maroc aujourd'hui.

Les pratiques transnationales qu'Ahmed a développées au cours de sa biographie ont contribué à sa réflexion sur la manière dont il est ancré dans le passé et le présent de l'Allemagne et du Maroc. Ses allées et venues entre Rannstadt et sa ville d'origine dans le nord du Maroc ont également une incidence importante sur son sentiment d'appartenance sociale, sur sa position dans sa famille élargie et sur son rapport à son fils. Son ancrage au Maroc lui permet de rester dans la continuité de la transmission de son grand-père, qu'il affectionnait particulièrement.

4.5.4 Les pratiques transnationales d'Ahmed

Depuis son enfance, Ahmed était le petit-fils favori de son grand-père, ainsi qu'il le souligne. Ce dernier l'emmenait à diverses réunions auxquelles il participait en tant que maire, le présentant publiquement comme son héritier. Le père d'Ahmed était connu dans sa région

[52] Ahmed se positionne du côté des Allemands dans le contexte d'occupation d'après-guerre par les forces alliées. La famille a néanmoins une position critique face au nazisme.

d'origine pour son comportement libertin. Il aimait jouer et dépensait de fortes sommes en Espagne, où il se rendait les week-ends. Craignant que son fils ne dilapide sa fortune après sa mort, le grand-père d'Ahmed a souhaité léguer cinq hectares de terre à son petit-fils préféré, Ahmed, avant que ce dernier ne parte en Allemagne. Ne voulant cependant pas contourner son père, Ahmed a refusé. Lorsque le père d'Ahmed décède prématurément en 1978 dans un accident de voiture, dix ans après la mort de l'aïeul, seuls sept des 130 hectares de terre initiaux subsistent. Ahmed rachète alors ces terres à ses frères et sœurs, réalisant ainsi la transmission souhaitée par son grand-père :

> Quand il est mort, j'ai quand même racheté les sept hectares de terre, je les ai rachetés à mes frères et sœurs (...). Autrefois, mon grand-père voulait me les offrir, à moi. Maintenant, je les ai rachetés.

Sur le terrain racheté, Ahmed développe une exploitation agricole constituée d'oliviers et d'arbres fruitiers. Cet investissement contribue, à plusieurs égards, à son sentiment d'appartenance à un groupe social favorisé. D'une part, cette activité le rapproche du travail agricole qui lui importe et correspond davantage à ses aspirations que son emploi passé à l'usine – à plusieurs reprises, il évoque le plaisir qu'il prend à réaliser ce travail –, d'autre part il emploie plusieurs personnes qui travaillent sur sa plantation. Cette activité lui confère par conséquent un statut d'employeur, une fonction qui ne lui a pas été possible durant son parcours professionnel en Allemagne. La valeur du terrain racheté a de plus fortement augmenté au cours des dernières années, ce qui renforce son capital économique. Son rachat des terres lui permet également d'occuper une position symbolique de patriarche de la famille, car c'est lui à présent qui assure la continuité du patrimoine familial. Enfin, comme pour d'autres migrant·e·s et leurs descendant·e·s, les activités transnationales d'Ahmed lui permettent de s'inscrire dans deux espaces nationaux et ainsi de relativiser le poids des discours discriminants rencontrés dans l'un ou l'autre contexte, ce qui facilite l'élaboration et la transmission de son estime de soi.

4.5.5 Des pratiques transnationales de père en fils

Karim possède lui aussi une plantation de 2,5 hectares de terre au Maroc, qu'il a rachetés à son père au milieu des années 2000. Il emploie également plusieurs ouvriers sur sa plantation, et accède ainsi, de la même manière que son père, à un statut d'employeur. Cela contribue à sa mobilité sociale ascendante – objective et subjective. Ses activités transnationales lui permettent de plus de se rapprocher de son père. Karim évoque une relation distante à ce dernier durant son enfance, due à leur séparation géographique mais aussi aux rapports de genre qui prévalaient à l'époque :

> Mon père était une personne qui était toujours un peu distante avec moi. C'était la personne de respect, ce n'était jamais une relation complice. Chez moi, c'était toujours la mère. Parce que les six premières années, comme dit, j'ai vécu là-bas, seul avec ma mère. (…) Ensuite, nous avons déménagé ici, et tout à coup, il y avait une troisième personne qui soudain… enfin… Soudain, il y avait un père qui était là. Auparavant, je voyais mon père, mais une fois par an ou alors pendant les vacances. Il a, disons, manqué dans mon éducation. (…) En fait, il n'y avait pas de père qui était présent. Et tu connais bien ça, les six, sept premières années, cette période marquante. Là, c'est tout de même assez important que le père soit là. Et ça, c'était différent autrefois. Père avait toujours cette façon d'être sévère, parce qu'il pensait que par cette façon d'être, il me faisait du bien. Un HOMME est un HOMME, PAS de PLEURS. Tu connais bien ça. Les hommes ne PLEUrent pas et ces histoires-là. Ensuite, après six ans, le fait de venir ici et d'avoir une personne-. Au début, j'avais quand même PEUR de lui.

L'expérience de Karim illustre les reconfigurations familiales auxquelles les familles migrantes font souvent face. À son arrivée en Allemagne, le fait de vivre avec son père représente un changement abrupt dans son parcours de vie, renversant l'ordre qu'il connaissait jusqu'alors : « soudain, un père était là ». Jacques Barou (2009) a observé dans ses recherches que suite aux séparations familiales qui peuvent s'étendre sur plusieurs années, les enfants ne voient parfois plus un « père » en ce dernier. Ce n'est que bien plus tard, à travers leurs pratiques transnationales partagées entre leur vie à Rannstadt et leur plantation au Maroc, que les liens entre Karim et son père se resserrent. Karim évoque l'évolution de leur relation :

> À présent notre relation a complètement changé. Elle est plus détendue. Il parle avec moi de manière plus détendue sur différents sujets. Il me raconte aussi ce qui s'est passé et tout et ce qui LUI est arrivé. Et ça, ce n'était PAS le cas autrefois. (...) J'étais dans le sud, récemment. Mon père y est aussi en ce moment parce qu'il travaille encore là-bas, dans le domaine agricole. Il a une grande plantation là-bas.

Le fait que Karim s'inscrive dans la continuité des pratiques transnationales de son père contribue, dans une perspective interactive des rapports intergénérationnels, à la « fierté d'être soi » du vieil homme, car sa capacité à transmettre ses pratiques à son fils confirme le bien-fondé de ses propres choix. De plus, le partage d'un espace commun au Maroc leur a permis de construire une relation de complicité qu'ils n'avaient pas pu établir jusqu'à lors, Ahmed ayant occupé une position familiale périphérique. Karim a également renforcé ses pratiques transnationales à travers son union avec Nissrine, qui est née et qui a grandi au Maroc.

4.6 Nissrine et Karim : un couple transnational

4.6.1 Le parcours de Nissrine

En 2005, Karim passe un séjour prolongé au Maroc durant lequel il rencontre Nissrine. Nissrine est née en 1985 dans l'est du Maroc. Elle est l'aînée d'une fratrie de cinq. Elle a également une demi-sœur plus âgée d'un an, née d'un premier mariage de son père. Sa famille est particulièrement aisée, comme nous l'avons vu dans la partie 3.3.2. Son père a grandi en Algérie et parle couramment le français. Il est directeur d'entreprise. Sa mère a toujours été femme au foyer. Nissrine évoque une enfance et une jeunesse heureuses au Maroc. Elle est studieuse, mais n'obtient pas le baccalauréat[53]. Après sa scolarité, elle projette d'effectuer une formation dans le domaine de la bureautique. Lorsqu'elle rencontre Karim peu après, c'est comme une évidence : tous·tes deux se marient en 2006. Ils·elles entament alors les démarches nécessaires afin que Nissrine puisse rejoindre Karim à Rannstadt. La procédure dure six mois. Durant cette période, le père de Nissrine

[53] En 2006, le taux de réussite au baccalauréat au Maroc était d'environ 45%, lycées privés et publics confondus (Kosoglu 2014).

finance à sa fille un cours de langue de deux mois afin qu'elle ait des notions d'allemand avant son départ pour l'Europe, bien que des compétences de langues ne soient pas juridiquement nécessaires à l'époque pour l'immigration de conjoint·e·s d'Allemand·e·s. À son arrivée à Rannstadt, Nissrine s'installe avec Karim dans un appartement au deuxième étage de la maison familiale. Elle participe à un cours d'intégration, rendu obligatoire pour les primo-arrivant·e·s en Allemagne depuis 2005. Elle suit ce cours à temps plein pendant sept mois. En 2007, peu après la fin du cours, elle accouche de son premier enfant, Samad.

Au moment de notre entretien, Nissrine était la seule de sa fratrie à vivre en Europe. Plusieurs de ses oncles et tantes vivaient cependant dans différents pays d'Europe depuis plusieurs années, voire décennies : en Allemagne, en Belgique, en Hollande ou en France. Son grand-père avait lui aussi travaillé quelques années dans les Pays-Bas, avant de retourner vivre au Maroc. Il rend régulièrement visite à ses enfants dans les différents pays nommés.

4.6.2 La « normalité » d'être soi

Épouser quelqu'un qui a grandi au Maroc permet à Karim de renforcer ses liens avec son pays d'origine et d'inscrire ses pratiques transnationales dans la durée. Ainsi que l'ont montré Claudia Weigt et Beate Lorke dans leur étude (1995), épouser un·e partenaire de son pays d'origine est un choix fréquent parmi les descendant·e·s de migrant·e·s marocain·e·s, car leur conjoint·e est ainsi à même d'établir une communication en profondeur avec leurs parents et de transmettre la langue arabe ou amazighe, la religion musulmane et la culture marocaine à leurs enfants.

Cependant, un autre facteur intervient dans le choix de Karim : Nissrine, comme d'autres personnes qui ont grandi au Maroc, n'a pas, durant sa socialisation primaire, été confrontée à une dépréciation quasi systématique de sa culture d'origine et de sa religion, contrairement à un grand nombre de descendant·e·s de migrant·e·s d'Afrique du Nord en Europe. Même si certaines personnes interviewées ont elles aussi été confrontées à des stéréotypes lors de leur socialisation au Maroc – par exemple la discrimination envers les Amazigh·e·s –, elles n'ont pas été stigmatisées de façon aussi récurrente qu'en Europe. Leur appartenance religieuse n'a pas fait l'objet de rejet, ni de discrimination. J'ai pu observer, durant mon étude, que les conjoint·e·s issu·e·s du Maroc apportaient avec eux·elles une « normalité d'être soi », que les personnes originaires d'Afrique du Nord qui ont grandi en France ou en Allemagne ne ressentent pas de la même manière. Ainsi Nissrine, dans son récit de vie, a immédiatement évoqué l'importance pour elle de transmettre la religion musulmane à ses enfants, alors que l'islam représentait souvent un tabou dans les récits des personnes qui ont grandi en France ou en Allemagne, même si cette religion jouait un rôle central dans l'éducation de leurs enfants. Une vision plus ou moins positive de leur culture et de leur religion est liée au contexte dans lequel ils·elles ont grandi. Ils·elles n'ont pas dû, comme les descendant·e·s de migrant·e·s, se battre pour maintenir une image positive d'eux·elles-mêmes. Ils·elles ont par conséquent une plus grande capacité à transmettre une « normalité d'être soi » à leurs enfants, mais aussi à leur conjoint·e et aux membres de leur belle-famille qui vivent en France et en Allemagne.

Nissrine est en outre issue d'un milieu social particulièrement privilégié au Maroc, comme nous l'avons vu précédemment. Elle apporte donc, en plus de sa « normalité d'être soi », un sentiment d'appartenance à un groupe social favorisé, qui renforce sa capacité à transmettre une « fierté d'être soi » à ses enfants. Lorsque Karim séjourne chez sa belle-famille au Maroc, il est affilié à une famille économiquement aisée, ce qui a également un impact sur son propre positionnement social et sur son estime de soi.

4.6.3 Maintenir des liens familiaux au-delà des frontières

Le choix d'un·e partenaire issu·e du Maroc facilite l'ancrage des enfants dans deux pays et la transmission de la langue, de la culture et de la religion du pays d'origine. Il implique que la famille en tant que groupe devienne transnationale. Deborah Bryceson et Ulla Vuorela ont introduit l'idée selon laquelle les *familles* elles-mêmes peuvent constituer un espace transnational. Elles définissent les familles transnationales comme des familles « qui vivent une grande partie ou la plupart du temps séparées, mais qui pourtant restent unies et créent quelque chose qui peut être perçu comme un sentiment de bien-être collectif (...), même à travers les frontières nationales » (Bryceson et Vuorela 2002, 4). Le maintien de liens familiaux transnationaux ne va cependant pas de soi et exige un travail important, surtout quand les membres de la famille n'ont pas la même nationalité, ne parlent pas la même langue et sont socialisés dans différents contextes nationaux et culturels. Dans le cas de Karim et de Nissrine, l'équilibre familial est notamment compromis par la distance géographique et les restrictions de mobilité pour les citoyen·ne·s marocain·e·s, qui créent un risque d'asymétrie entre les grands-parents en Allemagne et les grands-parents au Maroc. Sakina, la mère de Nissrine, espère que son petit-fils Samad viendra régulièrement lui rendre visite au Maroc :

> Nous, on espère qu'ils ne nous oublient pas, qu'ils ont de la famille au Maroc, qu'ils pensent à nous. J'espère qu'ils passeront beaucoup de congés avec moi, parce qu'Amina elle est toujours avec eux. Cela me fait plaisir quand ils passent les vacances avec moi. J'aimerais aussi qu'il apprenne la tradition marocaine. Qu'il vienne souvent au Maroc, chaque année, qu'il voie beaucoup de monde ici. S'il visite son pays, je crois qu'il va beaucoup aimer le Maroc.

Inversement, il est difficile pour la famille restée au Maroc de rendre visite à ses proches en Europe, en raison du coût d'un tel voyage mais aussi de la difficulté d'obtenir un visa. Les parents de Nissrine ont pu se rendre plusieurs fois à Rannstadt chez leur fille. Ils ont obtenu un visa, car leur âge et leur situation socio-professionnelle sont considérés par les consulats français et allemands comme des indicateurs probables qu'ils·elles retourneront au Maroc après leur séjour en Europe. Malgré cela, ils ont dû à chaque fois laisser leur plus jeune fils – alors âgé de 3 et 4 ans – au Maroc, comme « garant » de leur retour, ce qui a facilité l'obtention d'un visa. La sœur cadette de Nissrine s'occupait alors de son frère durant leur absence.

Après la naissance de Samad en 2007, Karim a pris un congé parental de six mois. Cette forme de congé venait alors tout juste d'être mise en place suite à la loi fédérale sur le congé parental et les allocations parentales (*Bundeselterngeld- und Elternzeitgesetz*), entrée en vigueur en Allemagne au 1er janvier 2007. Elle permet l'obtention d'une allocation parentale à l'un des parents à hauteur de 67% de son salaire net[54] (avec un plafond de 1800 euros par mois) pour une durée de douze mois après la naissance d'un enfant. Les douze mois peuvent être étendus à quatorze mois si l'autre conjoint·e prend lui·elle aussi au minimum deux mois de congé parental. Cette loi encourage les pères à

---

[54] Plus précisément, les personnes gagnant moins de 1000 euros par mois touchent une allocation mensuelle supérieure à 67%, celles gagnant plus de 1200 euros par mois une allocation inférieure à 67% de leurs revenus nets.

prendre des congés parentaux et vise une plus grande égalité des sexes[55].

Karim et Nissrine ont décidé de passer cette période au Maroc. Ce congé parental a permis à Karim d'être proche de son fils dès ses premiers mois et ainsi à compenser l'expérience de distance vécue avec son père :

> J'ai pris un congé parental durant ses premiers mois. (…) Ça n'existait pas, autrefois. Autrefois, un homme ne prenait jamais un congé parental. Qu'est-ce qu'un HOMME fait à la maison ? Il y avait toujours cette idée que les enfants, c'est le travail de la femme, que l'homme a son job à l'extérieur. Donc c'est sûr que la relation à l'enfant manquait. C'est logique. Mais je trouve qu'on devrait quand même… C'est une super idée le congé parental. (…) C'était important pour moi que je voie et que je vive tout depuis le début, ses premiers pas, les premiers jeux, sa première dent.

Passer son congé parental au Maroc a également permis à Karim de mieux apprendre à connaître sa belle-famille, et à Nissrine d'être proche de ses parents. À travers ce séjour, Karim s'est de plus rapproché de son pays d'origine. En y vivant au quotidien, il a pu pratiquer la langue arabe de façon plus intensive et se familiariser avec les discours publics dans le pays, les enjeux politiques débattus et leur expression concrète dans son entourage.

En prenant un congé parental un an après l'introduction de ce dispositif, Karim se positionne clairement en Allemagne comme étant favorable à un partage plus égalitaire entre les femmes et les hommes. Il participe ainsi pleinement aux reconfigurations des rapports de genre en cours et prônées par le gouvernement allemand. Il a cependant dû s'adapter à d'autres rapports de genre lors de son séjour au Maroc. Par exemple la mère de Nissrine a exprimé son désaccord avec le fait que

---

[55] Cette loi est cependant critiquée à plusieurs égards. Elle est considérée comme profitant avant tout aux personnes ayant un revenu élevé, car celles qui ont un salaire bas ne peuvent généralement pas se permettre une baisse de leurs revenus de plus de 30%. Ce dispositif est souvent présenté comme injuste, car il est financé par l'État sur l'impôt. De plus, les contestataires regrettent fréquemment que les fonds publics ne soient pas plutôt investis dans le développement du système de garde public des enfants, ce qui faciliterait d'une part l'activité professionnelle des femmes, et renforcerait la création d'emplois.

les femmes en Europe poursuivent une activité professionnelle. Pour elle, il incombe à la femme de s'occuper des tâches ménagères et des enfants. L'homme peut aider, mais de manière secondaire. Karim a dû apprendre, par ses pratiques transnationales, à se positionner dans différents contextes. Ces expériences l'ont poussé, lui et son épouse, à réfléchir, à échanger sur les rapports de genre changeants en fonction des contextes et à s'adapter, jusqu'à un certain degré, à ces derniers, par exemple pour Karim en s'impliquant moins dans les tâches ménagères au Maroc qu'en Allemagne, ou pour Nissrine en acceptant de ne pas porter son voile sur son lieu de travail à Rannstadt.

4.6.4 Transmissions en contexte étranger et monter et descendre l'échelle sociale

Transmettre sa culture et sa langue d'origine joue un rôle fondamental dans le maintien d'une proximité familiale dans un contexte transnational, car les enfants acquièrent ainsi les ressources nécessaires pour échanger avec leurs grands-parents et leur entourage dans leur pays d'origine. Ce processus ne va cependant pas de soi dans un contexte étranger. Nissrine insiste sur le fait que transmettre sa culture d'origine, sa religion et sa langue maternelle en Allemagne nécessite beaucoup de temps. Cette difficulté met en danger la conciliation de sa vie familiale et professionnelle. Quelques mois après la naissance de Samad, Nissrine commence à travailler dans le domaine du nettoyage, quelques heures par jour. Elle ne souhaite pas travailler à temps plein, afin de disposer de suffisamment de temps pour transmettre au mieux sa religion, sa culture et sa langue à ses enfants. Selon elle, cette transmission est difficile en contexte étranger, en particulier dans un environnement qui déprécie la religion musulmane :

> Nous sommes musulmans et ça, c'est important. C'est important. Nous devons- mon fils et mes enfants, mes petits-enfants-. Ça, c'est obligé. C'est pour cela que je ne veux pas travailler plus de quatre heures par jour, tu comprends ? Pour rester à la maison et leur apprendre l'arabe. L'arabe, et leur raconter des histoires. Leur transmettre ma culture. Ça, c'est obligé, je DOIS faire cela. Je dois transmettre ma culture. (...) C'est difficile de le faire quand on est en Allemagne ou dans un autre pays à l'extérieur du Maroc. Quand j'étais au Maroc, je

> portais le foulard, mais ici je ne peux pas, je ne peux pas porter un foulard au travail, pas du tout à (nom de l'entreprise), sinon, ça pose problème.

Initialement, Nissrine ne projetait pas d'avoir un emploi ou de faire une formation. Elle évoque la manière dont elle a progressivement changé d'avis sur la question :

> Quand je suis venue en Allemagne, je n'avais pas de projet concret, je n'étais pas décidée à faire une formation. Mais maintenant, je veux en faire une. Je ne suis pas satisfaite en restant à la maison et en ne faisant que deux heures de ménage, ce n'est pas bien. Aussi pour mes enfants. Quand ils seront plus grands, ça leur fera mal, tu vois ? Ce n'est pas bien. Ma mère aussi est femme au foyer et elle n'a pas travaillé, elle n'a jamais travaillé, ma mère. Mais au Maroc, c'est complètement différent. Mon père a un bon travail, il est chef. Mais ici, en Allemagne ou en Europe, l'homme et la femme doivent travailler, tout est cher ici. Au Maroc, non. Et au Maroc, tout le monde est propriétaire de son appartement ou de sa maison. (…) Ici, les deux doivent travailler. Si seul l'homme travaille, c'est un peu difficile. Oui, il faut faire cela, pour que mes enfants aient une bonne vie, qu'ils fassent du sport ou du soutien scolaire.

Selon Nissrine, la réalité socio-économique n'est pas la même en Allemagne qu'au Maroc. Alors qu'au Maroc une grande partie de la population est propriétaire de son logement[56], en Allemagne il faut payer un loyer. Le coût de la vie plus important nécessite que les deux parents travaillent, surtout s'ils souhaitent financer des activités extra-scolaires à leurs enfants. C'est pourquoi Nissrine a commencé à travailler dans le secteur du nettoyage. Elle ne souhaite cependant pas rester dans ce domaine professionnel, car elle craint que cela soit « dur » pour ses enfants. Elle voudrait à présent faire une formation et travailler dans un domaine socialement plus valorisé et reconnu. Son projet de formation et d'activité professionnelle est doublement lié à

[56] Selon une enquête du ministère marocain de l'habitat, 63% des ménages urbains au Maroc en 2000 étaient propriétaires de leur logement (MHPV 2012), contre 45% tous territoires confondus en Hesse en 2002 (Statista 2020).

l'éducation de ses enfants. D'une part, un revenu supplémentaire permettra un meilleur niveau de vie, notamment à travers les activités de loisirs ou le financement de soutien scolaire. D'autre part, un emploi socialement valorisé empêchera ses enfants d'intérioriser un sentiment d'appartenance sociale à un groupe défavorisé et renforcera leur estime de soi.

En acceptant un emploi dans le domaine du nettoyage, Nissrine fait preuve d'une flexibilité considérable au regard de ses origines économiques aisées au Maroc. Pendant plusieurs années, elle ne parle pas de cet emploi à ses parents. Cependant, un emploi dans ce secteur ne signifie pas automatiquement une chute sociale pour la jeune femme. Apporter une rentrée d'argent supplémentaire à sa famille lui confère un plus grand pouvoir au sein du couple. De plus, Karim exerce une profession valorisée et occupe un emploi dans un secteur bien rémunéré, si bien que Nissrine ne descend pas l'échelle sociale à travers sa migration en Allemagne. Enfin, de nombreux·euses Marocain·e·s espèrent ardemment eux·elles aussi un jour immigrer en Europe, si bien que la situation de Nissrine en Allemagne est considérée dans son contexte d'origine comme enviable, même si elle exerce un emploi dans un secteur peu valorisé.

Nissrine portait le foulard au Maroc et il lui importe de le porter en Allemagne. Néanmoins, en raison des préjugés qui sévissent sur le voile musulman, elle ne le porte pas sur son lieu de travail, même dans le domaine du nettoyage. Ultérieurement dans l'entretien, elle évoque qu'elle hésite à faire une formation, car elle ne pense pas qu'elle pourra facilement obtenir un emploi dans un domaine valorisé en tant que femme arabe, et à plus forte raison si elle porte le voile. Ici, le positionnement social, le genre, les rapports de racisation et l'appartenance religieuse sont étroitement imbriqués dans une logique intersectionnelle.

En passant d'un contexte national à l'autre, Nissrine et Karim développent une grande réflexivité sur les rapports sociaux de classe, de sexe et de racisation. Face à la complexité de leurs expériences, les difficultés mais aussi les ressources pour transmettre la « fierté d'être soi » sont nombreuses. Nous verrons dans la partie suivante que les expériences transnationales et postcoloniales de la famille El Asri l'amènent à développer une identité cosmopolite dans laquelle les membres du groupe familial formulent, au sens de Vincenzo Cichelli (2016), leurs appartenances à l'aune d'une pluralité ethnique, culturelle et nationale tout en s'inscrivant dans l'idée d'une commune humanité.

4.7 Des appartenances ethniques multiples

4.7.1 Une déconstruction des appartenances homogènes en contexte migratoire

Les membres de la famille El Asri ont opéré, au fil du temps, une déconstruction importante des appartenances ethniques[57] et nationales homogènes, et ainsi une déconstruction de la notion d'altérité. Ils soulignent avec fierté leur caractère cosmopolite et leurs appartenances ethniques multiples. Celles-ci leur confèrent, dans leur contexte migratoire allemand et dans des sociétés qui valorisent la globalisation, le sentiment d'être en accord avec « l'air du temps ». Cette déconstruction de l'altérité prend forme à travers un certain nombre de pratiques concrètes qui traversent leur quotidien. Leur perspective cosmopolite est liée aux pratiques transnationales de leur famille élargie, répartie dans plusieurs pays du monde. Karim et sa sœur Loubna évoquent, dès notre première rencontre, les discussions menées avec leur famille durant leurs séjours estivaux au Maroc, notamment au sujet de la comparaison de différents pays européens ou des réglementations internationales sur le plan juridique, comme la délimitation des frontières dans des zones maritimes et les droits de pêche afférents entre le Maroc et l'Espagne.

L'importance des zones frontalières apparaît également dans le parcours professionnel de Loubna. Après avoir obtenu l'*Abitur*, la jeune femme a réalisé une formation dans le domaine de la vente. Elle travaille depuis 2005 dans une entreprise de transports vers l'international. Sa langue de travail est l'anglais. Il lui arrive également d'utiliser la langue arabe auprès de sa clientèle. Elle travaille régulièrement dans des zones de transit qu'elle qualifie de « *no man's land* », pour lesquelles elle possède, ainsi qu'elle le souligne dès notre première rencontre, un pass d'accès. La jeune femme s'exprime en

[57] Je me réfère ici à la définition de Max Weber qui considère les groupes ethniques comme des groupes humains « [nourrissant] une croyance subjective à une communauté d'origine fondée sur des similitudes de l'habitus extérieur ou des mœurs, ou les deux, ou sur des souvenirs de la colonisation ou de la migration, (...) peu importe qu'une communauté de sang existe ou non objectivement » (Weber 1995 [posthume 1921], 130). Ainsi, c'est le *sentiment* d'appartenance qui prime dans la constitution de l'ethnicité. Ce sentiment se fonde sur des critères tels que la langue, des traits physiques, des coutumes ou un passé partagé.

utilisant un syncrétisme linguistique et se plaît ainsi à brouiller non seulement les frontières nationales, mais aussi linguistiques. Ainsi, lorsqu'elle me questionne sur la discipline à laquelle je suis affiliée et que je lui réponds que je suis sociologue, elle s'exclame :

Wonderful ! Et surtout interesting !

Karim et Loubna ont fréquenté le même *Gymnasium*. Plusieurs de leurs camarades de classe étaient juifs. Tous·tes deux soulignent, rejoint·e·s par Amina, que certain·e·s de leurs meilleur·e·s ami·e·s jusqu'à aujourd'hui sont juif·ve·s. D'autres ami·e·s proches sont originaires de pays tels que la Turquie, la Grèce, l'Italie, l'ex-Yougoslavie ou d'autres États ayant signé des conventions de migration de travail avec l'Allemagne dans les années 1960. Lorsqu'ils étaient adolescents, plusieurs enfants de la famille El Asri ont accompagné leurs ami·e·s dans leurs pays d'origine durant l'été, et les ont réciproquement invité·e·s au Maroc. Amina souligne avec fierté que Rachid a des bases de turc, une langue apprise à travers ses camarades de classe.

La déconstruction de l'altérité développée par la famille s'opère également par un sentiment d'identification à plusieurs mémoires nationales. Loubna m'explique ainsi qu'elle a souvent l'impression de porter la culpabilité du passé nazi, dans la mesure où elle a grandi en Allemagne. Viola Georgi (2003) a montré différentes manières dont les descendant·e·s de migrant·e·s incorporent le passé nazi durant leur socialisation en Allemagne : en créant des analogies entre les victimes et leur propre appartenance à un groupe minoritaire, en tentant de réhabiliter la société allemande, par exemple en évoquant le manque de connaissances des Allemand·e·s de l'époque à propos des crimes commis – un mythe national fréquemment mis en avant dans les discours publics –, ou en développant des positions universalistes qui se distancient de tout cadre historique national. Dans son récit, Loubna met en lumière une autre dimension : elle insiste sur le fait qu'on peut s'identifier à *plusieurs* histoires nationales en même temps. La manière dont elle parle du passé colonial marocain montre qu'elle a intériorisé l'histoire coloniale du pays d'origine de ses parents comme « la sienne ». Simultanément, elle endosse une partie de l'histoire, de la mémoire et de la responsabilité du passé nazi allemand, mettant ainsi en avant son sentiment d'appartenance à plusieurs mémoires nationales.

4.7.2 Des appartenances ethniques multiples antérieures à la migration

L'ouverture internationale de la famille El Asri ne résulte pas uniquement de son expérience migratoire, mais est antérieure à cette dernière. Amina et son mari sont tous·tes deux issu·e·s de familles majoritairement arabophones. Le père d'Amina était arabe et sa mère était amazighe. Amina n'a pas appris la langue amazighe, dans la mesure où elle n'a pas grandi avec sa mère après le divorce de ses parents. Sa sœur en revanche, la benjamine de la fratrie, restée avec sa mère au moment de la séparation, parle l'amazighe. Les deux parents d'Ahmed étaient, eux, arabophones.

Au Maroc déjà, Amina et Ahmed se trouvaient exclu·e·s de certains cercles de sociabilité du fait qu'elles·ils vivaient dans une région majoritairement amazighe mais qu'elles·ils ne parlaient pas cette langue. En Allemagne, elles·ils ont continué à se trouver à la marge de leurs compatriotes, majoritairement issu·e·s du nord du Maroc, comme nous l'avons vu dans la partie 2.1, et donc amazighophones. De plus, la précocité du regroupement familial de la famille El Asri, comparé à d'autres familles migrantes, a renforcé sa position marginale vis-à-vis de sa communauté nationale et l'a poussée à nouer davantage de liens avec des personnes d'origine allemande. Jusqu'à aujourd'hui, Amina et Ahmed ont peu de contacts avec la communauté marocaine de Rannstadt. Ils·elles n'ont assisté, depuis leur arrivée en Allemagne, qu'à deux mariages marocains, ainsi que le souligne Amina :

> Autrefois, quand je suis arrivée, il n'y avait pas beaucoup de Marocains. Ensuite, plus TARD, il n'y avait QUE des Berbères ici. Je ne comprends pas cette langue. Je ne comprends rien. Je ne comprenais rien, j'étais assise là, je ne comprenais PAS un mot, que faire ? Je ne vais jamais à aucun mariage, parce que je ne comprends rien. Quand tu ne comprends rien, que veux-tu faire ? PERSONNE ne te parle. (...) Ma sœur y va, parce que son époux parle le berbère[58]. Mais mon mari ne parle pas un mot et moi, je comprends un peu, mais je ne parle pas. C'est pour ça que je n'y vais pas. Mais ici, avec les Allemands, j'ai

[58] De plus, comme nous l'avons vu, sa sœur elle-même maîtrise la langue amazighe.

> fêté Noël et Pâques. J'ai joué aux quilles. Nous sommes partis les week-ends, j'ai BEAUcoup vu.

Outre les voisin·e·s longuement évoqué·e·s plus haut, Amina a noué des liens d'amitié avec plusieurs Allemand·e·s rencontré·e·s à travers son emploi. L'une de ses collègues, avec qui elle travaillait en binôme, lui apprenait régulièrement des mots allemands au début de son activité professionnelle. Amina a également participé à de nombreux voyages dans différentes villes d'Europe avec le syndicat d'initiatives de son entreprise, auxquels participaient également son époux et leurs enfants. Selon Loubna et ses frères et sœurs, l'ouverture de leur mère et ses contacts avec des Allemand·e·s ont joué un rôle pivot dans leur insertion en Allemagne. Ils·elles ont précisé que sans cette ouverture, ils·elles ne seraient pas « allé·e·s si loin » dans leurs études et parcours professionnels. Loubna raconte que sa mère a été membre d'un club de quilles, et précise en riant :

> Plus allemand, on ne peut pas !

Cependant, il nous faut également souligner le poids du contexte cosmopolite postcolonial au Maroc dans la déconstruction des appartenances ethniques, nationales ou linguistiques homogènes opérée par la famille El Asri. Le syncrétisme linguistique développé par Loubna en Allemagne, par exemple, s'appuie sur un syncrétisme linguistique couramment usité au Maroc, dans lequel les Marocain·e·s allient fréquemment, dans une même phrase, des mots darijas, français, espagnols ou autres.

4.8 Synthèse

Les stratégies mises en place par la famille El Asri afin d'élaborer et de transmettre la « fierté d'être soi » s'articulent autour de quatre grandes thématiques, qui prennent forme dans un contexte de transformation d'organisation familiale et de rapports de genre : la transmission de l'appartenance sociale, d'une déconstruction du discours qui oppose tradition et modernité, l'élaboration de pratiques transnationales et la déconstruction de l'altérité.

La famille puise son estime de soi dans ses origines sociales élevées au Maroc. En même temps, elle met en avant la relativité de ce statut social, remis en cause bien avant sa migration par les pratiques polygames du père d'Ahmed. L'un des objectifs éducatifs majeurs d'Amina et d'Ahmed consiste dans la réussite scolaire et professionnelle des enfants, intimement liée à leur futur positionnement social. Le parcours particulièrement réussi de Karim, qui parvient à aller au *Gymnasium* et à obtenir l'*Abitur*, est en contraste saisissant avec la majorité des descendant·e·s de migrant·e·s d'origine marocaine à cette époque (voir la partie 2.2.2), mais aussi avec celui de ses frères. De façon contre-intuitive, cette réussite scolaire s'explique pour Karim par le fait qu'il ait été à l'école maternelle au Maroc, qu'il juge supérieure au système préscolaire allemand. Ce phénomène, récurrent dans d'autres familles, s'explique en partie par le fait que les garçons – exposés de manière plus prononcée que les filles aux préjugés racistes postcoloniaux –, parviennent davantage à développer une estime de soi quand ils ont effectué une partie de leur socialisation primaire dans leur pays d'origine. On observe ici un lien entre le genre, la réussite scolaire et l'âge au moment de l'arrivée en Europe.

Le succès scolaire de Karim s'explique également par les liens étroits tissés avec les voisin·e·s de la famille au moment de son arrivée en Allemagne. Cette relation, qui constitue un appui majeur à l'insertion des El Asri dans la société allemande au sens de Castro Varela (2002), est rendue possible par le fait que la famille transpose, en s'occupant de leurs voisin·e·s âgé·e·s, le mode de rapports intergénérationnels qu'elle a connu au Maroc. Elle ne vit par conséquent pas de discontinuité d'expériences dans ses différents contextes de vie, mais établit au contraire, ainsi que l'indique Apitzsch (2001), une continuité entre les deux, prenant ainsi une place d'actrice à part entière dans son processus d'adaptation à la société allemande. Cette relation aux « grands-parents allemands » s'explique également par les expériences historiques et biographiques spécifiques des vieilles gens : elles ont perdu leur fils durant la Deuxième Guerre mondiale. La tentative de comprendre « l'Autre » passe ici pour Karim par une connaissance de l'histoire, et de la compréhension de l'impact qu'elle peut avoir sur l'expérience de vie des individus.

Un autre vecteur central de la transmission de la « fierté d'être soi » dans la famille El Asri consiste dans une déconstruction des termes de « tradition » et de « modernité ». Amina prend l'exemple de la médecine douce « traditionnelle » actuellement en vogue dans son contexte de vie allemand et montre qu'elle a « toujours » existé au Maroc. Tout en s'appuyant sur d'autres exemples, tels que les tatouages depuis longtemps pratiqués par les femmes au Maroc, elle déconstruit l'opposition fréquemment effectuée entre « tradition » dans les pays dits du Sud et « modernité » dans les pays dits du Nord, transmettant ainsi à ses enfants un outil puissant dans la construction de leur « fierté d'être soi » dans une société qui tend à les étiqueter comme « traditionnels ».

Ahmed lui aussi a développé des stratégies importantes pour construire sa propre estime de soi et celle de ses enfants. Il puise sa « fierté d'être soi » dans sa migration en Allemagne seul, à un âge précoce. Cette expérience a contribué de manière importante à la construction de sa masculinité. Dans la mesure où Ahmed, contrairement à Amina, n'a pas pu aider ses enfants dans leurs devoirs scolaires, puisqu'il n'a pas été à l'école, sa contribution majeure à la mobilité sociale de la famille a consisté dans sa migration en Allemagne et dans son emploi ininterrompu dans une usine, jusqu'à l'âge légal de la retraite.

La « fierté d'être soi » d'Ahmed repose en outre sur son rôle de témoin – et d'acteur – de l'histoire. Par sa migration en Allemagne, il devient observateur des effets de la Seconde Guerre mondiale sur la ville de Rannstadt, détruite par les bombes. En vivant dans deux villes allemandes situées dans deux zones d'occupation des forces alliées, il compare ces territoires, l'un occupé par les Américains, l'autre par les Britanniques. Comparer deux zones d'occupation n'est pas nouveau pour lui, car il est originaire d'une région proche de la frontière entre l'ancien protectorat français et espagnol. Ici, Ahmed puise sa « fierté d'être soi » de son rôle actif et de la réflexivité qu'il a développée autour du statut de l'histoire. En effet, son expérience coloniale lui a appris la relativité de l'histoire et les différentes perspectives qui peuvent exister sur un même événement historique. Ahmed transmet par conséquent une attitude hautement réflexive à ses enfants, en leur montrant l'importance de développer un regard critique sur les versions officielles de l'histoire véhiculées par les institutions publiques et les médias, et de confronter ces dernières à leurs propres observations et jugements.

Après le décès de son père, Ahmed rachète une partie des terres familiales et entre ainsi en possession d'une partie du patrimoine de la famille, tel que le souhaitait son grand-père. En y développant une plantation agricole, il franchit une étape majeure dans la mise en place de pratiques transnationales. Grâce à l'embauche de personnes sur sa plantation, Ahmed acquiert un statut d'employeur – statut hors de portée dans sa carrière professionnelle en Allemagne –, faisant ainsi l'expérience d'une mobilité sociale ascendante. En assurant la continuité du patrimoine familial, il devient également le patriarche symbolique de la famille. Ces pratiques permettent de plus un rapprochement entre père et fils, qui ont vécu, pendant de nombreuses années, une relation distante. Cette distance était liée à l'absence d'Ahmed durant les six premières années de la vie de Karim, mais aussi au rôle familial périphérique dans lequel Amina a confiné Ahmed, assurant ainsi un remaniement des rapports de genre au profit de plus grands espaces de liberté pour la femme. Karim, s'inscrivant dans la continuité de son arrière-grand-père et de son père, a racheté une partie des terres à son père et a lui aussi développé une plantation sur ce terrain. Leurs pratiques transnationales, hors du cadre familial habituel, ont permis à Ahmed et à Karim d'approfondir leur relation. Ce nouveau rapport de confiance avec son fils a contribué à la « fierté d'être soi » d'Ahmed.

Les pratiques transnationales renforcent également l'estime de soi de Karim. À l'instar de son père, elles lui permettent d'accéder au statut d'employeur. Elles lui permettent de plus de relativiser le racisme et l'islamophobie vécus en Allemagne. Les pratiques transnationales de Karim prennent également forme dans son union avec Nissrine qui, contrairement à lui, a grandi au Maroc. Dans la mesure où Nissrine a été socialisée dans un contexte qui ne dépréciait pas ses appartenances ethniques et religieuses, elle a apporté avec elle en Allemagne une « normalité d'être soi », qu'elle a communiquée à son mari et aux autres membres de sa belle-famille à Rannstadt et qu'elle transmet à présent à ses enfants.

Karim et Nissrine ont mis en place un certain nombre de pratiques transnationales à travers lesquelles ils·elles visent à inscrire leurs enfants dans les deux pays, et à assurer des liens de proximité avec la famille élargie vivant en Allemagne mais aussi au Maroc. Maintenir des liens familiaux transnationaux exige cependant un effort prononcé. Des visites régulières auprès des membres de la famille éloignée ne suffisent pas. La transmission de la culture et de la langue du pays d'origine est vitale. C'est pourquoi Nissrine souhaite exercer une activité professionnelle uniquement à temps partiel. D'une part, la jeune femme souhaite poursuivre une activité professionnelle, afin de contribuer à assurer un niveau de vie confortable à ses enfants. D'autre part, elle ne souhaite pas continuer à travailler dans le secteur du nettoyage car elle craint que cela n'ait des répercussions négatives sur l'estime de soi de ces derniers. Elle hésite également à effectuer une formation, car le racisme et l'islamophobie qu'elle rencontre en Allemagne la rendent incertaine quant à ses chances réelles de s'insérer dans un domaine professionnel socialement reconnu. Rapports de classe, de sexe et de « racisation » se trouvent ici étroitement imbriqués dans une réflexion sur les stratégies éducatives à mettre en place dans un contexte transnational. Karim lui aussi effectue un travail d'adaptation important aux différents discours dominants sur le genre qu'il rencontre en Allemagne et au Maroc. D'une part, il se positionne clairement en Allemagne comme étant favorable à un partage des tâches plus égalitaire entre les femmes et les hommes en prenant un congé parental. D'autre part, il s'adapte en partie à des rapports de genre davantage inégalitaires lors de son séjour prolongé au Maroc, où sa belle-mère exprime son désaccord sur une trop grande implication des hommes dans les tâches éducatives et domestiques.

Nissrine et Karim – mais aussi Amina et Ahmed – effectuent par conséquent leur transmission de la « fierté d'être soi » au sein de transformations importantes de l'organisation familiale et des rapports de genre, transformations elles-mêmes engagées dans un processus de changement incessant dans les sociétés dans lesquelles ils·elles vivent. Les mutations multiples au sein desquelles ils·elles doivent élaborer leur transmission les confrontent à des difficultés plus grandes que celles rencontrées par des personnes non migrantes, car un équilibre dans ce contexte dynamique est difficile à établir. Mais, grâce à la capacité réflexive qu'ils·elles aiguisent, ils·elles mobilisent plus de ressources pour vaincre les obstacles. Cette réflexivité prend notamment forme à travers la déconstruction des appartenances ethniques ou nationales homogènes de la famille, visant à créer un espace transcendant les frontières et permettant l'identification simultanée à plusieurs mémoires nationales.

5 La famille Benazzouz

5.1 Présentation de la famille Benazzouz

Je rencontre la famille Benazzouz en 2009, lors d'un cours de couture dans un quartier classé « zone urbaine sensible »[59] de Marheim. Khadija, la professeure de ce cours, m'a conviée à cette activité. Elle-même est originaire du nord du Maroc et était déjà professeure de couture avant d'émigrer en France au début des années 1990, dans le cadre du regroupement familial. À Marheim, elle anime des ateliers de couture dans différents centres associatifs. Elle me conseille de l'accompagner à Hofeld, l'un des quartiers dans lesquels elle travaille, m'expliquant que la majorité des participantes de l'atelier est d'origine marocaine et que l'ambiance y est particulièrement conviviale.

Différentes activités ont lieu dans ce quartier tout au long de la semaine, dans une salle nommée « Les Hirondelles » : des cours de français, d'arabe et des cours d'alphabétisation dans les deux langues. Le week-end, la salle est généralement réservée par les familles du quartier pour des festivités telles que des fêtes de fiançailles ou des baptêmes. Des femmes uniquement participent au cours de couture ; elles sont une trentaine, âgées de 40 à 65 ans, à prendre régulièrement part à l'atelier. La plupart d'entre elles vit dans les immeubles environnants. Toutes sont originaires du Maroc ou de l'est de l'Algérie. Toutes parlent l'amazighe. Les femmes se connaissent en partie depuis leur arrivée en France, il y a 30 ans. Certaines se côtoyaient déjà au Maroc. L'une d'entre elles participait déjà aux cours de couture de Khadija dans leur ville d'origine. Les enfants ou petits-enfants des participant·e·s sont en partie présents durant l'atelier.

La salle dans laquelle a lieu le cours représente un espace important pour les femmes et leurs familles, car nombre d'entre elles vivent dans des logements exigus. Investir ce lieu à des moments ponctuels de la semaine leur permet de bénéficier d'un endroit plus

[59] D'abord nommés ZUP, puis ZEP, ces quartiers ont été rebaptisés en « zones urbaines sensibles » en 1996. Ils sont caractérisés par la présence de grands ensembles d'habitat dégradés, un taux de chômage largement supérieur à la moyenne nationale et un taux de population d'origine étrangère et immigrée deux fois plus élevé en 2006 que dans les zones urbaines non sensibles (Chevalier et Lebeaupin 2010). Ils font l'objet de politiques de la ville menées conjointement par l'État et les collectivités territoriales afin de réduire les inégalités et de favoriser la mixité sociale. Depuis 2015, ces zones ont été renommées « quartiers prioritaires de la politique de la ville ».

vaste pour se rencontrer. Le lieu comprend également une cuisine. Après le cours de couture, les femmes préparent régulièrement un goûter, qu'elles partagent sur place. L'été, elles prennent souvent le repas du soir dans cette salle. Elles m'expliquent qu'elles aiment ainsi se retrouver entre elles, « tranquilles ». Elles parlent notamment de leurs conflits conjugaux ou de leurs problèmes d'éducation, et s'échangent des conseils.

Dès ma première participation à l'atelier, je rencontre Naïma Benazzouz, l'une des figures centrales du groupe. C'est elle qui est responsable des clés de la salle. La fille de l'une des participantes du cours m'explique que Naïma joue un rôle majeur dans ce groupe et qu'elle y exerce une fonction de médiatrice, réconciliant les femmes lors de conflits. Durant cette rencontre je fais également la connaissance de Nassira, la fille aînée de Naïma, qui rejoint le groupe au cours de l'après-midi. Elle porte son nouveau-né Toufik, âgé de deux semaines. Naïma est également accompagnée de sa belle-mère, âgée de 84 ans. La vieille dame est en fauteuil roulant et gravement atteinte de la maladie d'Alzheimer. Elle ne peut plus parler, ni s'alimenter seule. Naïma s'occupe d'elle. Je rencontre enfin Tamir, le mari de Naïma, aux alentours de la salle. Tous·tes deux m'invitent d'emblée chez eux·elles, plus précisément chez la mère de Tamir, où le couple vit une partie de la semaine afin de s'occuper de la vieille dame. Durant les jours qui suivent, je réalise des entretiens avec Tamir et Naïma et je rencontre une partie de la famille élargie, régulièrement en visite chez l'aïeule. Au fil des mois, je participe à plusieurs rencontres et festivités de ce groupe familial : repas du soir, fêtes de fiançailles, mariages, fêtes de naissance.

Tamir et Naïma sont né·e·s respectivement en 1952 et en 1961 dans l'est de l'Algérie. Ils sont cousin·e·s germain·e·s. Suite au décès de son mari en 1936 durant la guerre civile espagnole, la grand-mère de Tamir et Naïma, Fatima Zouaghi, quitte en 1938 son village natal Irharmi dans la zone du protectorat espagnol au nord du Maroc, pour immigrer en Algérie. Ainsi que le précisent Mustapha Belbah et Patrick Veglia (2003), la famille se dirige alors vers la France, puisque l'Algérie forme à cette époque un territoire français à part entière, divisé en départements[60]. Ce départ constitue un point marquant dans la

[60] Il s'agit de préciser que de nombreux·ses Marocain·e·s émigrent alors en Algérie française ou pratiquent des va-et-vient entre les deux pays depuis plusieurs décennies. Mohamed El Moubaraki (1989) estime que près de 60 000 Marocain·e·s ont émigré dans ce pays ou y ont travaillé de façon saisonnière entre 1850 et 1911 en raison de

mémoire familiale jusqu'à aujourd'hui. Arbia, la mère de Tamir, née en 1925 et Abdullah, le père de Naïma, né en 1930, grandissent en Algérie française et y rencontrent par la suite leur conjoint·e respectif·ve. Ils·elles ont chacun huit enfants, en partie nés en Algérie.

Suite au conflit autour de la frontière algéro-marocaine qui éclate après l'indépendance de l'Algérie en 1962 et qui mène à la guerre des Sables en octobre 1963[61], de nombreux·euses Marocain·e·s se voient expulsé·e·s du territoire algérien. Beaucoup d'entre eux·elles se dirigent alors directement vers la France métropolitaine. Le père de Naïma, Abdullah Zouaghi, immigre dans ce contexte dans l'est de la France en 1965, où il commence à travailler comme ouvrier. Un an plus tard, en 1966, il rapatrie sa femme Fadma et leurs enfants à Irharmi, son village d'origine dans le nord du Maroc. Lui et son épouse perdent alors tous leurs biens en Algérie. Tamir quant à lui immigre dans l'est de la France en 1971, à l'âge de 19 ans, seul. Son père se trouve déjà dans cette région depuis 1964, ainsi qu'une partie de ses frères et sœurs. Après le départ de son mari, la mère de Tamir reste dans un premier temps en Algérie, puis immigre également en France en 1980 dans le cadre du regroupement familial. L'une des sœurs de Tamir, qui est mariée à un Algérien, reste en Algérie et vit jusqu'à aujourd'hui dans la maison familiale des Benazzouz[62].

Naïma a 5 ans au moment du retour de sa famille au Maroc. Elle grandit éloignée de son père, qui travaille en France. La séparation

crises économiques et de sécheresses au Maroc. Cette émigration a connu un essor durant la guerre civile espagnole, dans laquelle de nombreux Marocains habitant dans le protectorat espagnol ont été enrôlés, souvent de force (Madariaga 2016).

[61] Avant la colonisation française, une partie de l'Algérie actuelle faisait partie du Maroc. En 1952, la France intègre officiellement à l'Algérie française des régions limitrophes entre l'Algérie et le Maroc qui contiennent des gisements de pétrole et de minerais. Après son indépendance en 1956, le Maroc revendique sa souveraineté sur ces territoires. La France propose leur restitution, à condition que le Maroc interdise l'accueil d'insurgé·e·s algérien·ne·s luttant pour l'indépendance. Le Maroc refuse cette proposition. Lorsque l'Algérie s'oppose à la restitution de ces territoires après son indépendance en 1962, des tensions éclatent. Le soutien de Mehdi Ben Barka, l'un des principaux opposants socialistes au roi Hassan II par l'Algérie contribue lui aussi aux tensions entre les deux pays (Vermeren 2010). En juillet 1972, le président algérien Houari Boumédiène et le roi Hassan II signent un traité qui délimite les frontières en reprenant le tracé colonial français. La frontière entre les deux pays est fermée depuis 1994.

[62] La sœur de Tamir parvient à rester en Algérie. Cependant, de nombreux couples mixtes sont séparés de force dans le contexte de la guerre des Sables, le·la conjoint·e marocain·e étant renvoyé·e au Maroc.

géographique est difficile. L'un des frères de Naïma évoque qu'enfants ils·elles enregistraient des cassettes au Maroc, dans lesquelles ils·elles racontaient leur quotidien et chantaient des chansons, avant de les expédier à leur père. Cette forme de communication était d'autant plus nécessaire que ni Abdullah ni son épouse ne savaient lire et écrire. En 1978, l'épouse d'Abdullah et ses plus jeunes enfants partent en France dans le cadre du regroupement familial.

En 1974, Tamir se rend au Maroc pour la première fois de sa vie. Il y rencontre sa cousine Naïma, qui est alors âgée de 13 ans. Il fait immédiatement part à sa grand-mère de son souhait de l'épouser lorsqu'elle sera plus âgée et précise à l'aïeule de ne pas oublier « qu'il était le premier à avoir demandé sa main ». Naïma est heureuse de sa proposition. Le couple se marie en 1977. En 1981, Naïma rejoint Tamir dans l'est de la France dans le cadre du regroupement familial. Tous·tes deux ont quatre enfants, deux filles et deux garçons né·e·s entre 1982 et 1989 : Nassira, Mustapha, Mounir et Meriem. Ces derniers·ères ne font pas d'études longues, ils·elles mettent fin à leur scolarité avant le baccalauréat. En 2003, Nassira épouse Foued, son cousin germain, le fils de Salima, l'une des sœurs de Naïma. Foued a grandi au Maroc. Il immigre en France en 2003. Le couple a trois enfants, nés entre 2004 et 2009.

Au moment de notre rencontre, Nassira est femme au foyer. L'un de ses frères travaille comme ouvrier, l'autre a effectué divers emplois mais n'a pas encore trouvé de travail stable. Sa sœur vient d'arrêter sa scolarité et cherche un emploi. Pendant l'été 2009, je passe plusieurs jours à Irharmi, le village d'origine de Tamir et Naïma, où je rencontre un grand nombre des membres de la famille élargie. Certains vivent à Irharmi de façon permanente, d'autres vivent dans différents pays européens le reste de l'année tels que la Belgique, les Pays-Bas ou l'Allemagne. J'interviewe notamment Abdullah Zouaghi, le père de Naïma, considéré sur place comme l'aïeul de la famille.

D'une façon similaire à la famille El Asri, les questions d'appartenance sociale, la déconstruction de l'altérité, une remise en cause de l'opposition entre « modernité » et « tradition » et les pratiques transnationales jouent un rôle fondamental dans la transmission de la « fierté d'être soi » au sein de la famille Benazzouz. Les rapports de genre et les transformations dans l'organisation familiale occupent également une place centrale dans ce processus. Les transmissions réalisées démontrent qu'un sentiment d'appartenance à un groupe social plutôt défavorisé est loin d'entraîner une estime de soi amoindrie. Nous verrons au contraire le rôle central d'un passé marqué par la pauvreté dans les récits d'Abdullah, et de façon générale, de la famille Benazzouz.

5.2 Le parcours d'Abdullah, l'aïeul de la famille

5.2.1 Un passé marqué par la pauvreté et l'émigration

Abdullah Zouaghi vient au monde en 1930 à Irharmi, dans une famille modeste. Son père, Zoubir, travaille tantôt dans la pêche, tantôt dans l'agriculture. Lui et son épouse Fatima peinent à joindre les deux bouts. En 1936, ainsi que de nombreux Marocains vivant dans cette région du protectorat espagnol, Zoubir Zouaghi est enrôlé de force dans l'armée de Franco : « Si tu n'y vas pas, ils te tirent dessus », raconte Abdullah. Il meurt au combat en Espagne la même année. Sa veuve est alors enceinte de leur septième enfant. La situation déjà modeste de la famille se dégrade dès lors sensiblement, car le père d'Abdullah était le seul pourvoyeur économique du ménage. D'autres familles du village également touchées par le décès d'hommes en Espagne tombent elles aussi dans une pauvreté marquée. Abdullah, qui est alors âgé de 6 ans, se souvient d'avoir suivi, à cette époque, des soldats espagnols traversant Irharmi avec des mouchoirs imbibés d'huile afin de ramasser au mieux les restes de nourriture susceptibles de tomber à leur passage. Cette pratique, partagée par d'autres enfants du village, s'avère cependant dangereuse, car l'huile absorbe également des particules chimiques restées dans la terre, issues d'armes illicites utilisées par l'Espagne à partir de 1923 contre l'armée anticoloniale menée par Abdelkrim durant la guerre du Rif (voir 2.1). Abdullah évoque la manière dont certaines personnes du village décèdent après avoir absorbé des restes ramassés de la sorte.

En 1938, ainsi que de nombreux·euses habitant·e·s de la région, la mère d'Abdullah décide d'émigrer en Algérie. L'Algérie – ou plutôt, comme évoqué précédemment, la France – représente alors une région prospère. Fatima Zouaghi attend d'abord de voir si d'autres familles parties pour ce pays reviennent à Irharmi, ou si elles semblent être arrivées à destination. Ne les voyant pas faire demi-tour, elle franchit elle aussi les 250 kilomètres qui la séparent de ce pays avec ses sept enfants – à pied. Le benjamin de la famille, né après le décès de Zoubir Zouaghi, est alors âgé de 2 ans. La perte de son père a marqué un point tournant majeur dans la vie d'Abdullah et de sa famille. Le vieil homme débute son récit de vie de la manière suivante :

> J'ai perdu mon père en 1936. Et apRÈS 1936, ma mère était avec ses ENFANTS, c'était dur pour elle pour vivre, ELLE et NOUS. En 1938, on est partis en AlgéRIE. Pas en car ! Ni en voiTURE. À PIED ! D'ICI [Irharmi] en AlgéRIE, à PIED. Quand on est arrivés à la frontière entre l'Algérie et le MaROC, on était obligés de passer en cachette, pas devant la douane, parce qu'ils ne veulent pas que les gens passent. On se CAche pour passer. Et quand on est arrivés en AlgéRIE, ma mère, la pauvre, elle était avec ses enFANTS et c'était DUR de donner à manger à ses enfants, sept enfants. (...) On a trouvé du travail chez les colons qui avaient à ce moment-là- c'étaient des colons franÇAIS en Algérie. Ils donnaient du travail pour travailler dans les vignes. APRÈS on a continué à travailler pour-. On a travaillé.

5.2.2 Une transformation des rapports de genre ancrée dans la durée

Dans l'extrait d'entretien présenté ci-dessus, Abdullah insiste sur les difficultés que sa mère a dû surmonter et évoque la situation de son point de vue : « C'était dur pour elle ». Suite au décès de son époux, Fatima Zouaghi devient cheffe de famille. À son arrivée en Algérie, elle et ses enfants aînés trouvent du travail et construisent, progressivement, une maison sur un morceau de terre dans un village où vivent d'autres immigré·e·s marocain·e·s. L'expérience migratoire éprouvante de la famille, mais aussi les fonctions de « cheffe » remplies par Fatima Zouaghi forment un thème récurrent tout au long du récit d'Abdullah et d'autres membres du groupe familial.

Le vieil homme détaille ainsi les tâches remplies par sa mère, qui dans d'autres circonstances auraient été réalisées par son père, ou conjointement avec ce dernier. C'est elle par exemple qui accompagne Abdullah demander la fille de leurs voisin·e·s en mariage, en Algérie française, eux·elles aussi originaires du Rif. Abdullah souligne l'importance pour lui d'un partage des responsabilités au sein du couple. Ainsi, celle ou celui qui prend les décisions ne doit pas être défini·e par son sexe, mais par son intelligence :

> Et aussi il faut écouter qui parle de façon sérieuse, qui dit la vérité ? Le père ou la mère ? Parce que parfois, ce que dit la mère n'est peut-être pas bon. Et peut-être que la mère dit la vérité et le papa aussi. (…) Alors il faut regarder qui a raison ? C'est le paPA ou c'est la mère ? (…) Il y en a qui sont intelligentes, des fois il y en a qui ne sont pas intelligentes ! Des fois la maman elle a plus de tête que le papa ! Ça dépend de ce qu'il y a dans la tête !

Par la suite, la famille Benazzouz sera marquée par une transformation des rapports de genre après sa migration en Europe. Comme dans la famille El Asri, cette transformation n'a pas débuté avec sa migration vers l'Europe mais s'inscrit dans un long passé familial. Jusqu'à aujourd'hui, dans les récits des membres de la famille, Fatima Zouaghi incarne une figure héroïque. Elle constitue le point de départ de la lignée. Les transformations des rapports de genre engendrées par le statut singulier de la vieille dame ont contribué au sentiment de « fierté d'être soi » de la famille. En effet, l'aïeule incarne un contre-modèle puissant aux discours majoritaires en Europe qui tendent à présenter les femmes d'origine marocaine comme systématiquement soumises à des logiques de domination masculine.

5.2.3 La motivation au travail et d'autres vecteurs de réussite

L'un des facteurs déterminants dans la réussite sociale d'Abdullah Zouaghi et de sa famille consiste dans leur capacité de travail. Dans l'extrait d'entretien cité plus haut, Abdullah souligne le caractère collectif de l'action des membres de la famille au moment de leur arrivée en Algérie : « On a travaillé ». Il revient de façon répétée sur l'impact de sa capacité de travail dans son parcours de vie. La pauvreté de sa famille en Algérie française, par exemple, limitait ses chances de pouvoir se marier. Il évoque qu'il a souvent demandé à son beau-père pourquoi il lui avait accordé la main de sa fille, alors que sa mère était veuve et que sa situation sociale était modeste. Son beau-père lui répondait toujours :

> C'est parce que je voyais que tu étais sérieux et travailleur ; je te voyais tout le temps travailler.

La capacité de travail d'Abdullah a également joué un rôle clé dans l'éducation de ses enfants. Le vieil homme insiste de manière récurrente sur le fait que cela a été difficile pour lui de vivre « sans savoir lire ni écrire ». Être « travailleur » lui a néanmoins permis d'encourager ses enfants à réussir à l'école :

> Le papa et la maman ils n'ont jamais été à l'école. (...) J'ai dit : « Je ne veux pas qu'ils restent sans lire et écrire », parce que c'était dur pour moi, la vie, sans savoir lire et écrire. Après, quand ils ont su lire, moi j'ai dit : « Maintenant, il faut travailler ». (...) Comment j'ai réussi à élever mes enfants sans avoir été à l'école ? Parce que j'ai TRAVAILLÉ. Je n'ai pas eu peur de lever les bras et de travailler.

À la question de ce qu'il a le plus souhaité transmettre à ses petits-enfants, Abdullah répond qu'il les a encouragés à travailler, parce que c'est le « seul moyen d'obtenir quelque chose dans la vie ».

D'autres ressources ont été centrales dans la réussite professionnelle d'Abdullah. Le vieil homme souligne ses connaissances linguistiques en amazighe, français, espagnol et arabe. Il explique que ces capacités découlent du fait d'avoir « beaucoup voyagé ». Le plurilinguisme constitue une ressource vitale à ses yeux. Selon lui, « on ne peut pas vivre » avec une seule langue. Une autre ressource évoquée par lui-même et ses enfants consiste dans son ingéniosité et son inventivité. Younes, son fils aîné, me montre par exemple, durant mon séjour à Irharmi, le système de puits que son père a construit dans sa maison et qu'il a lui-même inventé. Abdullah m'en explique le fonctionnement et précise, à la fin de notre conversation : « Et c'est une construction d'un ingénieur marocain illettré ! ». Le fait qu'il n'ait pas acquis ces ressources à travers des institutions scolaires, mais qu'il les ait développées de façon autodidacte renforce son sentiment de réussite sociale.

Les fils d'Abdullah ont poursuivi une scolarité plus longue que celle de leur père et occupent notamment des emplois de contremaîtres. Malgré cette différence d'éducation scolaire et de statut professionnel, on ne constate pas ici de distance sociale, culturelle ou affective entre Abdullah et ses enfants telle qu'observée dans certaines études, qui stipulent qu'un écart se créerait entre parents et enfants après la mobilité sociale ascendante de ces derniers (Beaud et Pialoux 1999). Malgré le parcours de mobilité ascendante de ses enfants, Abdullah est loin de se considérer lui-même comme dépourvu de ressources, ou de caractériser son propre parcours de mobilité comme moins valorisant que celui de ses fils.

5.2.4 Un passé historique particulièrement complexe

L'expérience d'Abdullah Zouaghi en Algérie l'a conduit à déconstruire l'idée d'appartenances nationales homogènes. Son entourage en Algérie française se caractérise par une pluralité d'appartenances. Ainsi, les pieds-noirs, précise-t-il, ne sont souvent pas des Français « de souche » mais sont d'origine espagnole, italienne ou autre.

Le contexte colonial algérien dans lequel il grandit le familiarise également avec une vision intriquée des relations internationales. Cette perspective se complexifie durant la Seconde Guerre mondiale, notamment lors du débarquement des Américains en Algérie française durant l'opération *Torch* en 1942 (Salinas 2013). L'un des frères d'Abdullah meurt alors accidentellement d'une balle tirée par un soldat américain. Cet événement tragique n'empêche pas le vieil homme d'opérer certains rapprochements entre les soldats américains morts pour un autre pays que le leur et son propre père, tombé en Espagne. Lui et son épouse Fadma racontent :

> Abdullah : (…) Les Américains, en 1942, 1943-
>
> Fadma : Et oui ! Parce que l'Algérie, avant, il y avait des Américains là-BAS. En Algérie, hein. C'était la guerre avec l'Allemagne. La guerre avec l'Allemagne contre la France. Alors les Américains ils sont partis en Algérie. L'armée-
>
> Abdullah : C'est des gens qui venaient d'Amérique pour la force aussi, à la GUERRE. Parce que quand ils sont arrivés ici, c'était pas pour TRAVAILLER, c'était pas pour manger quelque chose de BON, ils venaient pour MOURIR. (…) Même ici, en France, pas mal d'Américains sont MORTS ici. (…) À ce moment-là, les Américains, quand ils sont arrivés ICI, ils ont bien vu qu'ils venaient ici pour MOURIR. Pour la GUERRE. C'est pas qu'ils venaient ici pour manger une tarte et rester tranquilles, NON, ils venaient ici pour MOURIR. À ce moment-là, avec

> qui ils faisaient la guerre ? Avec les Allemands. Et les Allemands, ils étaient DURS. Ils TAPAIENT. (…) Parce qu'à ce moment-LÀ, à ce moment-LÀ, ce n'étaient pas les Américains, c'étaient les Allemands qui avaient colonisé la France. Et la France n'avait pas de FORCE.

Si l'on suit le raisonnement d'Abdullah Zouaghi et de son épouse, la présence des Américains en Algérie est le reflet d'une situation particulièrement complexe : ils sont en Algérie parce que la France a colonisé l'Algérie, et que l'Allemagne à son tour a colonisé la France. À l'instar d'Ahmed El Asri qui a décrit l'Allemagne d'après-guerre comme étant « colonisée » par les forces alliées, Abdullah Zouaghi considère que la France était « colonisée » par l'Allemagne durant la Seconde Guerre mondiale, d'où l'intervention des forces alliées en Algérie française.

Après son arrivée en France métropolitaine, tout comme Ahmed El Asri en Allemagne, Abdullah s'intéresse à l'impact de la Deuxième Guerre mondiale sur son entourage français. Ce faisant, il tente de mieux saisir les souvenirs que ses collègues, amis et voisin·e·s français·es ont de cette période historique :

> Moi, je n'ai pas bien connu ça, mais c'est un COPAIN français qui me l'a raconté. (…) Il m'a raconté la GUERRE, et il m'a raconté TOUTE la vie ici, ce qui s'est passé. Il y avait pas mal de CHOSES.

Tout comme l'a fait Ahmed El Asri en Allemagne, Abdullah s'intéresse à la mémoire des personnes qui l'entourent en France. Il tente ainsi de saisir l'impact de l'Histoire sur leurs parcours individuels, mais aussi plus largement les conséquences d'événements historiques et biographiques sur la société française métropolitaine d'après-guerre dans laquelle il vit.

5.3 Le parcours de Tamir

5.3.1 Des appartenances nationales multiples

Tamir est né en Algérie française en 1952. Il est par conséquent né français[63]. Il est le cinquième d'une fratrie composée de cinq garçons et de trois filles. Durant nos rencontres, Tamir décrit à plusieurs reprises son fort attachement pour l'Algérie. Il y vit jusqu'à l'âge de 19 ans. Sa famille ne projetait pas de quitter un jour ce pays. Tamir débute son récit de vie en soulignant d'emblée qu'il est né et qu'il a grandi là-bas :

> Mon hisTOIRE-. Déjà, je suis né en Algérie, pour commencer, je suis né en Algérie. Je suis d'origine marocaine, NÉ en Algérie et j'ai vécu pendant dix-neuf ans, dix-neuf ans et demi par là en Algérie.

Il n'est pas anodin que Tamir débute son récit en soulignant qu'il est d'origine marocaine, mais né en Algérie. Il met ainsi d'emblée en avant l'importance de porter un regard plus nuancé sur son parcours, ce que ne font pas habituellement ses interlocuteurs·trices dans son entourage français. Cette stratégie est en lien étroit avec la question des rapports intergénérationnels en contexte migratoire et la « fierté d'être soi ». En effet, dans les discours sur les dites « premières et secondes » générations issues de l'immigration, la première génération est souvent présentée comme ayant immigré d'un pays à un autre, et la seconde comme étant partagée sur le plan identitaire entre le pays d'origine de ses parents et le pays d'installation (Leiprecht et Lutz 2003). Bien que de nombreuses personnes dans son entourage français l'associent à la dite « première génération », Tamir revendique ici au contraire une identité « hybride ». Dans son étude portant sur des femmes originaires du Suriname et leurs filles vivant dans les Pays-Bas, Helma Lutz a

---

[63] Avant l'indépendance de l'Algérie, tous·tes les Algérien·ne·s possédaient la nationalité française. Ils·elles n'étaient cependant pas citoyen·ne·s français·e·s pour autant. En effet, deux statuts civils coexistaient : celui de droit local et celui de droit commun. Tandis que la grande majorité de la population relevait du statut civil de droit local, régi par la loi musulmane, une minorité bénéficiait du statut civil de droit commun, régi par la loi française. Entre 1881 et 1946, le code de l'indigénat, associé au droit local, a soumis les Algérien·ne·s à un dispositif juridique particulièrement répressif. Seul l'abandon de la religion musulmane leur permettait d'entrer dans le droit commun, en accord avec le décret Crémieux. Ce n'est qu'en 1958, quatre ans après le début de la guerre d'indépendance algérienne, que la France a dissout la différenciation entre les deux statuts (Saïdi 2015, Thénault 2014).

démontré que ce n'étaient pas forcément les enfants issus de l'immigration, mais plutôt les mères migrantes elles-mêmes qui révélaient une forte identité « hybride ». En effet, contrairement à leurs filles, les mères interrogées avaient réellement vécu dans les deux pays. De plus, elles n'avaient pas vécu de discriminations durant leur enfance dans la même mesure que leurs filles, et résistaient par conséquent mieux aux discours politiques néerlandais qui percevaient les effets de syncrétismes culturels comme indésirables. Enfin, si une hétérogénéité culturelle s'étaient formée de façon accentuée dans les Pays-Bas à travers la migration de travail à partir des années 1950, elle existait depuis longtemps au Suriname, marqué entre autres par l'esclavage (Lutz 2000b, 2001).

Dès le début de son récit de vie, Tamir démontre qu'une différence entre les générations familiales n'existe pas dans son cas, réfutant ainsi les discours dominants qui tendent à établir une distance entre les générations familiales des migrant·e·s. Tout comme ses enfants, il est né dans un pays dont ne sont pas originaires ses parents. Tout comme eux, il a grandi dans ce pays.

En 1974, Tamir passe trois mois de vacances en Algérie. C'est durant cette période qu'il se rend à Irharmi et dans le pays d'origine de ses parents pour la première fois de sa vie, en compagnie de sa mère. Malgré le fait qu'il n'ait jamais vécu au Maroc, il exprime un attachement fort à ce pays. Il considère que sa famille a « vécu un peu dans les trois pays » :

> Je reviens toujours à ma question : on est nés en Algérie-. Bah, on a vécu un peu dans les trois pays, on a fait l'Algérie, la France. J'ai connu le Maroc par après, on est allés- en 1974, je suis allé au Maroc.

Depuis l'arrivée en France de Naïma en 1981, le couple passe des vacances à Irharmi tous les deux ans. Jusqu'à la fermeture de la frontière algéro-marocaine en 1994, ils·elles se rendaient en Algérie lors de chacun de leurs séjours au Maroc. Ils·elles y rendaient visite à la sœur de Tamir, mais aussi à des ami·e·s et ancien·ne·s voisin·e·s de la famille resté·e·s là-bas. Tamir regrette de ne pas avoir de liens plus forts avec l'Algérie à l'heure actuelle. Il déplore la fermeture de la frontière, car elle distend encore davantage les liens qu'il a avec l'Algérie :

> C'est vraiment dommage qu'il y ait ce-. Ce lien qui est coupé entre le Maroc et l'Algérie. C'est vraiment

> dommage, on voudrait bien qu'ils ouvrent ces frontières et qu'il n'y ait plus de problèmes entre l'Algérie et le Maroc. Moi je veux dire, c'est aussi notre pays, parce que c'est un pays où on est nés, un pays qu'on a connu dès la naissance. (...) On voudrait bien qu'ils ouvrent ces frontières, qu'on rende visite aux gens qu'on a connus. (...) J'ai été plusieurs fois à la frontière, on regardait comme ça de l'autre côté, juste le drapeau.

5.3.2 Un pouvoir d'action considérable

Après avoir évoqué ses appartenances ethniques multiples, Tamir retrace son parcours scolaire et professionnel. À la fin de la guerre d'indépendance, de nombreuses écoles ferment temporairement en Algérie, dont celle de Tamir. À l'âge de 10 ans, il doit interrompre sa scolarité. Lorsque son établissement scolaire réouvre trois ans plus tard, Tamir ne retourne pas à l'école :

> J'étais dehors, pourquoi j'étais dehors ? Parce qu'il y avait un problème entre la France et l'Algérie. L'Algérie a été colonisée par la France. (...) Ils sont devenus indépendants et puis bon, le problème, il y avait ce problème de-. D'école. Ils sont restés je ne sais pas combien de temps sans réouvrir l'école. Quand ils l'ont réouverte, c'était trop tard. J'avais grandi. Ça a duré deux ans, trois ans, je ne me rappelle plus. À l'âge de 13 ans, je ne pouvais plus retourner à l'école.

Tamir regrette de ne pas avoir pu bénéficier d'une scolarité plus longue. Malgré tout, grâce à sa capacité d'action et à sa volonté « d'apprendre », il parvient à trouver des emplois et à se former sur le tas :

> Je suis resté dehors. Je n'ai pas traîné, j'ai travaillé dans une boulangerie. J'ai dit : « Je vais essayer d'apprendre à faire quelque chose dans cette boulangerie ». J'ai appris à faire du pain. Après ça, j'ai fait beaucoup de choses encore dans les grands jardins. J'ai cultivé, c'est-à-dire j'ai travaillé la terre. Quand il n'y avait rien, je faisais quelque chose. Je

> bougeais, je ne restais pas-. Il y avait les vendanges, je faisais beaucoup de vendanges. Il y avait beaucoup de vignes en Algérie.

La fin de sa scolarité représente le premier point tournant biographique de Tamir. Dans leur étude sur les parcours de vie et les points tournants biographiques (*turning points*), Tamara Hareven et Kanji Masaoka (1988) ont distingué les transitions de points tournants. Tandis que les transitions correspondent à des passages normatifs dans différentes phases de la vie que traverse une majorité d'individus dans une société donnée, les *turning points* consistent, eux, en des moments de transition subjectifs. Ils peuvent être déclenchés par des causes institutionnelles, mais ils se distinguent d'une transition en ce qu'ils impactent une vie de façon significative sur le plan subjectif. Dans certains cas, ils correspondent à un moment de crise sur le plan privé. Les auteures définissent les points tournants comme « une altération du cours de vie, une 'correction de parcours' » qui implique l'élaboration de stratégies et de prises de décisions conscientes des individus (*Ibid.*, 274). Ils peuvent être vécus comme un moment particulièrement douloureux, ou au contraire comme un nouveau départ. Tamir réagit à la fin précoce de sa scolarité en tentant de s'auto-former. Cette posture d'apprentissage, qui facilitera sa mobilité professionnelle tout au long de sa vie, transparaît dans plusieurs passages de l'entretien. Une autre ressource ayant fortement facilité sa réussite professionnelle résulte de sa maîtrise de la langue française :

> Je n'ai pas fait beaucoup d'études, parce qu'à l'époque, on rentrait [à l'école] à l'âge de 7 ans. Je n'ai été que trois ans à l'école française. Je n'ai pas fait beaucoup d'études. Je n'ai aucun niveau, mais je touche du bois, c'est que je parle la langue française. Je ne dis pas que je la parle couramment, mais je peux surprendre beaucoup de personnes qui m'ont dit : « Ce n'est pas possible que vous n'ayez pas fait d'études ! ». Ça m'a servi, ce que j'ai appris.

Cette capacité d'action s'exprime également après sa migration en Europe. En 1971, Tamir arrive en France, seul. Comme pour Ahmed El Asri, les conditions difficiles de son arrivée jouent un rôle central dans l'élaboration de sa masculinité. Peu après son arrivée, il commence à travailler dans une entreprise d'emballage. Il joue un rôle particulièrement actif et fédérateur dans de nombreux groupes qu'il côtoie. Par exemple ses collègues et lui reçoivent des titres-restaurant lorsqu'ils sont envoyés en déplacement professionnel sur plusieurs jours. Mais ces tickets ne font pas l'unanimité car de nombreux plats proposés dans les restaurants contiennent de la viande de porc. Tamir obtient alors de son employeur qu'il remplace les titres-restaurant par des bons d'achat valables dans des supermarchés. Il prend ensuite l'initiative que lui et ses collègues cuisinent ensemble des repas dans les foyers dans lesquels ils sont hébergés.

En 1981, le patron de l'entreprise d'emballage dans laquelle il travaille décide de fermer sa société pour des raisons personnelles. Tamir et ses collègues envisagent alors de reprendre l'entreprise eux-mêmes :

> Nous, on n'était pas contents, hein, on voulait reprendre la société nous-mêmes, c'est-à-dire entre ouvriers !

Tamir retrouve du travail dans une autre entreprise, qui elle-même ferme en 1993. Il est alors âgé de 40 ans, ce qu'il estime être un âge avancé dans la recherche d'emploi. Ce moment marque un second point tournant dans la vie de Tamir. La fermeture de son entreprise aurait pu représenter la fin de son parcours professionnel. Il décide cependant de passer le permis poids lourd. Grâce à son initiative, sa perte d'emploi constitue ainsi un point tournant positif dans sa carrière :

> Moi, je me trouvais dehors. L'occasion que j'ai saisie, à l'âge de 40 ans, j'ai passé le permis. (...) Je ne dormais pas la nuit et je me mettais à plat ventre au salon pour réviser le code de la route.

Tamir réussit son permis poids lourd du premier coup. Il trouve ensuite un emploi dans le transport d'autocars. Il apprécie ce travail en raison du contact avec la clientèle, en particulier avec les groupes scolaires. Son bon contact avec les élèves lui vaut la reconnaissance des enseignantes :

> Je faisais un peu de déplacements avec les écoles, CM1, CM2 ou n'importe, on m'amenait les primaires. Que ce soit pour les amener au centre équestre, ou n'importe. (...) Alors il y avait des maîtresses, parce que moi je roulais en car, mais je ne faisais pas que rouler, je faisais aussi un rôle d'animateur, c'est-à-dire que j'acceptais tous les

> enfants, je jouais avec eux. Alors, ils ont toujours aimé ça, ils adoraient ça. Les maîtresses ont dit : « Tiens, mais ce n'est pas un chauffeur comme tous les chauffeurs, il est différent celui-là ! ». Elles m'ont toujours adoré, oui j'aimais bien jouer avec les enfants, leur faire plaisir. (…) C'était super, on jouait au ballon, je faisais beaucoup de choses avec les enfants et les maîtresses, elles ont adoré ça. Alors elles m'appelaient toujours, elles disaient : « On veut telle personne », jusqu'au jour où la secrétaire a dit : « Je n'ai qu'un seul Tamir, je n'en ai pas deux, je ne peux pas le diviser ! ».

De sa propre initiative, Tamir étend son activité salariée de façon informelle : il n'est pas seulement « chauffeur », mais également « animateur ». Il obtient, à travers cette activité supplémentaire, une reconnaissance symbolique des institutrices. Ces retours contribuent à sa « fierté d'être soi ».

À partir des années 2000, Tamir commence à souffrir de vertiges. Un diagnostic révèle une hypertension artérielle élevée. En 2003, il est contraint de se mettre en arrêt maladie. Trois ans plus tard, il est déclaré en arrêt invalidité. En 2003, lorsque sa mère perd son autonomie en raison de la maladie d'Alzheimer, Tamir décide de s'occuper d'elle. Il met en place un relai avec l'une de ses sœurs. Chacun·e vit, à tour de rôle, une semaine chez la vieille dame. Tamir renforce également ses activités bénévoles dans une association de migrant·e·s dans son quartier, où il est membre du bureau.

Son départ prématuré de la vie active aurait pu porter atteinte à sa masculinité (voir partie 4.5.1). Tamir parvient cependant à affronter les difficultés en renversant le cours des choses : la fin de sa carrière professionnelle initie le début d'une nouvelle phase de la vie durant laquelle il soigne sa mère et s'investit dans la famille. L'attitude de Tamir est particulièrement valorisée par son voisinage. La reconnaissance « publique » qu'il obtient en raison de son investissement familial n'est pas sans incidence sur l'évolution des rapports de genre de son entourage : plusieurs femmes du quartier prennent régulièrement Tamir pour modèle afin d'inciter leurs maris à établir des rapports de genre davantage égalitaires. Au fil des ans, Tamir a développé cette dynamique conjointement avec son épouse Naïma.

5.4 Le parcours de Naïma

5.4.1 « Moi, j'étais cheffe à la maison »

Naïma est la seconde d'une fratrie de huit. Elle et ses trois sœurs sont nées en Algérie. Ses trois frères sont nés au Maroc. La benjamine de la fratrie, Nejla, est née dans l'est de la France en 1984, après le regroupement familial. Lorsque Naïma a 4 ans, son père part travailler en France. Au bout d'un an, il rapatrie sa femme et ses enfants au Maroc dans son village d'origine, Irharmi (voir plus haut).

Naïma est scolarisée pendant quatre ans : trois ans dans une école coranique[64], et un an dans une école française. Elle garde des souvenirs heureux de son enfance. Elle se souvient de goûters pris les dimanches sur la plage la plus proche de leur maison, avec sa grand-mère paternelle Fatima Zouaghi. Elle est considérée comme la « plus responsable » au sein de sa famille. C'est par conséquent à elle que son père confie le rôle de « cheffe » de famille durant son absence :

> On était bien là-bas, quand on était jeunes. Avec trois frères- quatre sœurs et trois frères. Mon père était en France, maman au Maroc. Moi, j'étais cheffe à la maison. Je faisais les courses, le ménage. J'étais la plus responsable à la maison. (…) Mon père a dit : « Toi, tu es comme un homme ! ».

Dès sa jeunesse, Naïma démontre une grande capacité à négocier les prix. Jusqu'à aujourd'hui, lorsqu'elle séjourne dans son village d'origine l'été, les membres de la famille restés à Irharmi lui demandent de les accompagner pour effectuer des achats importants. En 1978, son père fait venir son épouse et une partie de ses enfants en France, dans le cadre du regroupement familial. La sœur aînée de Naïma, Zina, déjà mariée à un pêcheur du village, reste à Irharmi. Elle a 21 ans et n'aurait de toute façon pas pu bénéficier du regroupement familial. Naïma reste également au Maroc dans un premier temps. Elle est déjà mariée à Tamir et rejoint ce dernier en France en 1981. Salima, la troisième de la fratrie, alors âgée de 16 ans, suit tout d'abord sa famille dans l'est de

[64] Les écoles coraniques existent au Maroc jusqu'à aujourd'hui et prennent souvent en charge l'enseignement préscolaire. Outre un enseignement religieux, les élèves y apprennent à lire et à écrire. Ces écoles, particulièrement nombreuses dans les campagnes, constituaient les institutions éducatives les plus répandues à Irharmi et ses environs au début des années 1960.

la France, puis, suite à son mariage avec son fiancé dans son village d'origine, retourne vivre à Irharmi. Ses enfants lui reprocheront par la suite de ne pas avoir fait venir son mari en France et d'être retournée vivre au Maroc. La quatrième de la fratrie, alors âgée de 14 ans, suit ses parents en France. Elle épouse plus tard un Marocain installé en Belgique, et émigre dans ce pays. Les trois garçons de la famille grandissent quant à eux en France, ainsi que la benjamine née là-bas.

En 1982, Naïma et Tamir ont leur premier enfant, Nassira. Naïma est femme au foyer. Il lui importe de se consacrer pleinement à l'éducation de ses enfants. Elle et son mari ne souhaitent pas « donner leurs enfants à garder à quelqu'un d'autre », ainsi qu'ils·elles l'évoquent lors de plusieurs rencontres. Dans les années 1990, avec l'aide financière d'Abdullah et de Fadma, Naïma et Tamir construisent une maison sur le terrain possédé par la famille élargie à Irharmi et parviennent ainsi à accéder au statut de propriétaires, statut qu'ils·elles n'auraient pas pu atteindre dans leur contexte de vie français.

En 2000, lorsque Meriem, la benjamine, a 11 ans, Naïma débute un travail à temps plein dans le domaine du nettoyage. Elle est cependant contrainte de mettre fin à son emploi au bout de six mois pour des raisons de santé. En 2003, lorsque Tamir commence à vivre chez sa mère en alternance avec sa sœur une semaine sur deux, Naïma le soutient. Trois ans après avoir débuté cette prise en charge, ils·elles apprennent qu'il est possible de déclarer ce travail et de toucher une rémunération mensuelle correspondant au SMIC. Le salaire est divisé en deux entre la sœur de Tamir et Naïma. La famille poursuit cette activité jusqu'au décès de la vieille dame en 2012.

Avec la prise d'autonomie de ses enfants, Naïma s'investit davantage dans la vie associative de son quartier. Elle participe à l'atelier de couture de Khadija. À partir du milieu des années 2000, en compagnie de sa cousine, elle donne également des cours d'alphabétisation en langue arabe à plusieurs femmes du quartier dans la salle « Les Hirondelles ». Elle insiste sur le fait qu'elles réalisent cette activité à titre bénévole. Bien que Naïma n'ait pas effectué de parcours professionnel institutionnalisé, elle estime avoir réalisé une mobilité sociale ascendante importante en raison de la reconnaissance qu'elle obtient au sein de son quartier de résidence pour son engagement dans ce dernier.

5.4.2 Un remaniement des rapports de genre

La reconnaissance que Naïma et Tamir obtiennent au sein de leur quartier de résidence est liée en grande partie à une remise en cause de rapports inégalitaires entre hommes et femmes, que tous·tes deux ont impulsée. Naïma et Tamir soulignent qu'ils·elles ont tous·tes deux effectué des tâches « masculines » comme « féminines » au fil de leur parcours : Naïma avait un rôle de « cheffe » au Maroc durant l'absence de son père, qui considérait qu'elle était « comme un homme ». Tamir, inversement, a appris à cuisiner lorsqu'il vivait seul en France, un phénomène que Pierrette Hondagneu-Sotelo (1994) relève également dans son étude auprès d'hommes migrants mexicains aux États-Unis. Ainsi, les migrants arrivés seuls aux États-Unis, interviewés par l'auteure, développent différentes compétences ménagères, contrairement aux hommes arrivés en couple ou en famille. Tamir, Naïma et leurs enfants évoquent avec fierté la manière dont Tamir a toujours effectué des tâches ménagères dans leur foyer. Lors de plusieurs de mes visites dans la famille, c'est Tamir qui cuisinait le repas du soir. Lorsque Naïma part en vacances au Maroc au cours de l'été 2009, elle part seule, laissant Tamir à Marheim s'occuper de sa mère gravement malade.

Les conjoint·e·s sont particulièrement complices. Ils·elles discutent de façon approfondie de leurs préoccupations respectives et s'accordent sur les activités et actions qu'ils·elles entreprennent. À travers ce dialogue, ils·elles véhiculent un modèle des rapports de genre particulier, qui a des répercussions sur leur quartier de résidence. Dans un autre centre socio-culturel où j'ai effectué des observations, l'enseignante du cours de français, d'origine algérienne et âgée d'une cinquantaine d'années, m'a expliqué qu'il lui avait fallu plusieurs mois voire plusieurs années pour convaincre les hommes du quartier de laisser leurs épouses, qui étaient dans la même tranche d'âge que les femmes de la salle « Les Hirondelles », participer à ce type de rencontres. Dans le quartier de résidence de Naïma et de Tamir, ces rencontres sont institutionnalisées depuis longtemps. Les femmes m'ont expliqué qu'elles ont également dû négocier leur participation aux activités du centre auprès de leurs maris, mais que ce processus remonte déjà à une quinzaine d'années. Les femmes se référaient alors souvent à Tamir dans leur négociation. Tamir et Naïma ont ainsi mené conjointement – et non individuellement – le remaniement des rapports de genre dans leur entourage.

5.4.3 Déconstruire l'altérité

Si la déconstruction des rapports de genre joue un rôle important dans la « fierté d'être soi » de la famille Benazzouz, Tamir et Naïma s'attaquent également à déconstruire la notion d'altérité. Ici aussi, ils·elles s'inscrivent dans un héritage familial plus long, marqué par le passé historique complexe en Algérie française. Ce mécanisme de déconstruction, qu'ils·elles ont transmis à leurs enfants, s'opère de différentes manières : par des pratiques, par des logiques argumentatives et par le choix du vocabulaire employé au quotidien.

Les participantes de l'atelier de couture sont majoritairement d'origine marocaine. Plusieurs d'entre elles sont nées en Algérie française puis ont grandi au Maroc, à l'instar de Naïma. L'une des femmes cependant est algérienne, originaire de la région d'Algérie limitrophe au Maroc, dans laquelle ont immigré de nombreux·euses Marocain·e·s à la fin des années 1930. Plusieurs des familles des participantes du groupe ont été expulsées d'Algérie durant le conflit autour de la frontière algéro-marocaine, et y ont perdu tous leurs biens. Les Algérien·ne·s vivant sur place ont alors en partie profité de ces expulsions sur le plan matériel.

En raison des ressentiments qui peuvent perdurer entre les personnes, Naïma a mis en place une stratégie de rapprochement entre les membres du groupe. Tacitement, elle a instauré un certain nombre de pratiques afin de montrer que les différences ethniques et nationales entre les personnes ne constituent pas un frein à une unité de groupe. Un jour par exemple, lors du goûter qui suit le cours de couture, la participante algérienne, qui est également kabyle, entre. À son arrivée, le groupe, sous l'impulsion de Naïma, commence à chanter un air kabyle et à esquisser des mouvements de danse typiques de cette région, qui diffèrent des danses du nord du Maroc. La fille de la dame en question, assise à côté de moi, m'explique que cette scène la touche beaucoup parce que par leur gestuelle les femmes signifient la bienvenue à sa mère.

Une autre tactique développée par Naïma a consisté à considérer les situations qu'elle observe entre la France et le Maroc de façon symétrique, réfutant des particularités et des différences qui mettraient en jeu l'égalité entre les deux pays. À mon retour du Maroc, par exemple, lors d'une conversation avec Naïma et Khadija, Khadija s'exclame :

> C'est bien ce que tu as fait, c'est comme ça qu'il faut faire ! Il faut aller chez les gens. Dans la rue, on ne connaît pas les gens. Après on dit : « Les Arabes, ils viennent chez nous ». Alors que nous, on a un pays, on a tout. On est juste venus pour le travail.

Naïma renchérit alors aussitôt :

> Mais non, il y a des Français qui vont vivre au Maroc !

Elle se réfère ici notamment aux personnes d'origine française qui s'installent au Maroc après leur retraite. Cette stratégie argumentative forme un fil rouge dans plusieurs de nos conversations. Un jour, lors d'une discussion sur le système de santé au Maroc, Naïma s'écrie :

> Si tu es employée, tu es assurée, comme ici ! Ma sœur Zina, son mari, il a un gros bateau, elle est assurée. Autrefois, elle touchait les allocations familiales, comme ici, tout. C'est comme ici, il y a des gens qui ne sont pas assurés ; ils ne vont pas à l'hôpital !

À travers cette approche symétrique, Naïma transmet à ses enfants un argumentaire afin de pouvoir lutter contre les discriminations qu'ils sont susceptibles de rencontrer au quotidien. Sa tactique argumentative vise également à déconstruire les stéréotypes de son entourage français.

Tamir et Naïma veillent enfin à ce que leurs enfants adoptent un vocabulaire dénué de préjugés. Par exemple, lors d'une soirée passée chez Nassira, la fille aînée du couple, cette dernière évoque à un moment les hommes qui « vont chercher leur femme au Maroc », reprenant une expression courante dans le contexte discursif français pour désigner, de façon négative, les personnes qui épousent un·e partenaire de leur pays d'origine. Tamir la corrige aussitôt et rétorque :

> Non, il ne faut pas dire comme ça. Il faut dire : « Il a rencontré sa femme au Maroc ».

5.5 Des pratiques transnationales

5.5.1 Maintenir une cohésion familiale à travers les frontières

Déconstruire l'altérité et ainsi surmonter les facteurs qui peuvent induire une distance entre les individus est une pratique dont la famille

Benazzouz a d'autant plus d'expérience qu'elle l'applique au sein même de son espace familial. Nous avons vu dans la partie 4.6.3 les efforts qu'exige le maintien d'une cohésion familiale lorsque les membres d'une famille vivent dans différents pays dans la durée. Dans la famille El Asri, nous avons vu à quel point l'objectif de maintenir des liens proches avec la famille de Nissrine vivant au Maroc mène à des stratégies éducatives conscientes développées par Nissrine, Karim et la famille de Nissrine. Cette question occupe une place encore plus centrale dans la famille Benazzouz. Elle concerne notamment la fratrie de Naïma. En effet, ses frères et sœurs n'ont pas tous·tes grandi ensemble, et n'ont pas été socialisé·e·s dans les mêmes cadres nationaux en raison de leur écart d'âge mais aussi des restrictions du regroupement familial.

La sœur aînée de Naïma, Zina née en 1959, est restée à Irharmi où elle a épousé un pêcheur. Nejla, la benjamine de la fratrie est née dans l'est de la France en 1984. Les deux sœurs n'ont donc jamais vécu ensemble. Lors d'une soirée à Irharmi, j'observe la scène suivante entre les sœurs aînée et benjamine de Naïma :

> Zina et Nejla sont assises côte à côte. L'une est l'aînée, l'autre la benjamine de la fratrie. L'image qu'elles me renvoient est prégnante, parce qu'elle me montre comment les liens entre sœurs peuvent se tisser à travers les distances. Zina a environ 55 ans, elle a toujours vécu ici, à Irharmi. Nejla en revanche est née en France. Elle a 26 ans, et n'a jamais vécu au Maroc. Comment tisser des liens entre sœurs, au-delà de l'âge et des distances ? Leur attitude de ce soir en est un exemple marquant. Zina et Naïma discutent de manière animée, on sent qu'elles partagent beaucoup de connivences et de souvenirs passés. Néanmoins, Zina est assise très proche de Nejla, et elle a posé son bras sur les genoux de cette dernière. Elle tourne légèrement le dos aux autres, sans nous exclure pour autant, mais de manière à former avec Nejla une équipe à part du reste. De temps en temps, elles parlent à voix basse, et quand Nejla lui parle, Zina se rapproche encore plus d'elle et l'écoute attentivement. C'est à travers des gestes, à travers une complicité silencieuse que s'affirme devant moi une relation entre sœurs, l'aînée aménageant avec soin des espaces dans lesquels elles puissent construire une relation

à elles, malgré toutes les distances qui pourraient en faire deux inconnues.

La différence entre le niveau de vie en Europe de l'Ouest et au Maroc peut également entraîner des jalousies ou des tensions. Différentes personnes que j'ai rencontrées ont effectué un travail important afin de réduire ces inégalités au sein des familles. Comme évoqué plus haut, Salima, l'une des sœurs de Naïma, est retournée vivre à Irharmi avec son fiancé après avoir passé quelques mois en France. Elle et son mari ont traversé une période difficile sur le plan économique dans les années 1980. Naïma et plusieurs autres membres de la famille ont soutenu financièrement leur sœur. Salima et son mari ont alors développé leurs propres entreprises familiales, ce qui constituait une stratégie courante au Maroc dans les années 1980-90 afin de combler le chômage (Douidich 1998). Entre temps, la famille tient une épicerie à Irharmi et possède une entreprise de transport de pulvérulents. Elle a atteint une situation de classe moyenne. Lors de notre rencontre en 2009, Salima précise en riant qu'elle et son mari sont allés plusieurs fois en France rendre visite à leur famille et qu'ils·elles aiment, les week-ends, se promener le long de leur « Côte d'Azur marocaine ».

L'un des facteurs centraux afin de maintenir des liens familiaux à travers les frontières, comme nous l'avons vu dans le cas de Nissrine et de Karim, consiste dans la transmission de langues partagées au sein de la famille élargie. Naïma et Tamir ont mis en place une stratégie éducative linguistique dès le plus jeune âge de leurs enfants : Naïma leur parlait en amazighe, Tamir en darija (arabe dialectal marocain). À travers cette éducation bilingue, ils·elles ont visé à leur transmettre leur langue maternelle – l'amazighe –, tout en leur transmettant une langue qui leur permette de se mouvoir dans d'autres régions du Maroc. La langue qui prédomine dans leur foyer est cependant l'amazighe. C'est également dans cette langue que communique la famille élargie. Lors de mon séjour à Irharmi, j'ai pu observer comment les membres de la famille vivant au Maroc, en France, en Allemagne ou dans les Pays-Bas communiquaient en amazighe entre eux. Deux cousines éloignées n'avaient pas appris l'amazighe. Elles communiquaient avec les cousin·e·s de leur âge en anglais.

La haute cohésion familiale de la famille Benazzouz conduit – de façon contre-intuitive – à une forte mobilité spatiale de ses membres. Nejla par exemple a émigré en Belgique pour rejoindre l'une de ses sœurs qui vit là-bas. Elle y a rencontré un Marocain et s'est installée durablement dans ce pays. Ainsi, au fil du temps, la famille Benazzouz a construit une famille élargie solidaire qui s'étend sur plusieurs pays d'Europe et d'Afrique du Nord. Cette proximité est renforcée par ses pratiques endogames. Lorsqu'ils déménagent, les membres du groupe gardent la sensation de rester « en famille ». L'une des filles de Zina venait, durant mon séjour à Irharmi, de se fiancer au fils de l'un des frères de Tamir. Elle s'apprêtait à émigrer à Marheim après son mariage. Lorsque j'ai dit à Naïma que le déménagement de la jeune femme allait représenter un changement important pour elle, elle a répondu :

> Mais non, elle va faire comme nous ! Et en France, elle sera avec la famille.

Nassira, la fille aînée de Naïma et Tamir a elle aussi épousé son cousin qui a grandi au Maroc. Tous·tes deux s'inscrivent par conséquent dans une union qu'on peut caractériser de « mixte » (Hajji 2009) et renforcent ainsi le caractère transnational de leur famille élargie. Nassira est née et a grandi en France. Quelles sont ses stratégies éducatives, et comment transmet-elle la « fierté d'être soi » ? Nous nous pencherons de plus près sur son parcours et sur ce qu'elle souhaite transmettre à ses enfants.

5.6 Le parcours de Nassira

5.6.1 Lutter contre les préjugés

Nassira a grandi à Hofeld, le quartier dans lequel elle et ses parents vivent jusqu'à aujourd'hui. Elle a effectué sa scolarité dans une école primaire, puis dans un collège de proximité. Elle garde de bons souvenirs de son enfance en France, ainsi que de ses vacances estivales passées au Maroc et en Algérie. Irharmi ne bénéficiait pas d'eau courante, ni même d'électricité à l'époque. Ces commodités étaient encore moins développées dans le village d'origine de la famille en Algérie. Nassira garde un souvenir marquant de ces séjours, qui la font apprécier la vie à Marheim. En 2000, elle entre dans un lycée professionnel situé au centre-ville. En 2001, elle se fiance à son cousin germain Foued qui vit au Maroc, et met fin à sa scolarité, sans diplôme. Nassira m'explique qu'elle a préféré contracter un mariage endogame, car elle a observé des difficultés chez les couples exogames d'amies dans son entourage. Elle estime qu'il est plus simple de régler les problèmes conjugaux lorsque le partenaire fait partie de la même famille.

Elle s'inscrit dans une agence intérim et commence à travailler dans une usine afin d'organiser au mieux l'arrivée de son conjoint. En 2003, le couple se marie à Irharmi. À l'arrivée de Foued en France la même année, le couple vit d'abord six mois chez Naïma et Tamir, avant d'obtenir un logement dans le même quartier. Lorsque Nassira tombe enceinte et que son activité professionnelle commence à devenir physiquement pénible, elle résilie son contrat. Son employeur lui propose un CDI, mais elle refuse. De même que Naïma, elle souhaite se consacrer pleinement à l'éducation de ses enfants. À l'époque où je la rencontre, en 2009, son troisième fils vient de naître.

Nassira a développé une stratégie opposée à celle d'Amel (voir partie 3.4.3). Alors que cette dernière a opté pour une adaptation à son entourage « français » et qu'elle transmet uniquement les éléments de la culture marocaine valorisés par la société majoritaire française, Nassira au contraire a fait le choix de combattre activement les préjugés qui pèsent sur sa culture d'origine et sur son appartenance religieuse. Dès le début de l'entretien, elle valorise l'éducation qu'elle a reçue de ses parents, contredisant ainsi l'idée d'une mésentente ou d'une distance entre les générations. Elle reprend ainsi l'idée centrale de Tamir, qui déconstruisait lui aussi, dès le début de son entretien, le préjugé selon lequel il existerait automatiquement une différence entre les générations dans un contexte migratoire. Nassira débute son récit de vie de la manière suivante :

> (…) [M]a vie d'enfance, j'ai vécu une belle enfance,
> enfin je veux dire, mes parents m'ont bien éduQUÉE.
> J'ai bien grandi et tout, je n'ai manqué de RIEN.

Cette valorisation des parents a constitué une stratégie récurrente des descendant·e·s de migrant·e·s rencontré·e·s durant mon enquête. Ils·elles tentent ainsi de les protéger de discours majoritaires qui les qualifient fréquemment de « traditionnels » ou « sévères dans leur éducation », ou encore qui les dévalorisent en raison de leur manque d'éducation scolaire ou de leur non-maîtrise des langues allemande ou française.

Ainsi, plusieurs jeunes femmes à Rannstadt ont comparé l'arrivée de leur père en Allemagne, dans les années 1960-70, au fait d'arriver, aujourd'hui, seules en Chine. « C'était même plus difficile [pour leurs pères] », insistaient-elles, « car si nous, nous étions soudain catapultées en Chine, nous aurions au moins des téléphones portables et nous savons écrire, nous parlons un peu l'anglais, ça serait plus facile pour nous ». Elles exprimaient leur admiration et leur reconnaissance envers leurs pères d'avoir eu le courage d'émigrer seuls dans un pays qui leur était totalement étranger. Bon nombre des personnes interviewées ont évoqué le fait qu'elles sont « fières » des réalisations de leurs parents, comme d'avoir réussi à éduquer des enfants dans un contexte étranger. La manière dont Nassira et d'autres personnes interrogées valorisent leurs parents témoigne de l'importance du *dialogue* intergénérationnel dans la construction de l'estime de soi. Les parents ont veillé à transmettre une « estime de soi » à leurs enfants. Cependant, ces derniers participent aussi à celle de leurs parents, en insistant sur leurs mérites. De plus, être fiers de leurs parents leur permet également d'être fiers d'eux-mêmes. La « fierté d'être soi » se construit ainsi dans une dynamique interactive poussée.

5.6.2 Une protection du genre masculin

Nous avons vu qu'une dévaluation du genre masculin constitue un phénomène marquant du (post)colonialisme et des migrations (post)coloniales. Différents travaux, dont l'étude de Catherine Delcroix sur la famille Nour, ont montré comment les familles se voient souvent obligées d'objectiver ce phénomène, et d'élaborer des stratégies afin d'éviter les déséquilibres qui pourraient s'installer entre garçons et filles au sein d'une fratrie (Delcroix 2013). Cette thématique a été un fil conducteur dans les entretiens que j'ai menés avec des femmes. Bon nombre d'entre elles étaient conscientes d'une perception différenciée entre les filles et les garçons dans les discours majoritaires en France et en Allemagne, et elles mettaient en place des pratiques ou des rhétoriques pour lutter contre cette inégalité.

Malika par exemple, que j'ai évoquée dans la partie 3.4.2, est née en France en 1978. Elle est la deuxième enfant d'une fratrie de sept. D'emblée, dans son récit de vie, la jeune femme raconte que son père jouait toujours avec elle et ses frères et sœurs durant leur enfance et qu'il était un « papa clown », tandis que sa mère incarnait davantage la sévérité dans le foyer. Elle vise ainsi à contredire le stéréotype selon lequel les pères maghrébins seraient « durs » dans leurs pratiques éducatives et éloignés de leurs enfants. À l'âge de 23 ans, Malika épouse un Marocain qui a grandi au Maroc, espérant ainsi transmettre avec plus de facilité sa langue maternelle et sa culture d'origine. Le couple a trois enfants, deux garçons et une fille. Son époux ne s'implique cependant pas dans la vie familiale. Il a en outre une addiction à l'alcool. La jeune femme se sépare de lui et au moment de notre rencontre, elle élève seule ses trois enfants, avec le soutien de ses parents et de ses frères et sœurs. C'est à son fils aîné que j'ai donné des cours de soutien scolaire en allemand pendant un an et demi. Un jour, alors que je suis à son domicile, l'une des amies de Malika lui dit qu'il lui aurait été plus simple d'élever trois enfants seule si ce n'avait été que des filles. Malika rétorque alors vivement qu'il n'y a aucune différence.

Nassira Benazzouz a elle aussi développé des stratégies afin de protéger les hommes de sa famille. Lors de notre première rencontre, elle rejoint l'atelier de couture dans la salle « Les Hirondelles » avec son nouveau-né, un fils. Ses deux enfants aînés sont aussi des garçons. Je lui dis que sa mère doit être heureuse d'être grand-mère pour la troisième fois (je ne connais pas encore son père). Elle me répond aussitôt : « Oui, mais c'est surtout mon père qui est heureux, car il adore les enfants ». Lors de cette même rencontre, quelques femmes du groupe m'expliquent que Nassira aurait aimé avoir une fille, car elle a déjà deux garçons. Nassira en revanche souligne que son mari aurait préféré avoir une fille, mais qu'elle-même ne veut que des garçons. De nombreuses jeunes femmes rencontrées œuvrent ainsi pour une « fierté d'être soi » des hommes de leur entourage : de leurs pères, de leurs frères, de leurs époux, mais aussi de leurs fils.

5.6.3 Générations historiques de migrants au prisme du genre

Dans le cas de Karim et Nissrine El Asri évoqué plus haut, j'ai montré comment une union avec une personne qui a grandi au Maroc permet aux descendant·e·s de migrant·e·s de vivre auprès de quelqu'un qui apporte en Europe une « normalité d'être soi ». Le cas contrasté de Nassira et de Foued m'a cependant alertée sur le fait que ce constat est surtout valable quand c'est une femme qui émigre du Maroc vers l'Europe. Lorsque ce sont les hommes qui rejoignent leur épouse en Europe, ils rencontrent fréquemment des situations qui remettent en cause les rapports de genre dominants et fragilisent leur estime de soi.

Cette expérience est liée au changement des politiques migratoires en Europe, et peut être perçue comme une expérience-type de différentes générations *historiques* de migrants. Depuis la fermeture de plusieurs pays d'Europe de l'Ouest à la migration économique au début des années 1970, les voies d'entrées légales majeures en France et en Allemagne consistent dans la réunification familiale, les études supérieures et la demande d'asile. Ces changements législatifs ont singulièrement modifié l'expérience de l'arrivée des migrants, dans notre exemple, celui des hommes. Tandis qu'Ahmed El Asri et Tamir Benazzouz ont pu venir dans le cadre de la migration de travail, et perpétuer les normes dominantes des rapports de genre de l'époque – selon lesquelles l'homme était le pourvoyeur économique du foyer –, Foued et d'autres hommes dans sa situation sont dépendants de leurs épouses pour leur arrivée en France. Ces dernières maîtrisent le plus souvent mieux le français qu'eux, sont davantage diplômées ou ont une plus grande connaissance du système institutionnel français. Les hommes se retrouvent à moyen terme, parfois même à long terme dans une situation de dépendance ou d'infériorité vis-à-vis d'elles. Cette expérience mène fréquemment à un sentiment de dévaluation de leur masculinité. Si le couple ne met pas en place un travail réflexif important sur les moyens de pallier cette asymétrie, l'équilibre conjugal peut être fortement mis à mal. Sherri Grasmuck et Patricia Pessar (1991) ont montré comment une transformation des rapports de genre au sein de familles migrantes dominicaines aux États-Unis dans une telle constellation mène, dans de nombreux cas, à une séparation des conjoint·e·s, qui engendre à son tour des difficultés économiques pour l'ensemble de la famille nucléaire. Nassira est consciente de ce danger. Ainsi, en ne poursuivant pas son activité professionnelle après la naissance de son premier enfant, elle reste dans la continuité du modèle éducatif de ses parents. Sa décision permet aussi à son couple de conserver des repères dans un partage traditionnel des rôles « masculins » et « féminins ».

En raison du manque d'infrastructures scolaires à Irharmi, Foued a dû arrêter sa scolarité à la fin du collège. Il a ensuite travaillé dans l'épicerie de ses parents et dans l'entreprise de transport de pulvérulents de son père. Lors de nos rencontres, Foued insiste sur le fait qu'il « n'aime pas rester sans rien faire » et qu'il a immédiatement cherché et trouvé un emploi après son arrivée en France, tout d'abord dans le domaine du nettoyage. Après quelque temps, il effectue une formation dans le domaine de la sécurité. Au moment de notre rencontre, il alternait des emplois à durée déterminée dans les deux secteurs. Nassira a mis en place un discours visant à réhabiliter son mari et à l'aider à surmonter les risques de dévaluation masculine qu'il encourt. Ce risque est d'autant plus fort qu'il est accentué par des difficultés pour son mari à se faire accepter par des pairs d'origine française, une expérience liée au racisme et à des différences de sociabilité entre la France et le Maroc. Ainsi, Foued décrit sa surprise en arrivant en France : alors qu'au Maroc, les Marocain·e·s qu'il connaissait étaient ouvert·e·s et curieux·euses de rencontrer des Français·es, il a lui-même fait l'expérience de l'indifférence voire du rejet de la part de Français·es. Il regrette, au moment de l'entretien, de ne pas encore avoir noué des liens d'amitié avec des Français.

Dans une logique de réhausser son mari, mais aussi de souligner que ses valeurs ne reposent pas sur des gains matériels, Nassira affirme que des revenus du montant d'un SMIC lui suffisent. Elle met également en avant l'activité professionnelle de son mari avant sa migration, soulignant que ses occupations antérieures correspondaient à des activités plus « masculines » et socialement plus valorisées que celle du nettoyage :

> Quand il était jeune, il a pas mal travaillé avec son père dans les camions. Il transportait du SAble, des briques pour faire des maisons, tu vois ? Parce que son père il fait ça, en fait c'est COMme un architecte. Alors, dès qu'il a des clients qui veulent construire et tout ça, c'est ce qu'il faisait. En fait, c'était comme si son père à lui était son PAtron, quoi. Pour construire des maisons. Alors, il a plus travaillé dans ça, quoi.

Foued lui aussi évoque son activité professionnelle antérieure dans l'entreprise de son père. Les récits de Nassira et de son époux montrent qu'en plus d'une dévaluation masculine, le changement d'occupation de Foued a engendré un déclassement social. En effet, en travaillant avec son père, le jeune homme n'était pas seulement employé mais aussi « fils de patron » :

> Mon père, c'est un patron dans le bâtiment, tu vois ? On a un CAMION, on a un magasin. Avant, on avait un tracTEUR et je travaillais avec mon père, tu vois ?

Ainsi, c'est à travers des pratiques complexes et ambivalentes, marquées par la transformation et le maintien de rapports de genre empreints de la domination masculine, que s'opère, au fil des générations, la négociation de la place de la femme et de l'homme dans la famille Benazzouz.

5.6.4 La transmission de la religion

De la même manière dont elle défend les hommes de son entourage face aux stéréotypes qui pèsent sur eux, Nassira combat les préjugés qui entourent l'islam. La jeune femme revendique avec force son appartenance religieuse musulmane – contre l'avis « majoritaire » – et transmet à ses enfants la fierté de leur religion. Elle regrette que ses parents ne lui aient pas davantage expliqué les fondements de l'islam durant son enfance. Elle met cela sur le compte qu'ils n'ont pas fait de longues études. Selon elle, c'est en cela qu'elle se distingue d'eux : elle vise à transmettre à ses enfants des connaissances historiques et théologiques sur cette religion.

Tout comme Assia, que j'ai évoquée dans la partie 3.4.2, Nassira n'a scolarisé ses enfants dans des écoles françaises qu'en grande section maternelle. Auparavant, elle les a inscrits à des cours d'arabe au sein d'une association cultuelle de son quartier. Tout comme Assia, par ce choix elle n'a pas visé uniquement une transmission religieuse, mais aussi linguistique : ses enfants ont ainsi été familiarisés à la langue arabe dès leur plus jeune âge. À la maison, Nassira et son mari parlent à leurs enfants en amazighe.

Nassira souligne régulièrement que l'islam est une « très belle religion ». Elle cite également à plusieurs reprises des femmes d'origine française qui se sont converties à l'islam, soit qu'elle connaît dans son entourage, soit dont elle a entendu des témoignages dans les médias. J'ai pu observer cette stratégie dans de nombreuses conversations avec d'autres femmes marocaines. Le fait que l'islam ne soit pas décrié par toutes les personnes « françaises » de leur entourage mais soit au contraire adopté par certaines d'entre elles, constitue un appui pour des jeunes femmes musulmanes issues de l'immigration dans la défense de leur appartenance religieuse. Évoquer l'exemple de personnes converties constitue ainsi une ressource importante dans l'élaboration et la transmission de leur « fierté d'être soi » en tant que musulmanes.

5.6.5 Valeurs individuelles *vs.* valeurs communautaires

Nassira souligne également l'importance pour elle d'un mode de vie communautaire, prenant ainsi implicitement position sur l'individualisme « moderne ». La jeune femme ne fête plus – ou uniquement de façon minimaliste – les anniversaires de ses enfants. Elle précise qu'elle leur fait un gâteau, mais qu'en dehors de cela, elle considère que c'est un jour comme un autre. J'ai observé un phénomène semblable dans d'autres études de cas.

Malika a elle aussi décidé de ne fêter les anniversaires de ses enfants que de façon très sobre. Comme mentionné plus haut, elle est proche de ses frères et sœurs et de leurs familles respectives, qu'elle voit régulièrement les week-ends et durant les vacances. Un jour, alors que je me rends au cours d'allemand hebdomadaire pour son fils, j'observe la scène suivante :

> Je me rends à l'un de nos rendez-vous trois jours après la fête de l'Aïd. D'emblée, je remarque une table de ping-pong dans l'entrée de l'appartement. Les enfants m'expliquent qu'il s'agit de leur cadeau collectif pour la fête de l'Aïd. Un peu plus tard, durant notre cours, Hakim me dit que c'est son anniversaire le jour-même. Après le cours, Malika et Hakim partent chercher son gâteau d'anniversaire dans une boulangerie voisine. Malika m'explique que lorsqu'elle était enfant, sa famille ne fêtait pas les anniversaires. Ses frères et sœurs et elle-même ont introduit cette pratique lorsqu'ils·elles ont eux·elles-mêmes eu des enfants, mais ont décidé après quelques années d'arrêter. La jeune femme précise que Hakim et ses cousins et cousines recevaient systématiquement un cadeau de la part de chaque membre de la famille, et que cela faisait « trop ». Elle et ses frères et sœurs ont alors collectivement décidé de fêter les anniversaires en n'achetant qu'un gâteau.

Malika et sa fratrie ont d'abord introduit une pratique qui met au centre un membre individuel de la famille, avant de retourner à un modèle plus communautaire. Par cette décision, ils·elles rejettent un modèle matérialiste qu'ils·elles jugent exacerbé. Lors de la fête de l'Aïd, les membres de la famille veillent à présent à offrir des cadeaux collectifs à leurs enfants, qui correspondent davantage aux valeurs de partage qu'ils·elles défendent.

Nassira Benazzouz raisonne également en termes collectifs plutôt qu'individuels dans d'autres circonstances. Lorsque sa sœur se fiance et qu'elle évoque son futur conjoint, elle dit, sans mentionner les qualités individuelles du jeune homme :

> Ce sont des gens très bien. Tous ses frères et sœurs sont bien. Ses parents aussi sont très bien. On les connaît depuis longtemps.

Nassira, Malika et bien d'autres personnes rencontrées remettent ainsi en cause une hiérarchisation entre « tradition » et « modernité », dans laquelle la « modernité », associée à l'individualisme, serait supérieure à un mode de vie communautaire « traditionnel ».

Si Nassira argumente en termes de groupe plutôt qu'en termes individualistes, elle ne raisonne cependant pas en catégories d'appartenances nationales ou ethniques. Elle tente au contraire constamment de déconstruire ces dernières. Ici aussi, elle s'inscrit dans la continuité de ses parents. J'ai pu observer par exemple que quand une personne de son entourage affirme que « les Français » n'ont pas les mêmes rapports de solidarité avec leur voisinage que les « Marocains », ou qu'ils ont davantage tendance à divorcer, Nassira riposte aussitôt que cela dépend, qu'elle connaît de nombreux contre-exemples. Elle adopte ainsi la stratégie argumentative de mise en symétrie transmise par ses parents, et vise, dans ses propos, à ne pas homogénéiser les « Français·es » ni les « Marocain·e·s ».

5.7 Synthèse

L'étude de cas de la famille Benazzouz montre que la transmission de la « fierté d'être soi » est loin d'être amoindrie dans une famille ayant un sentiment d'appartenance à un groupe social plutôt défavorisé. Abdullah Zouaghi, l'arrière-grand-père de la famille, a connu une enfance particulièrement marquée par la pauvreté. Les conditions économiques déjà difficiles de la famille dans le nord du Maroc s'aggravent après le décès de son père lors de la Guerre d'Espagne, où il est enrôlé de force. Fatima Zouaghi, la mère d'Abdullah, décide alors d'immigrer en Algérie française – à l'époque un territoire français à part entière – à pied avec ses sept enfants. Ce départ constitue la première expérience migratoire de la famille.

Pour les membres de la famille Benazzouz, l'aïeule incarne une capacité à surmonter des obstacles de taille grâce à sa volonté. Une situation économique pauvre n'engendre pas une « fierté d'être soi » amoindrie des membres de la famille : elle démontre au contraire la force de ces derniers d'avoir survécu à des conditions de vie particulièrement difficiles. Le rôle de la mère d'Abdullah dans la survie de la famille mène à un renforcement du pouvoir d'action et de décision des femmes au sein du groupe familial sur plusieurs générations, et ce d'autant que plusieurs membres de la famille contractent des mariages endogames jusqu'à aujourd'hui. Cela contribue aussi à la « fierté d'être soi » de la famille après son arrivée en Europe, car elle possède alors un contre-modèle puissant aux discours dominants stigmatisant les femmes originaires d'Afrique du Nord comme systématiquement soumises à la domination des membres masculins de leur famille.

Abdullah Zouaghi insiste longuement, dans son récit de vie, sur la valeur qu'il attribue au travail. S'il n'a pu bénéficier d'aucune scolarité, il a cependant développé des ressources par lui-même. Ainsi son ingéniosité, son plurilinguisme et sa capacité de travail lui ont permis d'accomplir des projets ambitieux : trouver un emploi en France, parvenir à faire venir dans ce pays son épouse et cinq de leurs enfants, veiller à ce que ses enfants effectuent une mobilité sociale ascendante. Abdullah est d'autant plus fier d'avoir réussi à réaliser le regroupement familial que celui-ci est lié à de nombreuses réglementations qui excluent nombre de travailleurs migrants. Bien que ses enfants occupent des emplois socialement plus valorisés que le sien, on n'observe pas, comme dans l'étude de Stéphane Beaud et Michel Pialoux (1999), une distance entre Abdullah et ses enfants. Ces derniers expriment au contraire une grande fierté devant les accomplissements de leur père.

Abdullah Zouaghi développe, à l'instar d'Ahmed El Asri, une analyse particulièrement complexe des événements géopolitiques qu'il observe au cours de sa vie. Les événements politiques en Algérie française durant la Deuxième Guerre mondiale affinent son regard sur la profonde complexité des relations internationales. Ainsi, si les Américains débarquent en Algérie française, cela est lié au fait que l'Algérie est colonisée par la France, et que la France est à son tour « colonisée » par l'Allemagne. À travers la transposition du schéma de compréhension qu'il a développé en Afrique du Nord, et par l'usage du terme « colonie » pour désigner des pays européens durant la Seconde Guerre mondiale, Abdullah contribue, d'une manière proche de celle d'Ahmed El Asri, à établir une symétrie entre différents pays. Cette perspective, qui remet en cause un modèle hiérarchique dans lequel les pays du « Nord » seraient forcément plus puissants que les pays du « Sud », constitue une ressource supplémentaire dans l'élaboration de la « fierté d'être soi » de ses enfants et petits-enfants. Abdullah Zouaghi cherche également à comprendre l'expérience biographique et historique de ses amis français durant la Seconde Guerre mondiale. Il ne s'intéresse pas seulement à une version « officielle » de l'histoire, mais surtout à l'impact de la *mémoire* de son entourage. Il établit ainsi un lien entre la mémoire, l'histoire et le positionnement des individus au sein de la société dans laquelle ils vivent. Son expérience du contexte colonial l'amène de plus à déconstruire l'idée d'appartenances homogènes.

La déconstruction de l'altérité et d'appartenances univoques joue également un rôle central dans le parcours de Tamir. Dès le début de son récit de vie, il souligne ses appartenances ethniques complexes : s'il est d'origine marocaine, il est né et a grandi en Algérie française. À travers ce schéma narratif, il vise à contrecarrer les discours dominants en France selon lesquels la « seconde génération » issue de l'immigration différerait fondamentalement de la « première ». Il souligne au contraire qu'une différence entre les générations n'existe pas dans son cas : tout comme ses enfants, il a grandi dans un pays autre que le pays d'origine de ses parents. Tout comme eux, il est né français.

Tamir est contraint d'interrompre sa scolarité très jeune. Cette expérience marque un premier point tournant dans sa biographie, qui aurait pu mettre à mal son évolution professionnelle. Néanmoins, par sa posture d'autodidacte et sa capacité d'action, Tamir parvient à trouver plusieurs emplois, à changer de secteurs professionnels au cours de sa carrière et à obtenir de la reconnaissance dans ces derniers. Il démontre à ses enfants que la « fierté d'être soi » ne dépend pas nécessairement de la nature de l'emploi que l'on exerce, mais avant tout de la propre capacité à résister aux difficultés. Suite à son invalidité, Tamir parvient à surmonter l'obstacle que constitue cette fin prématurée de carrière en s'occupant de sa mère. Il confirme ainsi sa capacité à assurer des responsabilités sur le plan familial et démontre, ainsi qu'il l'a déjà fait dans le passé, sa participation active dans les tâches ménagères et d'aide à ses proches.

Naïma Benazzouz, quant à elle, a développé sa « fierté d'être soi » à partir de ses expériences de « cheffe » de famille aux côtés de sa mère lorsque son père vivait en France. Elle est, jusqu'à aujourd'hui, particulièrement reconnue dans sa famille pour ses talents de négociatrice. Elle a œuvré, avec Tamir, en faveur d'un remaniement des rapports de genre dans leur entourage. En effectuant tous·tes deux des activités à la fois « masculines » et « féminines », ils·elles ont développé une réflexion commune autour des questions de rapports de genre. Naïma a mis cette réflexion en avant dans sa construction d'un groupe de femmes dans son quartier. Elle a également développé des stratégies argumentatives afin de mettre en symétrie des expériences de vie ou des phénomènes sociaux en France et au Maroc, dans une approche égalitaire. Cette stratégie constitue une ressource centrale pour permettre à ses enfants de lutter contre les discriminations.

Comme pour la famille El Asri, les pratiques transnationales ont contribué à plusieurs égards à l'estime de soi de la famille Benazzouz. Elles lui ont tout d'abord permis de devenir propriétaire de la maison que Naïma et Tamir ont construite à Irharmi, et ainsi d'agrandir son capital économique. Ces pratiques ont également permis aux enfants de relativiser les difficultés vécues durant leur enfance en Europe, car la différence entre le niveau de vie qu'ils ont observée entre le Maroc, l'Algérie et la France a constitué une expérience marquante pour eux. Le caractère transnational intra-européen de la famille constitue lui aussi une ressource : plusieurs membres de la famille ont ainsi rejoint des parents dans d'autres pays d'Europe que celui dans lequel ils ont grandi, pour des raisons professionnelles ou familiales.

Nassira, en démontrant que selon elle une rupture ou une distance avec la génération précédente n'existe pas, souligne l'importance de la dimension interactive de l'élaboration et la transmission de la « fierté d'être soi ». Elle combat de plus farouchement les stéréotypes qui pèsent sur les hommes d'origine nord-africaine, de la même manière que de nombreuses femmes interrogées dans mon enquête. Elle développe ainsi des stratégies pour protéger les personnes masculines dans son entourage proche – son père, ses frères, son époux, mais aussi, à terme, ses fils.

Simultanément, la vision de Nassira concernant les rapports de genre diffère de celle de ses parents. Ceux-ci ont insisté sur le fait d'avoir effectué, chacun·e, au cours de leur vie, des tâches à la fois « masculines » et « féminines ». Nassira développe, elle, un partage des tâches davantage traditionnel et inégalitaire entre homme et femme. Sa stratégie est en lien étroit avec l'évolution historique des politiques migratoires et leur impact sur les reconfigurations familiales. En effet, contrairement à Tamir ou à d'autres hommes venus dans le cadre de la migration de travail jusqu'au début des années 1970, Foued a immigré en France suite à son mariage. C'est grâce aux démarches de son épouse qu'il a pu arriver en France, ainsi que de nombreux autres hommes de sa génération que j'ai rencontrés. Pour lui, contrairement à Tamir Benazzouz ou à Ahmed El Asri, sa migration n'a pas conduit à une valorisation, mais au contraire à une dévalorisation de sa masculinité. Dans d'autres familles rencontrées, cette situation a mené à des tensions conjugales, parfois à des divorces. Nassira est consciente des risques qu'une telle transformation des rapports de genre peut entraîner pour son couple et ses enfants. Elle développe par conséquent des stratégies pour réhausser son mari et compenser cette dévalorisation.

De la même manière dont Nassira s'inscrit en porte-à-faux par rapport aux préjugés qui pèsent sur les hommes nord-africains, elle a également décidé de lutter activement contre les stéréotypes sur l'islam. Elle a ainsi opté pour une stratégie contraire à celle d'Amel, qui, nous l'avons vu dans la partie 3.4.3, transmet uniquement des éléments de la culture marocaine valorisés par la société majoritaire. Dans la transmission de sa « fierté d'être soi » en tant que musulmane, Nassira s'appuie de manière importante sur l'exemple de femmes françaises converties à l'islam, à l'instar de nombreuses autres femmes rencontrées durant mon enquête. Elle souligne enfin l'importance d'un modèle communautaire, entre autres en ne fêtant plus que de façon très sobre l'anniversaire de ses enfants et en privilégiant des moments de partage collectifs, remettant ainsi en cause une hiérarchisation entre « tradition » et « modernité » dans laquelle la « modernité », qui va de pair avec l'individualisme, serait supérieure à des modes de vie communautaires « traditionnels ».

C'est ainsi dans une dynamique complexe et ambivalente marquée par la transformation et le maintien de rapports de genre empreints de domination masculine, la mise en place de pratiques transnationales solidaires, une déconstruction de l'altérité, de la hiérarchie communément admise entre « tradition » et « modernité » mais aussi de ce que représente un parcours de mobilité sociale ascendante que s'effectue, au fil des générations, la transmission de la « fierté d'être soi » dans la famille Benazzouz.

6 Discussion comparative de l'ensemble du corpus

Cette partie reviendra dans un premier temps sur les différences et les similitudes majeures entre les deux familles présentées, avant d'effectuer un croisement thématique avec d'autres études de cas. Nous verrons en quoi, contrairement aux hypothèses de départ, ce n'est pas avant tout la situation *sociale* des familles qui a joué un rôle déterminant dans la transmission de la « fierté d'être soi », mais la capacité de ces dernières à transmettre leur *passé* et à aider leurs enfants à construire un lien complexe entre histoire, mémoire, et compréhension des sociétés dans lesquelles ils vivent.

6.1 Différences et convergences entre les familles El Asri et Benazzouz

Les deux parties précédentes ont eu pour objectif de présenter en profondeur les stratégies mises en place par deux familles pour transmettre la « fierté d'être soi » à leurs descendant·e·s. Tandis que l'une possède ce que je nomme, en me référant à Claudine Attias-Donfut et à François-Charles Wolff (2001), un « sentiment d'appartenance à un groupe social plutôt favorisé », l'autre est au contraire marquée par un « sentiment d'appartenance à un groupe social plutôt défavorisé ». Si la famille El Asri se caractérise par son appartenance à un groupe social aisé – le grand-père d'Ahmed possédait 130 hectares de terre et était *hajj* ainsi que maire du bourg duquel est originaire la famille –, la famille Benazzouz a au contraire connu une pauvreté marquée. Après la mort du père d'Abdullah en 1936, enrôlé de force dans les troupes de Franco, la famille tombe dans un dénuement extrême et émigre en Algérie française – à pied. Les deux familles sont cependant originaires de la même région dans le nord du Maroc, placée sous l'ancien protectorat espagnol.

Les deux groupes familiaux diffèrent sur d'autres points. Tandis que la famille El Asri est majoritairement d'origine arabe, la famille Benazzouz est amazighe. La première famille a émigré en Allemagne, la seconde en France. Le choix des destinations respectives pour la France et pour l'Allemagne s'explique par le passé des groupes familiaux. Comme nous l'avons vu dans la partie 2.1, les habitant·e·s de l'ancien protectorat espagnol parlaient moins le français que dans d'autres régions du Maroc. Ils·elles ont par conséquent privilégié les pays dans lesquels les salaires étaient les plus élevés, et qui n'étaient pas forcément francophones : l'Allemagne ou les Pays-Bas. Ceci explique le choix d'Ahmed El Asri d'avoir émigré en Allemagne, à la suite de son cousin. La famille Benazzouz a au contraire vécu en Algérie française avant d'émigrer sur le continent européen. On peut cependant considérer que cela correspondait déjà, d'une certaine façon, à sa première migration en France, dans la mesure où l'Algérie française constituait à l'époque un territoire français à part entière. À son expulsion d'Algérie après l'indépendance algérienne, Abdullah Zouaghi, comme de nombreuses autres personnes dans son cas, a directement émigré en France métropolitaine. Le passé de la famille Benazzouz en Algérie française explique par conséquent sa plus forte proximité avec la France et sa migration dans ce pays.

Les familles diffèrent également par leurs pratiques matrimoniales : si la famille El Asri est plutôt exogame, la famille Benazzouz se démarque par des pratiques plutôt endogames.

Tamir et Naïma Benazzouz ont toujours vécu dans la même cité populaire d'une ville dans l'est de la France. Leurs enfants n'ont pas poursuivi de scolarité longue. Tous ont arrêté l'école avant le bac. Comme Nassira l'a précisé, ceci était en partie lié au fait que ses parents parlaient moins bien le français qu'elle, et qu'ils n'ont pas pu l'aider dans ses devoirs. Tamir a dû mettre fin à sa scolarité à l'âge de 10 ans lorsque, dans le contexte de décolonisation, de nombreuses écoles primaires ont momentanément fermé en Algérie. Naïma quant à elle a grandi à Irharmi, le village natal de la famille au Maroc, qui se caractérise par un manque d'infrastructures scolaires. Elle n'est allée à l'école que durant quatre ans. La trajectoire scolaire des enfants de la famille Benazzouz interrompue avant le bac s'explique également par le fait que de nombreuses cités populaires en France, fréquemment classées en zones d'éducation prioritaires, sont fortement coupées d'autres quartiers résidentiels. Nassira est particulièrement attachée au quartier dans lequel elle a grandi, et dans lequel elle vit jusqu'à aujourd'hui. Elle a arrêté sa scolarité peu après son entrée dans un lycée professionnel qui se trouvait au centre-ville, après s'être fiancée à son cousin germain Foued.

La majorité des enfants de la famille El Asri se démarque au contraire par sa réussite scolaire, d'autant plus exceptionnelle que, comme nous l'avons vu dans la partie 2.2.2, seule une minorité d'élèves issus de l'immigration en Allemagne accède au *Gymnasium*. L'école a joué un rôle central dans la vie de leurs parents, en particulier d'Amina et de sa famille. Sous le protectorat espagnol, son père recevait un enseignement caché par un enseignant privé à domicile. Le fait qu'Amina ait dû mettre fin à sa scolarité de façon précoce à l'âge de 13 ans, suite à son mariage, l'a amenée à mettre l'école au centre de l'éducation de ses enfants.

La réussite scolaire des enfants de la famille El Asri s'explique aussi par des politiques urbaines différentes entre la France et l'Allemagne, et la plus grande mixité sociale des quartiers de Rannstadt comparé à ceux de Marheim. C'est grâce à l'aide de leurs voisin·e·s âgé·e·s allemand·e·s que Karim et Loubna ont pu intégrer le *Gymnasium* à l'issue du primaire.

Les familles se distinguent également à d'autres égards. La famille El Asri n'est pas, ou peu, ancrée dans la communauté marocaine de sa ville de résidence. Ceci est lié à son origine arabe, qui la différencie de la grande majorité des autres migrant·e·s marocain·e·s en Hesse (et de façon plus générale en Allemagne), qui sont Amazigh·e·s. Le fait de ne pas parler la langue amazighe, qui domine lors des rencontres de la communauté marocaine, isole de fait la famille de ses compatriotes en Allemagne. En partie pour combler la solitude qu'elle ressent à son arrivée en Allemagne, Amina El Asri débute une activité professionnelle, qu'elle maintiendra pendant vingt-cinq ans. Durant ces années, elle noue des liens d'amitié et d'entraide particulièrement forts avec des personnes d'origine allemande dans son entourage.

La famille Benazzouz quant à elle est fortement ancrée dans la communauté marocaine de Marheim. De nombreux·euses habitant·e·s de son quartier de résidence sont originaires de la même région du nord du Maroc qu'elle. Par leur engagement local et associatif, Tamir et Naïma Benazzouz sont devenu·e·s deux figures de proue de leur communauté. Alors qu'Amina souffre de solitude depuis son départ anticipé en retraite pour des raisons de santé, Naïma, qui est responsable des clés d'un local de rencontre du quartier de Hofeld et qui donne des cours d'alphabétisation en langue arabe à des femmes du quartier à titre bénévole, est particulièrement sollicitée au niveau associatif, à la croisée entre le domaine privé (les femmes) et public (les politiques de la ville qui soutiennent les activités que Naïma a contribué à mettre en place).

Les deux familles ont en commun d'avoir vécu une transformation considérable des rapports de genre, même si elle s'articule de façon différente. Dans les deux cas, cette transformation est ancrée dans un passé qui va bien au-delà de leur migration en Europe. Dans la famille El Asri, une transformation des rapports de genre a été amorcée par la mère d'Amina, qui a quitté son époux suite à des inégalités liées à la polygamie. Cette séparation a profondément transformé les rapports de genre dans la famille d'Amina. Ahmed El Asri lui aussi rejette un modèle familial polygamique : l'une de ses motivations principales d'immigrer en Allemagne à l'âge de 19 ans consiste dans sa rébellion contre l'inégalité familiale et économique engendrée par la polygamie de son père. Dans la famille Benazzouz au contraire, la première génération de la lignée est marquée par un modèle matriarcal. Le décès prématuré du père d'Abdullah propulse sa mère dans une position de cheffe de famille.

À partir de sa retraite, Ahmed développe des pratiques transnationales particulièrement intenses entre l'Allemagne et le Maroc. Il a racheté les terres familiales après le décès de son père et y possède une plantation. Cette activité lui confère un rôle de « patriarche », puisque c'est lui qui assure dorénavant la continuité du patrimoine de la famille élargie. De plus, sa position d'employeur sur sa plantation contribue à valoriser sa masculinité, partiellement remise en cause par la position familiale marginale dans laquelle Amina, voulant s'assurer de sa mainmise sur l'éducation de ses filles, l'a relégué. Si Amina a été salariée pendant près de trente ans, la répartition des tâches au sein du foyer est davantage ancrée dans une division traditionnelle entre l'homme et la femme.

Dans la famille Benazzouz, c'est au contraire conjointement, et à travers une forte complicité, que Naïma et Tamir ont œuvré pour une plus grande égalité des rapports de genre. Tous·tes deux insistent sur l'importance que la femme n'ait pas d'activité professionnelle, afin de pouvoir se consacrer au mieux à l'éducation de ses enfants. Cependant, ils·elles soulignent également qu'ils·elles ont tous·tes deux, au cours de leur biographie, rempli des tâches à la fois « masculines » et « féminines ». La poursuite de tâches « féminines » a permis à Tamir de surmonter sa mise en invalidité qui a prématurément mis fin à sa carrière professionnelle. La communication au sein du couple et les stratégies développées par Tamir et Naïma ont contribué à un remaniement des rapports de genre au sein de leur quartier de résidence, et à la création d'un groupe de femmes particulièrement actif.

La réflexion sur les rapports de genre se poursuit dans la génération suivante dans les deux familles. Autant Karim, le fils aîné de la famille El Asri, que Nassira, la fille aînée de la famille Benazzouz, ont épousé un·e partenaire originaire du Maroc. Cette décision est liée à des questions de transmission à plusieurs égards. D'une part, un·e conjoint·e qui a été socialisé·e au Maroc est souvent plus apte à transmettre sa langue maternelle et sa culture d'origine à ses enfants qu'une personne d'origine marocaine qui a grandi en Europe. D'autre part, ainsi que je l'ai montré, un·e partenaire qui a grandi au Maroc a souvent plus de facilités à transmettre ce que l'on peut appeler une « normalité d'être soi ». Dans la mesure où il·elle n'a pas été socialisé·e dans le même environnement dépréciateur de sa culture et religion que les descendant·e·s de migrant·e·s, il·elle est davantage en mesure de communiquer, avec assurance, une fierté de ses appartenances culturelles et religieuses, non seulement à ses enfants, mais aussi à son conjoint·e et à sa belle-famille en Europe. J'ai cependant démontré que ce phénomène est davantage valable pour les *femmes* que pour les *hommes* qui émigrent en Europe dans le cadre de leur mariage.

En effet, la migration de Foued s'est réalisée suite à son mariage avec sa cousine Nassira. Cette expérience l'oppose à celle des hommes de la génération précédente. Tamir Benazzouz, Ahmed El Asri, mais aussi d'autres hommes de leur génération ont longuement insisté sur le mérite qu'a représenté à leurs yeux leur émigration en Europe seuls, à un âge très jeune. Ils ont également souligné leur fierté d'avoir réussi à réaliser le regroupement familial et à faire venir leurs épouses et enfants en Europe. Lorsqu'ils arrivent en Europe par le biais de leur mariage, les hommes sont souvent dépendants, et/ou en situation d'infériorité par rapport à leurs épouses. Cette expérience renverse l'ordre des rapports de genre habituels dans lesquels l'homme domine, et fragilise l'estime de soi des hommes. Les couples se voient obligés de développer des stratégies pour pallier les risques de séparation qui peuvent découler de ce renversement rapide des rapports de genre. Ainsi Nassira développe des tactiques pour régulièrement valoriser son époux, et décide de s'inscrire dans une posture traditionnelle de femme au foyer, afin de ne pas renforcer davantage le bouleversement des rapports de genre amorcé. L'impact des politiques migratoires sur les rapports familiaux – qui, depuis la fin de la migration de travail, ne rendent l'entrée en Europe possible que par la voie familiale, estudiantine ou d'exil politique –, devient ici particulièrement apparent.

Malgré leurs différences, les familles ont de nombreux points communs dans leur transmission de la « fierté d'être soi ». Toutes deux – paradoxalement – ont mis en avant leurs origines sociales : la famille

El Asri pour indiquer qu'elle est d'origine aisée, la famille Benazzouz pour souligner le mérite qui lui revient d'avoir survécu à tant de difficultés économiques. Dans les deux familles, la déconstruction de l'altérité joue un rôle fondamental dans la transmission de l'estime de soi. Celle-ci est effectuée en grande partie à partir du passé colonial des parents et des grands-parents, mais aussi des pratiques transnationales.

Dans les parties suivantes, je reviendrai sur certaines transmissions centrales dans les familles El Asri et Benazzouz en les croisant avec d'autres études de cas. Ce faisant, je mettrai en exergue des particularités en France et en Allemagne et les mouvements dynamiques entre les pays.

6.2 Déconstruire l'appartenance sociale

Le sentiment d'appartenance à un groupe social « favorisé » constitue un appui dans la transmission de la « fierté d'être soi ». Les personnes concernées ont évoqué leurs appartenances sociales élevées pour démontrer qu'elles ne correspondent pas à l'image fréquemment homogénéisée qui associe les migrant·e·s à des personnes socialement démunies. Elles se sont appuyées ici sur un critère de distinction sociale communément accepté dans la société dans laquelle elles vivent. Ceci a été particulièrement le cas lorsqu'un parcours scolaire ou professionnel ascendant a pu être réalisé.

Son succès scolaire, puis professionnel, a été vital pour Karim El Asri dans la construction de son sentiment d'appartenance à un groupe social favorisé, et dans son estime de soi. Ici, des différences marquées sont apparues dans mon étude concernant la réussite scolaire et l'accès à l'emploi en France et en Allemagne.

En Allemagne, le système scolaire tripartite a formé un point central dans les entretiens réalisés avec des descendant·e·s de migrant·e·s. Karim a pu, « miraculeusement », grâce à l'aide de voisin·e·s allemand·e·s, intégrer le *Gymnasium*. D'autres enfants n'ont pas eu cette chance. Pour Nabila (partie 4.3.1), le système scolaire allemand et l'orientation fréquente d'élèves issu·e·s de l'immigration vers les établissements inférieurs du système tripartite a représenté un obstacle de taille. La passerelle qu'elle a finalement pu emprunter pour passer de la *Realschule* au *Gymnasium* existe, mais est rarement utilisée par les institutions. Dans ce contexte, pour bon nombre de personnes rencontrées, les *Gesamtschulen*, les collèges et lycées polyvalents ont représenté une issue précieuse à ces difficultés. Les *Gesamtschulen* n'effectuent pas de séparation des élèves après le CM1 et constituent une alternative au système scolaire tripartite. Leur introduction dépend des politiques d'éducation menées et de la couleur politique des *Länder*. La Hesse a introduit un nombre important de *Gesamtschulen* dans les années 1980, comparé à d'autres *Länder*. Tandis que le Parti social-démocrate allemand (la SPD) soutient traditionnellement l'introduction de *Gesamtschulen*, l'Union chrétienne-démocrate (la CDU) soutient au contraire davantage le système tripartite. Le fait que la Hesse ait été dirigée pendant plusieurs décennies par la SPD – de 1945 à 1987, puis à nouveau, à travers une coalition avec le parti des Verts, de 1991 à 1999 –, explique que les *Gesamtschulen* y soient plus nombreuses que dans des *Länder* davantage marqués par la CDU, comme le Bade-Wurtemberg ou la Bavière. Warda, que j'ai évoquée dans la partie 3.4.4, est arrivée en Allemagne en 1988 à l'âge de 7 ans. Elle est la benjamine d'une fratrie de dix. À son arrivée, elle a été scolarisée au CP. En raison de son manque de maîtrise de la langue allemande et du manque de classes adaptées pour les élèves allophones, ses résultats scolaires en primaire étaient faibles. La « chance » de Warda, ainsi qu'elle l'a souligné, a consisté dans son déménagement, deux ans après l'arrivée de la famille, d'une petite ville à l'autre au sein de la Hesse, dans laquelle existait une *Gesamtschule* :

> Au CM1, j'ai eu la chance IMMENSE d'habiter à (nom de la ville), parce que là-bas, il y avait une *GESAMTschule*. Parce qu'au CM1, bien sûr, je n'étais pas encore très bonne à l'école, j'avais beaucoup de 4[65] dans mon bulletin, et de 3. Mais on ne m'a pas envoyée à la *HAUPTschule*, comme je le vois souvent chez les enfants qui sont dans cette situation, et qui sont envoyés directement à la *Hauptschule*. J'étais dans une *GESAMTschule*. Cela m'a donné la possibilité d'évoluer. (…) Et euh OUI, à partir du CM1, mes résultats ont monté en flèche, j'ai suivi de nombreux cours de soutien à l'école et j'ai beaucoup progressé. J'ai aussi obtenu beaucoup de reconnaissance grâce à cela. (…) Et euh en 10ème

[65] Le système de notation en Allemagne va de 1 à 6, 1 étant la meilleure, 6 la moins bonne note. La note 4 correspond à la moyenne : une note inférieure est synonyme d'échec à un examen.

> classe[66], j'ai eu la possibilité de commencer un APPRENtissage ou même de continuer en 11ème classe. J'ai pu énormément évoluer, c'est pour ça que je suis complètement POUR les *Gesamtschulen*. J'ai fait le choix de commencer une formation d'éducatrice. Je suis éducatrice.

Au terme de sa 10ème année scolaire, Warda décide de commencer une formation. Elle souligne dans la suite de l'entretien qu'elle a immédiatement trouvé un poste d'apprentissage. Une crise de postes d'apprentissage a débuté en Allemagne à partir du milieu des années 1990, de laquelle les élèves d'origine migrante sont sortis particulièrement perdants (Geißler et Weber-Menges 2008). En 2007, 42% des jeunes issus de l'immigration n'avaient pas de poste d'apprentissage, contre 13% des jeunes d'origine allemande (*Ibid.*). C'est donc en connaissance de cause que Warda insiste sur « sa chance ».

Le racisme a cependant également joué un rôle important dans les difficultés que Warda a rencontrées à l'école primaire, avant d'être scolarisée dans une *Gesamtschule*. Elle avait commencé à porter le voile très jeune. Au CE1, son institutrice le lui enlevait régulièrement de force devant ses camarades de classe, alors que le port du voile était autorisé pour les élèves en Allemagne. La jeune femme garde un souvenir extrêmement négatif de cette enseignante. Au moment de notre entretien, Warda travaille depuis trois ans comme éducatrice dans l'accueil périscolaire. La structure dans laquelle elle est employée est portée par la ville. 87% des élèves qui y sont inscrits sont d'origine étrangère. Ses missions consistent dans l'aide aux devoirs et l'organisation d'activités pédagogiques. Warda souligne qu'elle est également chargée de faire le lien entre les travailleurs·euses sociaux·ales de la structure, les enseignant·e·s et les parents d'élèves

---

[66] Il n'existe pas de véritable équivalent en français pour la « 10ème année scolaire ». Cette année correspond à une transition importante, car elle marque la fin de la *Realschule* et, pour les élèves qui ont obtenu leur diplôme de *Realschule* (nommé *Mittlere Reife*), la possibilité de débuter un apprentissage correspondant à ce niveau d'étude. Il est également possible de réaliser un apprentissage après la 9ème année scolaire, qui marque la fin de la *Hauptschule*, néanmoins, le diplôme de *Hauptschule* ne donne pas accès aux mêmes filières d'apprentissages que le diplôme de *Realschule*. Les 11ème, 12ème et 13ème années scolaires correspondent aux années de lycée en France et préparent à l'*Abitur* (dans certains *Länder*, cependant, la scolarité ne comporte que douze années scolaires, au terme desquelles l'*Abitur* est passé, voir 2.2.2).

issus de l'immigration. Sa propre expérience migratoire, mais aussi son port du voile, ont ici constitué une ressource dans son embauche, comme nous le verrons plus bas.

Si l'accès au *Gymnasium* et ainsi à l'université est plus difficile pour les personnes interviewées en Allemagne, ces dernières sont plus nombreuses à être allées jusqu'au bout de leurs études supérieures une fois qu'elles les avaient entamées. En France, Nora, mais bien d'autres personnes encore que j'ai interviewées ont entamé des études universitaires, mais elles y ont mis fin après un an ou deux. Ainsi que l'ont souligné Younes Amrani et Stéphane Beaud, si le baccalauréat donne en théorie accès à l'université en France, il n'y donne pas encore accès en pratique, les écarts entre le savoir acquis à l'école et celui demandé à l'université étant souvent importants (Amrani et Beaud 2004, Beaud 2002).

L'accès aux formations professionnelles est également vécu comme moins problématique par les personnes que j'ai interviewées en Allemagne qu'en France. Farouk par exemple est arrivé en Allemagne en 1974, à l'âge de 8 ans. Il y a rejoint son père et la deuxième épouse de ce dernier. À ce moment, il était en voie de décrochage scolaire au Maroc : lui et d'autres élèves de sa classe se faisaient régulièrement agresser par des élèves plus âgés. Son père l'a alors fait venir en Allemagne avec deux autres de ses frères et sœurs. Farouk a été scolarisé au CM1, mais a très vite décroché en raison de difficultés en langue allemande et du manque de cours adaptés pour les élèves allophones. À l'issue du primaire, il est orienté vers une *Hauptschule*. Il regrette que son père ne l'ait pas envoyé dans une école de langues. À l'âge de 12 ans, il quitte la *Hauptschule* sans diplôme. Néanmoins, quelques mois plus tard, il trouve une place d'apprentissage en tant que mécanicien dans le secteur automobile, son rêve d'enfant. Dès la fin de sa formation, il est embauché par l'entreprise qui l'a formé. Il touche plus de 2000 marks par mois, environ le double de ses amis. Il y travaillera de nombreuses années, avant d'accepter par la suite un autre emploi dans le domaine aéronautique. Au moment de notre entretien, il travaillait de nouveau dans son secteur de prédilection, l'automobile. Il n'a jamais été au chômage et a touché, dès l'âge de 19 ans, un salaire supérieur à la moyenne nationale.

Le lieu de résidence joue également un rôle prononcé dans le sentiment d'appartenance à un groupe social plutôt favorisé ou défavorisé. Si ce thème a été récurrent dans les entretiens que j'ai réalisés en France, un sentiment de ségrégation ou de désavantage par l'habitat n'a pas été évoqué dans les entretiens que j'ai réalisés en Allemagne, bien que plusieurs familles vivaient dans des logements sociaux, ou dans des quartiers réputés pour concentrer des problèmes sociaux. Pour un certain nombre de mes interlocuteurs·trices à Marheim, vivre dans une banlieue était perçu comme stigmatisant[67]. Selon Amel, que nous avons vue dans la partie 3.4.3, « quitter la cité » était devenu synonyme d'une mobilité sociale ascendante.

D'une certaine manière, la question des banlieues en France peut être perçue comme apparentée à celle du système scolaire tripartite allemand. En effet, l'une des raisons pour lesquelles Amel et d'autres personnes interviewées ne souhaitent pas vivre en banlieue consiste dans leur volonté d'envoyer leurs enfants dans d'autres écoles que dans une ZEP, qu'elles considèrent de niveau inférieur aux établissements scolaires situés dans des quartiers résidentiels, et susceptibles de mettre leurs enfants en contact avec des jeunes ayant des comportements délinquants. Ces motivations sont proches de celles de parents en Allemagne qui ne souhaitent pas que leurs enfants soient orientés vers des *Hauptschulen.*

Si l'insertion professionnelle est moins problématique pour les migrant·e·s et leurs descendant·e·s en Allemagne qu'en France, des difficultés de taille pour entrer sur le marché de l'emploi ont été relevées des deux côtés de la frontière par les femmes qui portent le voile. Ici aussi, ces difficultés sont cependant moins marquées en Allemagne, comme nous le verrons plus bas. Mon étude m'a permis de faire le constat suivant : un sentiment d'appartenance à un groupe social favorisé constitue un *appui* dans la transmission de la « fierté d'être soi ». Les personnes ayant ce que je nomme un sentiment d'appartenance à un groupe social plutôt défavorisé sont cependant loin de manquer de ressources pour transmettre la fierté d'être soi. De plus, par leur expérience de la migration et leurs pratiques transnationales, elles connaissent le caractère *aléatoire* de l'appartenance sociale. Dans certains cas, les différences de réussite ou de mobilité sociale ascendante peuvent entraîner des jalousies, des tensions, voire des conflits au sein des familles et des fratries.

L'ensemble des personnes rencontrées – indépendamment de leur positionnement social – effectue par conséquent un travail important de

---

[67] Certaines personnes qui ont quitté la banlieue à l'âge adulte ont cependant évoqué avec nostalgie l'entraide qu'elles y ont vécue durant leur enfance avec leurs voisin·e·s, une solidarité qu'elles n'ont pas retrouvée par la suite dans leur quartier de résidence à plus grande mixité sociale.

déconstruction de ce qu'est l'appartenance sociale en elle-même afin de pallier ces difficultés. Ce travail de déconstruction est lié à leurs expériences plurielles. Amina et Ahmed El Asri ont montré la relativité de la richesse de leur famille au Maroc, qui dépendait des rapports de genre institués par les patriarches. Ainsi, si Ahmed El Asri vient d'une famille particulièrement aisée, les pratiques polygames de son père ont mené à un appauvrissement relatif de ses descendant·e·s, car partager le patrimoine familial par un nombre aussi élevé d'enfants a diminué considérablement les ressources qui revenaient à chacun d'entre eux. Amina et Ahmed ont également déconstruit l'importance de l'appartenance sociale par le déclassement qu'ils·elles ont vécu à travers la migration : le fait qu'ils·elles occupent des emplois dans des secteurs professionnels peu valorisés ne remettait pas fondamentalement en cause leur estime de soi.

De son côté Abdullah Zouaghi a souligné, par sa mobilité sociale ascendante subjective, la relativité d'une situation sociale « défavorisée » : il est certes analphabète et a été ouvrier sans qualifications, mais il est parvenu, durant son parcours, à mener des projets de taille. De plus, son ingéniosité et son plurilinguisme font de lui un « ingénieur illettré », et un traducteur des cultures et des histoires nationales particulièrement compétent.

Les pratiques transnationales des personnes rencontrées participent également à la déconstruction de l'idée d'appartenance sociale. Lors de mon séjour au Maroc, j'ai été frappée par les différents statuts sociaux que vivaient les familles durant leurs vacances au Maroc, et le reste de l'année en France ou en Allemagne. La famille d'Aziz par exemple, que j'ai évoquée dans la partie 3.4.2, a une situation de vie de classe moyenne inférieure en France. Durant ses séjours au Maroc, cependant, elle emploie l'une des cousines de la famille, qui la seconde dans ses tâches ménagères. J'ai également observé que les enfants étaient traités avec respect par leurs cousins et cousines au Maroc, qui semblaient impressionné·e·s par leur niveau de vie, et par le fait qu'ils vivaient en Europe. Les enfants vivent ainsi des situations sociales contrastées en fonction des contextes dans lesquels ils se trouvent : un niveau de vie de classe moyenne inférieure en France et un statut fortement privilégié au Maroc. S'ils vivent des discriminations en France, ils font dans certains cas l'expérience d'être traités avec respect par leur entourage au Maroc, en raison de leur situation sociale.

Les personnes que j'ai interviewées en France et en Allemagne ont conscience de la rapidité avec laquelle on peut se retrouver en haut ou en bas de l'échelle sociale. De plus, par la migration, les cartes sont rebattues : quelle que soit leur appartenance sociale, les personnes rencontrées ont fait l'expérience d'être assimilées à un groupe social défavorisé. Toutes sont, indépendamment de leurs ressources économiques, frappées de manière semblable par le racisme, ce qui altère leurs possibilités de mobilité sociale ascendante. Le compteur social est en quelque sorte remis à un niveau similaire pour tous.

Ceci ouvre un nouveau champ de possibilités, dans lequel ce n'est pas l'appartenance sociale en *soi* qui permet la « fierté d'être soi », mais au contraire une réflexivité autour de ce qu'elle représente. Amina El Asri a appris à passer « tout en bas de l'échelle sociale », comme elle le formule dans son récit de vie. Alors qu'elle est issue d'une famille aisée au Maroc, elle s'est retrouvée en Allemagne dans une situation où sa fille tentait parfois de cacher son appartenance sociale auprès de ses ami·e·s. Cette expérience a amené, dans de nombreux cas, les personnes rencontrées à être solidaires entre elles, indépendamment de leur appartenance sociale. Comment ne le seraient-elles pas ? La plupart des enfants des fratries n'ont pas réalisé les mêmes parcours de mobilité sociale ascendante.

Le moyen le plus opérant pour transmettre la « fierté d'être soi » consiste par conséquent en une déconstruction même de la notion d'appartenance sociale. Nora par exemple, que nous avons vue dans la partie 3.4.3, évoque dès le début de son récit de vie :

> Mes grands-parents, donc, ils venaient d'un milieu très modeste. Ce dont je me souviens, c'est de la campagne, avec des gens qui vivaient modestement, mais pour moi, qui vivaient de la manière la plus riche qui soit. Tu vois, en fait, on a tous une manière de considérer la richesse. Pour moi, ce n'est pas une question d'argent. Ce n'est pas une question de MATÉRIEL, c'est VRAIMENT ce que tu ES. Si vraiment tu es une personne qui sait DONNER, en fait tout simplement qui sait donner, tu es quelqu'un pour moi de très très très riche. Je n'ai pas cette vision-là, tu vois, du matériel. Je considère donc mes grands-parents comme des gens qui étaient excessivement riches.

Ainsi, c'est par une forte réflexivité autour de la question de l'appartenance sociale – qui mène à une déconstruction de cette dernière –, que la transmission de la « fierté d'être soi » prend sa plus grande force.

6.3 La modernité

Une autre stratégie centrale des familles en France comme en Allemagne pour transmettre la « fierté d'être soi » à leurs enfants consiste en une déconstruction de l'idée de modernité. Les familles ont recours à différentes tactiques pour élaborer un discours qui remet en cause l'opposition ou la hiérarchisation entre ce qui peut être perçu comme « moderne » ou « traditionnel », comme nous l'avons vu à travers plusieurs exemples. Cette thématique est apparue de façon récurrente dans mon enquête. De nombreuses personnes rencontrées ont comparé l'austérité qu'elles ont vécue ou observée au Maroc à l'opulence européenne, concluant que l'austérité, même si elle diminue le confort de vie matériel, renforce l'intensité de l'instant présent et les valeurs de solidarité humaine. Si cette thématique est apparue en France comme en Allemagne, j'ai pu néanmoins constater une différence entre les deux pays. En effet, en France, la question de la modernité était associée par les personnes interviewées à des rhétoriques développées afin de légitimer la colonisation. Nora par exemple a pris position contre certaines formes de l'individualisme et de la modernité. Ce faisant, elle a employé un vocabulaire qui renvoie directement aux discours dominateurs coloniaux français, de façon ironique. Ici, la jeune femme se réfère aux discours de « mission civilisatrice », une représentation qui a été instrumentalisée par plusieurs pays européens afin de mettre en place et de maintenir leur domination coloniale sur plusieurs pays dits « du Sud » :

> Parce que chez nous, normalement, la famille, moi c'est quelque chose qui me manque, de pas pouvoir être avec mes parents, qu'ils ne voient pas tout le temps mes enfants, c'est quelque chose qui me manque. Parce que la famille, tu vois, en fait, tu as l'impression que d'une certaine manière, une partie de toi se régénère et se ressource au sein-même de ta famille. Tu vois ? (...) Moi ce que je sais, c'est qu'au bout d'un temps, j'ai BESOIN d'aller voir mes

> parents. C'est un BESOIN. Je DOIS aller les voir. (…) Mes amies qui sont européennes, elles vont voir leurs parents parce qu'elles DOIVENT aller les voir. Et ça, moi, je trouve que c'est TERrible, d'aller voir quelqu'un parce que tu DOIS aller le voir. Surtout quand il s'agit de ton père ou de ta mère. Donc voilà. Mais c'est ce que la modernité et la civilisation ont apporté (rit). On peut s'en vanter ! Et si c'est ÇA, être moderne, si c'est ça, être civilisé, je préfère être une sauvage. Parce que c'est important ce lien.

6.4 La religion

La transmission difficile de la religion musulmane dans un contexte fortement hostile à l'islam a formé un autre thème récurrent dans les entretiens que j'ai recueillis. Les familles parvenaient malgré tout à transmettre une fierté de leur appartenance religieuse à leurs enfants : de nombreux·euses descendant·e·s de migrant·e·s interviewé·e·s revendiquaient avec force leur appartenance à l'islam. Les stratégies familiales pour transmettre cette religion à leurs enfants sont plurielles. Comme évoqué plus haut, les familles s'appuient fréquemment sur l'exemple de personnes françaises converties à l'islam. De plus, elles ont recours à un vocabulaire positif pour évoquer la religion musulmane.

Sirine est originaire du nord du Maroc. Lorsque je l'ai rencontrée dans une mosquée à Rannstadt, elle évoquait le ramadan comme un « mois de magie ». La jeune femme a grandi en Allemagne, où elle a suivi des cours d'arabe dans une mosquée. À l'âge de 17 ans, elle y a créé un groupe avec plusieurs de ses amies, dont quelques jeunes femmes allemandes converties. Leur groupe était considéré comme particulièrement « rebelle », notamment dans ses positions sur les rapports de genre, et certaines jeunes filles de la mosquée n'ont pas obtenu l'autorisation de leurs parents d'y participer. Entre temps, plusieurs des membres du groupe sont mariées et ont des enfants. Elles continuent, à l'âge adulte, de se rencontrer afin d'échanger sur des questions religieuses. Elles organisent également des activités familiales communes, par exemple les week-ends. Ces rencontres participent à la création d'un espace de socialisation dans lequel leurs enfants sont entourés de personnes qui valorisent leur religion.

Plusieurs personnes ont également développé des stratégies pour tenter de *modifier* le regard de leur entourage français ou allemand sur l'islam. Tel Amir, né à Marheim en 1979. Après l'obtention de son baccalauréat, il a entamé un cursus d'enseignement supérieur, qu'il a abandonné au bout d'un an. Au moment de notre entretien, il travaillait comme agent dans le domaine du commerce. Amin ne pratique pas l'islam de façon intensive. Néanmoins, il souligne dans son récit les bienfaits physiques des pratiques de l'islam, se calquant ici sur un discours en vogue dans les pays occidentaux concernant l'importance du bien-être pour la santé. Ce faisant, il développe un discours qui contrecarre l'image stéréotypée du « sale Arabe » :

> (…) [C]ette religion, elle est faite pour que tu prennes soin de toi. Pour que tu prennes soin de ton corps. Un musulman, c'est quelqu'un de très propre. Pourquoi ? Parce que quand il fait la prière- avANT de faire la prière, il se LAVE et la prière, on la fait cinq fois par jour, ça veut dire qu'un musulman se lave CINQ fois par jour. Ça, il n'y a pas beaucoup de gens qui le savent. Et il FAUT leur dire ÇA.

Farouk, que j'ai mentionné dans la partie 6.2, argumente dans le même sens, soulignant les bienfaits du jeûne pratiqué durant le ramadan pour le « corps » et « l'âme ». Le fait qu'il parvienne à maîtriser son corps durant le ramadan et à renoncer au café comme au tabac – chose que ses collègues allemands disent ne pas pouvoir faire – renforce de plus sa masculinité :

> À la fin, il y a une grande fête et c'est un grand moment de joie. Au travail, ils [mes collègues] m'ont dit : « Je ne savais pas que pendant le ramadan, tu PURIFIES ton corps ». C'est écrit dans le Coran ! Tu purifies ton estomac. Si par exemple, tu es dépendant de café, que tu as l'habitude d'en boire tous les matins, tu n'en bois pas avant le soir pendant le ramadan. Ou si tu fumes et que tu dis : « Oh, j'ai besoin d'une cigaRETTE », NON ! Rien du tout ! Tu apprends la maîtrise de toi. (…) Bien sûr, ça fait un grand bien au CORPS. C'est bon aussi pour l'âme, tu sais ?

La pratique de la religion musulmane permet également aux descendant·e·s de migrant·e·s de garder un lien étroit avec leurs parents, tout en développant des modes de pensée qui diffèrent des leurs. Nora souligne ainsi qu'elle a, paradoxalement, découvert la religion musulmane par une femme française convertie, comme nous l'avons vu dans la partie 3.4.3 :

> Un jour, j'ai rencontré une Française comme toi, mais qui était convertie à l'islam. C'est quelque chose qui m'a INTERpellée. Parce que je considérais que- en fait, l'islam en général était considéré comme une religion réservée aux Arabes (rit). Donc le fait d'avoir vu une FRANÇAISE qui s'était convertie SANS être mariée avec un musulman, SANS-. Je veux dire d'elle-même, tu vois. Lorsqu'on a discuté, j'étais complètement étonnée, abasourdie de ce qu'elle me disait. Enfin, on va dire que c'est une Française qui m'a appris ma religion. C'est quelque chose qui est complètement euh-. Je ne sais pas comment t'expliquer ça, c'est hilarant tu vois ? (...) Et de là, petit à petit, mon cheminement a été complètement différent. C'est-à-dire que je n'ai PAS essayé de continuer dans le cheminement de mes parents.

La jeune femme évoque dans la suite de l'entretien qu'elle s'est éloignée de ses parents à travers sa nouvelle pratique de l'islam, mais que le fait de ne pas rejeter la religion en tant que telle lui a permis de garder un lien de proximité fort avec eux.

Malgré le fait que les stéréotypes sur l'islam soient évoqués de façon récurrente dans mon enquête en France comme en Allemagne, j'ai constaté une différence marquée entre les pays concernant les possibilités de *pratiquer* sa religion et de transmettre à ses enfants la « fierté d'être soi » en tant que musulman·e. Cette différence provient du rapport radicalement opposé que les deux pays entretiennent avec les religions (voir partie 2.2.2).

Si les femmes rencontrées qui portent le voile ont déploré dans les deux pays la difficulté d'accéder au marché de l'emploi en raison du port de ce signe religieux, elles sont néanmoins plus nombreuses – dans mon échantillon – à exercer une profession dans un secteur valorisé en Allemagne. Plusieurs d'entre elles par exemple travaillent dans des structures éducatives publiques. Warda, que j'ai évoquée dans la partie

6.2, porte le voile. Lorsque j'ai accompagné Nissrine et Karim El Asri à la fête de fin d'année de la maternelle de leur fils, j'ai observé que plusieurs éducatrices de la structure portaient le voile. Dans certains secteurs d'emploi publics ou privés à Rannstadt, l'appartenance à l'islam et le port de symboles religieux n'est pas considéré comme un obstacle, mais plutôt comme une ressource. Le fait d'intégrer des symboles musulmans dans des structures éducatives constitue un facteur qui facilite aux parents que j'ai rencontrés la transmission d'une normalité, et d'une fierté de leur religion en contexte allemand.

Les personnes interviewées comparent les possibilités d'expression religieuse dans différents pays européens. Karima El Karoui, que j'ai évoquée dans la partie 4.3.2, a travaillé vingt-deux ans dans une entreprise de confection de gâteaux à Rannstadt. Quelque temps après avoir débuté son emploi, voyant à quel point elle et ses collègues souffraient de l'aménagement des horaires de pause durant le ramadan, Karima a exposé la problématique à son supérieur. Ce dernier a alors modifié les horaires de travail durant cette période, permettant aux employées musulmanes de travailler durant l'heure du midi, et de partir plus tôt le soir. Il a également mis une salle de prière à la disposition de son personnel de manière permanente. Karima mène de nombreuses discussions avec ses belles-sœurs installées dans différents pays d'Europe. Celles en France lui ont parlé de la loi interdisant le port du voile aux élèves dans les écoles publiques. Karima souligne par conséquent son appréciation positive des politiques appliquées en Allemagne, qui laissent selon elle les musulman·e·s « libres » de pratiquer leur religion :

> J'aime l'Allemagne, pourquoi ? Elle LAISSE les personnes musulmanes vivre leur religion, vous comprenez ? Elle laisse les femmes porter le voile, elle laisse les filles, elle laisse les gens VIVRE leur religion !

6.5 Les pratiques transnationales

Les pratiques transnationales constituent l'un des outils centraux pour transmettre la « fierté d'être soi ». Les personnes rencontrées durant mon enquête se déplacent entre plusieurs contextes, dans lesquels les rapports sociaux tels que les rapports de genre ou de racisation se conjuguent différemment, ce qui leur permet de relativiser les expériences de discrimination vécues dans l'un ou l'autre pays. En traversant les frontières, les individus passent également d'un statut social à un autre, ce qui les mène à prendre de la distance avec leur perception de l'appartenance sociale. Certaines familles ont de plus pu accéder à un bien immobilier grâce à cet ancrage transnational, ce qui accroît leurs chances de mobilité sociale.

Plusieurs interviewé·e·s ont également créé une entreprise transnationale entre l'Allemagne et le Maroc. Être auto-entrepreneur permet d'une part de contourner la discrimination à l'embauche, ou de surmonter le chômage ; d'autre part, développer sa propre entreprise transnationale peut constituer un moyen de créer un pont entre l'Allemagne et le Maroc, et d'œuvrer pour une image plus valorisante du Maroc. Fatima par exemple a grandi à Rannstadt. Elle est assistante pharmacienne de métier et a travaillé dans une pharmacie quelques années à l'issue de sa formation. Elle a ensuite effectué une seconde formation et s'est spécialisée en médecines douces. Elle vend actuellement de l'huile d'argan en Allemagne : après avoir pratiqué de la vente en ligne pendant plusieurs années, elle a ouvert un magasin à Rannstadt. La jeune femme achète ses produits au Maroc, au sein d'une coopérative biologique de femmes. Son objectif est d'« aider » sa clientèle allemande à travers les effets de guérison inattendus de ses produits, et ainsi indirectement de faire découvrir le Maroc sous ses aspects positifs et de modifier l'image dépréciative qui pèse sur son pays d'origine. Simultanément, en achetant sa marchandise dans une coopérative de femmes, elle contribue à renforcer les possibilités d'emploi des femmes au Maroc. Son époux lui aussi est auto-entrepreneur. Il a créé, avec son frère, sa propre agence de voyage spécialisée dans le tourisme entre le Maroc et l'Allemagne. Lui aussi a développé un secteur dans le domaine de l'emploi qui souligne l'attractivité de son pays d'origine, et tente ainsi de renforcer des liens positifs entre l'Allemagne et le Maroc.

Alors que plusieurs personnes rencontrées en Allemagne ont créé une entreprise transnationale reliant les deux pays, cela ne correspond à aucune des activités de mes interviewé·e·s en France, ou du moins n'en ont-ils·elles pas parlé. Cette différence mérite d'être approfondie. Le fait qu'il semble exister davantage d'entreprises transnationales en Allemagne peut provenir du niveau de vie plus élevé des migrant·e·s dans ce pays qu'en France (Thränhardt 2009, Tucci 2008), qui leur confère un plus grand pouvoir entrepreneurial. Ce phénomène peut également être lié à une plus grande injonction, en France, à l'assimilation, qui dissuade les migrant·e·s d'établir des pratiques professionnelles transnationales, ou de les rendre visibles (Delcroix et Bertaux 2012).

De plus, les familles que j'ai rencontrées ont des pratiques transnationales intenses au sein même de l'Europe. En effet, les migrant·e·s marocain·e·s sont particulièrement dispersé·e·s sur le continent européen, comme nous l'avons vu dans la partie 2.1. De plus, bon nombre des personnes arrivées dans les années 1960-70 ont vécu dans plusieurs pays européens avant de s'installer plus définitivement dans l'un d'entre eux (Bousetta et Martiniello 2003). Plusieurs hommes que j'ai rencontrés ont vécu en Belgique puis dans les Pays-Bas, avant de s'installer en Allemagne. Cette expérience renforce les liens transnationaux intra-européens des familles, qui se poursuivent jusqu'à aujourd'hui. Ainsi, plusieurs personnes rencontrées, qui ont grandi en France ou en Allemagne, ont épousé un·e partenaire qui, comme elles, est d'origine marocaine, mais a grandi dans un autre pays d'Europe. Lorsque j'ai participé à des rencontres familiales (par exemple lors de mariages) où les membres des familles vivant dans différents pays d'Europe se retrouvaient, j'ai été particulièrement frappée de constater que les individus comparaient entre eux les pays européens en évoquant plusieurs domaines : le système scolaire, le marché de l'emploi, l'accès au logement, le système d'assurance maladie, le système des retraites, la possibilité ou non de pratiquer la religion musulmane dans l'espace public et pour les femmes de porter le voile. De plus, les familles mettaient souvent en place une éducation multilingue permettant aux cousin·e·s de communiquer dans plusieurs langues européennes, comme nous le verrons plus bas dans l'exemple de Farida. Enfin, certains membres des familles restés au Maroc vivaient eux aussi une vie transnationale entre le Maroc et l'Europe, même sans jamais avoir émigré. En effet, plusieurs d'entre eux travaillaient dans l'une des deux enclaves espagnoles dans le nord du pays, tout en vivant au Maroc. Ils menaient par conséquent une vie de transfrontaliers. Leurs enfants étaient scolarisés en Espagne et parlaient couramment l'espagnol, tout en ayant leur résidence principale au Maroc.

6.6 La déconstruction de l'altérité

La déconstruction de l'altérité est l'un des autres éléments centraux dans la transmission de la « fierté d'être soi ». Leur expérience migratoire conduisait souvent les personnes rencontrées à réfléchir à la singularité – et au caractère universel – de leurs appartenances. Mais elles avaient généralement commencé à déconstruire la notion d'altérité bien avant leur arrivée en Europe, entre autres en raison des discriminations vécues par les Amazigh·e·s au Maroc, ou à travers leur expérience de la colonisation.

Ainsi Bouchra, que j'ai évoquée dans la partie 3.4.4, est arrivée en Allemagne en 1993 à l'âge de 14 ans. Elle a tout d'abord été scolarisée dans une école de langues, à l'instar de Karim El Asri, avant d'être orientée dans un *Gymnasium*. Elle a fait des études universitaires et cherche actuellement un emploi, mais peine à en trouver, ce qui est selon elle lié à son port du voile. Sa classe dans l'école de langues était composée d'élèves de diverses origines. Plusieurs de ses camarades étaient d'origine bosniaque, dans la mesure où de nombreux·euses réfugié·e·s se sont dirigé·e·s vers l'Allemagne au début des années 1990, durant la guerre d'ex-Yougoslavie. Bouchra a beaucoup réfléchi aux expériences historiques et biographiques de ses camarades, mettant en exergue les différences mais aussi les points communs entre leurs vécus. Elle souligne le fait que ce sont ses parents, eux-mêmes marqués par leurs expériences de domination en tant qu'Amazigh·e·s dans le nord du Maroc, qui lui ont transmis ce souci permanent de déconstruire l'altérité :

> C'est vraiment le plus important de ce que nous ont transmis nos parents : un être humain est un être humain. Beaucoup de personnes ne vivent pas seules, quelle que soit la région du monde où elles vivent. Au Maroc aussi, il y a les Arabes et les Berbères ! Et ceux qui viennent de l'est, ceux qui viennent de l'ouest, ceux qui viennent de VILLAGES, d'autres de VILLES ! Ceux qui sont PETITS, GRANDS, noirs, blancs ! Que sais-je ! Il existe des différences partout, mais je ne les ai jamais observées de façon aussi extrême qu'ici. C'est quand même autre chose. (…) Je trouve que nos parents ne nous ont pas élevés en disant : « Un Allemand ou quelqu'un qui n'est PAS musulman est une mauvaise personne ». Je n'ai JAMAIS entendu ça. Ils disaient toujours : « CHAQUE être humain est un être humain, indépendamment de sa religion », et je trouve ça vraiment bien ! (…) Mais nous ne sommes

> malheureusement pas perçus comme cela. Je ne suis malheureusement souvent pas perçue comme ça.

Si Bouchra a appris au sein de son espace familial à déconstruire l'altérité, ce n'est pas le cas de son entourage majoritaire allemand. La jeune femme a profondément souffert de la discrimination durant sa socialisation en Allemagne et en souffre encore aujourd'hui. J'ai évoqué précédemment plusieurs exemples qui montrent la manière dont la déconstruction de l'altérité participe à la construction de la fierté d'être soi, dans la mesure où elle permet aux familles de mettre en place un modèle de commune humanité, et de renvoyer à leur entourage la nécessité de déconstruire leurs préjugés. L'exemple de Bouchra met cependant en avant les limites de la construction de la fierté d'être soi. Celles-ci proviennent essentiellement du fait que, contrairement aux voisin·e·s de la famille El Asri, son entourage ne déconstruit pas sa vision de l'altérité. Ainsi que le souligne François Dubet (1989), l'intégration n'est pas un processus unidirectionnel, mais se fait dans les deux sens : elle n'implique pas seulement les migrant·e·s, mais aussi la société d'accueil.

6.7 La et les langue·s

La transmission d'un plurilinguisme joue un rôle central dans la transmission de la « fierté d'être soi » des familles. Parler plusieurs langues entraîne de nombreux avantages susceptibles de participer à la construction de cette dernière, comme la mise en place de pratiques transnationales intra-européennes et entre l'Europe et le Maroc, dont nous avons vu l'importance plus haut pour la construction de l'estime de soi. Le plurilinguisme permet également de garder un lien proche avec les grands-parents restés au Maroc, qui constituent souvent un pôle de stabilité émotionnelle important (Lutz 2000b). Il favorise enfin la recherche d'emploi et les possibilités de mobilité sociale ascendante.

Le choix de la transmission des langues dans les familles rencontrées est cependant complexe, car elles doivent souvent choisir entre quatre ou cinq langues, voire plus. Cette question se pose notamment au sein des couples où les conjoint·e·s ont vécu dans différents pays européens. Farida par exemple, que j'ai évoquée dans la partie 3.5.2, a grandi en France. Son mari a effectué ses études supérieures en Allemagne, et parle couramment l'allemand. Plusieurs de ses frères et sœurs, neveux et nièces vivent dans ce pays. Il importe au jeune couple de transmettre à ses enfants les langues arabes (littéraire comme dialectale), le français, mais aussi l'allemand. La transmission des langues arabes vise à faciliter l'ancrage des enfants au Maroc, et leurs futures pratiques transnationales avec ce pays, tandis que la transmission de la langue allemande leur offre la possibilité de communiquer avec leurs cousins et cousines en Allemagne, et renforce les liens intra-européens de la famille élargie. De plus, ces compétences linguistiques représentent un capital culturel important. À la question de ce qu'elle souhaite transmettre à ses enfants, Farida répond :

> Ce que j'aurais envie de leur transmettre ? La langue. La langue arabe. Je trouve ça IMPORTANT. Moi, je remercie mes parents de m'avoir transmis déjà le dialecte[68], de pouvoir communiquer déjà avec mes grands-parents et tout ça, ça c'est IMPORTANT. Maintenant, moi, je veux UN peu plus pour mes enfants. Je voudrais qu'ils soient vraiment de vrais bilingues, dans la mesure où je voudrais qu'ils parlent couramment l'arabe, mais aussi qu'ils l'écrivent. Qu'ils l'écrivent comme ils écrivent le français, comme ils écrivent n'importe quelle langue. Ça, pour moi, c'est important. Mais bon, ils ne seront pas bilingues, ils seront trilingues parce que je n'avais pas prévu d'épouser un mari qui parle allemand (rit). Donc maintenant, j'ai le petit qui fait ARABE et allemand, en plus du français. Ça s'est fait comme ça, ce n'était pas tellement prévu. Donc ça, les langues, l'allemand, ça, j'y tiens beaucoup, et l'arabe. Ça, c'est des choses que je veux qu'ils apprennent. (...) C'est quelque chose que je n'ai pas envie que mes enfants perdent, déjà par rapport aux frontières de Marheim avec l'Allemagne, déjà par rapport à ÇA. Et puis, c'est aussi une richesse, ça crée une langue en plus, et comme ça, ils peuvent aussi parler avec leurs cousins, qui EUX sont en Allemagne. Ça leur fait au moins une langue commune.

Selon bon nombre de mes interviewé·e·s de la ville de Marheim, la proximité de cette dernière avec l'Allemagne constitue une autre

[68] Farida se réfère ici au darija, ses parents ne parlant pas l'amazighe.

motivation pour mettre en place des stratégies afin que leurs enfants apprennent l'allemand. Plusieurs familles ont inscrit leurs enfants dans des classes bilingues français-allemand dès la maternelle, même quand elles n'avaient pas de parents en Allemagne. C'est le cas de Malika par exemple, qui a inscrit ses trois enfants en classes bilingues dès la maternelle et qui m'a sollicitée pour donner des cours de soutien scolaire en allemand à son fils aîné au moment de son entrée en primaire. Elle l'a également inscrit aux cours d'arabe dans une mosquée, les mercredis. Transmettre une langue implique pour elle plus que des connaissances linguistiques :

> Le fait que je leur fasse apprendre petits, ça poursuit le même objectif en fait. Parce que derrière le cours d'arabe, tu as aussi une CULTURE, tu as aussi une transmission d'une religion, tu as beaucoup de choses. Ce n'est pas juste la LANGUE, mais tout ce qui va avec. Parce que la langue arabe, c'est aussi la LANGUE dans laquelle a été révélé le Coran. Ce n'est pas juste une langue pour une langue, la langue, c'est tout une ouverture d'esprit sur une culture. (…) Tout ce qu'il y a derrière.

Il est intéressant de constater que dans les familles interviewées ayant fait le choix de ne pas transmettre la langue arabe ou amazighe, cette non-transmission a fait plus tard l'objet de reproches de la part des enfants envers leurs parents. Monsieur Halimi, que nous avons vu dans la partie 3.5.2, raconte :

> Le petit dit : « Papa ? L'arabe ou le berbère ? Qu'est-ce qui est le plus difficile ? ». Il s'intéresse aux DEUX. Ça veut dire qu'il ressent un BESOIN d'apprendre cette langue, hein ? (…) Je dois avouer que j'ai commis une erreur, enfin, qu'est-ce que ça veut dire, une erreur ? Pour moi, la priorité pour mes enfants était qu'ils aient un bon démarrage à la maternelle, à l'école. Un bon démarrage, ça veut dire l'allemand, pour moi c'était la priorité. Je sais que beaucoup d'enfants et de jeunes ont du mal à prendre leurs marques à l'école à cause de problèmes de langue. C'est pour cela que ça a toujours été important pour moi qu'ils apprennent la langue allemande correctement. Et ENCORE autre chose :

> quand on n'est pas né ici ou qu'on n'a pas grandi ici, on a TOUJOURS cette difficulté. On ne maîtrisera JAMAIS la langue allemande à 100%, il y aura toujours un manque. Hein ? (...) C'est pour cela que c'était important, pour moi. Ils pourront toujours apprendre l'arabe ou le berbère plus tard. (...) Ils demandent toujours, et l'un m'a dit : « Papa, tu nous as promis que tu nous emmènerais aux cours d'arabe ».

Monsieur Halimi regrette en partie de ne pas avoir transmis la langue arabe à ses enfants. Simultanément, il revient sur les raisons de ce choix : la réussite scolaire de ses enfants, qui passe selon lui par la maîtrise parfaite de la langue allemande. Il s'ancre ici dans une pensée « monolingue », acceptant l'idée que la maîtrise d'une seule langue peut mener à la réussite scolaire.

Sonia Harbi, que nous avons vue dans la partie 3.5.2, reproche elle aussi à son père de ne pas lui avoir transmis ni l'arabe, ni l'amazighe. Dans mon corpus, les descendant·e·s de migrant·e·s qui ont grandi en Europe insistent beaucoup plus sur l'importance de transmettre la langue arabe ou amazighe à leurs enfants que les primo-arrivant·e·s de leur tranche d'âge. Ainsi, la belle-sœur de Sonia est arrivée en France suite à son mariage avec le frère de Sonia dans les années 2000. Après la naissance de son fils, elle a fait le choix de lui parler en français pour, selon Sonia, « se faire accepter » par son entourage français. Sonia la pousse cependant à transmettre sa langue maternelle, lui expliquant les manques que la non-transmission de cette dernière représentera plus tard pour ses enfants. Sa belle-sœur est au contraire d'avis qu'elle renforce, à travers sa stratégie, leurs chances de réussite scolaire. En raison de leurs différentes expériences de vie, les deux jeunes femmes ne peuvent pas partager la même perspective sur la question. Contrairement à sa belle-sœur, Sonia est en mesure d'anticiper la privation de ressources que la non-maîtrise de la langue arabe ou amazighe représentera pour ses enfants. Elle sait, par sa propre expérience, que même une adaptation totale à la société française n'effacera pas les effets du phénotype, et que des ressources linguistiques transnationales deviendront vitales au maintien de la « fierté d'être soi » de ses enfants.

6.8 Le rapport à l'histoire – le transnationalisme historique

De façon intéressante, la transmission des langues s'est également révélée être étroitement liée à la transmission de la mémoire historique. Nora a évoqué la manière dont la transmission de la langue arabe est selon elle intimement liée à la transmission de son histoire, qui diffère de celle des « Gaulois », comme elle le souligne :

> Moi, ce que je t'ai dit tout à l'heure, moi j'ai ÉNORMÉMENT souffert du fait de ne pas avoir appris l'arabe. Ça peut te sembler étrange, mais c'est vrai. J'ai eu l'impression qu'on m'amputait d'une grande partie de ma personne. Donc l'arabe, pourquoi ? Parce que justement, pour connaître son histoire, pour connaître son passé, je veux dire moi qui suis d'origine arabe, j'ai BESOIN de savoir-. (…) Avec les livres, et les livres, il n'y aura jamais de traduction, parce qu'en fait, l'histoire de la France n'est pas la même que-. Chaque personne a une histoire qui lui est propre. Et le fait de l'apprendre, de l'inculquer, ça te permet AUSSI de devenir quelqu'un de plus tolérant, de plus ouvert. Le fait de te voler ce côté-là, c'est t'amener à devenir quelqu'un de complètement intolérant à un moment donné dans ta vie. (…) À un moment donné, dans ta vie, tu as BESOIN de savoir qui tu es. Tu as besoin de savoir QUI a été ta famille, d'OÙ tu viens, c'est TOUT à fait normal. (…) Je ne veux pas sembler cynique, mais mes ancêtres, ce ne sont pas les Gaulois (rit). Tu vois ? C'est quelque chose qui est aberrant, je trouve, de t'amputer de ton histoire et de te dire VOILÀ, tu dois être comme ça, alors que ce n'est pas TOI. Et ça ne pourra JAMAIS être toi.

Tenter de l'empêcher d'apprendre l'arabe correspond pour elle à une tentative de l'amputer de son histoire, et d'une partie d'elle-même. Si l'on cessait de vouloir « couper » les descendant·e·s de migrant·e·s de leur histoire, les problèmes sociaux et les tensions dans les quartiers diminueraient de façon significative, explique-t-elle dans l'extrait présent, et dans la suite de l'entretien :

> Étrangement, ça va te sembler étrange, mais les gens qui sont nés ici, nombreux d'entre eux ont appris à connaître leur religion à travers le fait qu'on essaie tout le temps de leur enlever leur histoire. Je ne sais pas, mais d'une certaine manière, tu te rebelles inconsciemment. Au plus profond de toi, c'est une rébellion qui en fait est permanente, parce que voilà, en fait, on te vole ton âme. Et ce n'est pas possible. (...) C'est quelque chose qu'on peut ressentir, mais qu'on ne peut pas expliquer réellement.

Plusieurs personnes que j'ai rencontrées ont ainsi mis en avant l'importance pour les descendant·e·s de migrant·e·s de connaître leur passé familial, qui est intrinsèquement lié au passé historique de leur pays d'origine. Catherine Delcroix (2009) et d'autres auteur·e·s ont mis en évidence que les jeunes qui connaissent leur passé familial sont plus aptes à réussir sur le plan professionnel. La connaissance de l'histoire familiale constitue par conséquent une ressource subjective centrale (*Ibid.*), et joue un rôle essentiel dans la transmission de la « fierté d'être soi ». Mon étude a révélé un autre point. Ce n'est pas uniquement la transmission de la mémoire historique du pays *d'origine* qui joue un rôle fondamental dans la transmission de la « fierté d'être soi », mais également une réflexion autour de l'histoire du pays *d'accueil*. De manière plus large, ce qui constitue un facteur important dans la transmission de la fierté d'être soi est un questionnement complexe autour du rapport entre *histoire, mémoire et construction de la société* dans le pays d'origine, le pays d'accueil et d'autres sociétés.

Une posture particulièrement active est nécessaire afin de développer cette capacité réflexive. Ahmed El Asri et Abdullah Zouaghi ont élaboré, à partir de leurs expériences historiques spécifiques durant la colonisation et leur migration, une réflexion intense autour de la question de la construction des sociétés européennes. Ils n'ont pas approché cette question en s'intéressant à l'histoire officielle des pays, mais en cherchant à connaître la mémoire des personnes qui les entourent. Ils sont conscients de la pluralité des perspectives qui peuvent être portées sur un même événement historique. C'est l'impact de l'histoire sur la *biographie* des personnes et sur la *mémoire* qui les intéresse en premier lieu. Ahmed et Abdullah s'interrogent sur le mode de fonctionnement des sociétés, en prenant en compte l'impact qu'ils ont et qu'ils ont eu sur ces dernières, notamment en tant que travailleurs migrants, et adoptent ainsi un regard profondément sociologique. Leurs observations contribuent également à mettre les sociétés dans lesquelles ils ont vécu sur un pied d'égalité : leurs expériences accumulées dans un contexte colonial au Maroc et en Algérie sont tout à fait transposables, selon eux, à leurs observations dans leurs sociétés d'accueil en Europe. Leur réflexivité a été aiguisée par leur expérience migratoire. C'est en passant d'un pays à un autre, en comparant les situations qu'ils y ont rencontrées, qu'ils ont observé, au fil du temps, des récurrences et des parallèles entre les pays.

Un autre aspect a cependant joué un rôle essentiel dans le développement de cette capacité réflexive. Comme nous l'avons vu dans le chapitre 1.1.2, si le transnationalisme a été étudié à partir de différentes perspectives, telles que la question de l'espace, de la famille ou du genre, il a encore été peu étudié en lien avec le postcolonialisme. Ce lien est cependant central. En effet, Abdullah, Ahmed et de nombreuses autres personnes rencontrées ont fait l'expérience, durant leur parcours de vie, de ce que je propose de nommer un *transnationalisme historique*. En effet, les personnes vivant dans des pays anciennement colonisés sont, au cours de l'histoire, passées d'un État à un autre *sans jamais émigrer*. Même sans déplacement dans l'espace, les dominations coloniales à elles seules ont suffi à transporter les habitant·e·s des régions colonisées d'un État-nation à un autre. Sans jamais quitter leur village ou leur ville d'origine, les habitant·e·s du Maroc sont passé·e·s d'un État marocain à un protectorat français et espagnol, pour revenir ensuite à un État marocain. Certains pays colonisés, tels que l'Algérie, sont devenus des territoires français à part entière. Sans déplacements géographiques aucuns, les personnes issues de ces pays ont été amenées à voyager. C'est ce qui contribue à un plurilinguisme et à un cosmopolitisme aussi marqué dans ces pays.

De plus, si certaines institutions au Maroc telles que l'école ou la justice sont calquées jusqu'à aujourd'hui sur le modèle français (voir partie 2.1), l'institution de la famille est elle régie par le code de la famille fondé sur l'islam. Toutes ces institutions sont centrales pour l'établissement d'une nation (Fanon 1952, Yuval-Davis 1997). Passer au quotidien d'une institution à une autre mène par conséquent les habitant·e·s du Maroc à vivre simultanément différents modèles de la nation.

En raison de leur *transnationalisme historique* et des traces que celui-ci a laissées au Maroc jusqu'à aujourd'hui, bon nombre des personnes rencontrées durant mon enquête possèdent des ressources puissantes pour analyser les liens entre histoire, mémoire individuelle, et construction des sociétés passées et présentes. Cette capacité forme une ressource majeure dans la construction de la « fierté d'être soi » de leurs enfants. Elle leur permet de mettre en parallèle les histoires de différents pays dans une perspective symétrique, de voir comment elles s'entremêlent, de déconstruire l'altérité et de mieux cerner les mécanismes de discrimination auxquels ils·elles font face dans leurs sociétés d'accueil en Europe. Elle les conduit également à réfléchir à l'impact de l'action des individus sur l'histoire et aux traces – passées et présentes – qu'ils·elles laissent dans les sociétés dans lesquelles ils·elles s'inscrivent. Un transnationalisme historique, géographique et social, et la transmission d'un rapport complexe entre Histoire, mémoire et construction de la société constitue ainsi un élément vital à l'élaboration et à la transmission de la « fierté d'être soi » des migrant·e·s et de leurs descendant·e·s.

Conclusion

Ma recherche a eu pour objectif d'étudier, dans une perspective intergénérationnelle, ce qui se transmet dans des familles d'origine marocaine en France et en Allemagne. En comparant les expériences de groupes familiaux dans deux pays européens différents, je visais entre autres à saisir l'impact des contextes nationaux sur les transmissions intergénérationnelles dans le contexte migratoire. Centrer mon étude sur la comparaison de deux pays comportait cependant le risque de m'inscrire dans un nationalisme méthodologique, c'est-à-dire une approche scientifique qui prend la nation comme point de départ « naturel » à une analyse, et réifie ainsi l'importance accordée à cette dernière, plutôt que de la déconstruire. Afin de minimiser ce risque, j'ai également porté mon attention sur d'autres échelles d'analyse : régionale, communale, ou continentale. Si plusieurs publications comparant les systèmes d'intégration français et allemand sont parues au cours des dernières années (Kastoryano 2007, Leveau *et al.* 2001, Wihtol de Wenden 2009b), peu d'études empiriques ont été réalisées de façon comparative franco-allemande en sociologie des migrations jusqu'à ce jour. Celles qui existent, notamment de Beate Collet (1996, 1998), Gabrielle Varro (1995), Nikola Tietze (2001), Werner Schiffauer, Gerd Baumann, Riva Kastoryano et Steven Vertovec (2002), Ingrid Tucci (2008) ou Maïtena Armagnague (2010) traitent des questions de mariages mixtes, d'expression religieuse, d'appartenance culturelle, d'intégration dans le système scolaire ou encore d'insertion dans le marché de l'emploi en France et en Allemagne. On observe néanmoins un manque de travaux comparatifs sur des *familles* migrantes dans les deux pays.

Ce point de départ apporte cependant un nouvel éclairage à la question de la comparaison internationale. En effet, les familles issues du Maroc forment, après les personnes originaires de Turquie, le groupe de migrant·e·s le plus largement réparti en Europe (De Haas 2005). La plupart des familles que j'ai rencontrées durant mon enquête ont des parents dans plusieurs pays européens, parfois jusqu'à cinq ou six, à qui elles rendent régulièrement visite. Ma recherche, au départ conçue comme une étude comparative franco-allemande, a par conséquent progressivement pris une dimension transnationale, mettant en exergue l'importance de considérer les migrant·e·s comme *relié·e·s* entre eux·elles au sein de l'Europe (et au-delà). Cette dimension transnationale n'a pas pour autant entièrement remis en cause la pertinence de l'échelle nationale. J'ai pu observer que les familles élargies comparaient les systèmes scolaires, les systèmes de santé, les politiques concernant l'habitat, ou le marché de l'emploi des différents pays européens dans lesquels elles vivaient lorsqu'elles se retrouvaient. Si leur expérience transnationale intra-européenne m'a amenée à dépasser la question strictement comparative entre la France et l'Allemagne, leurs récits mettaient malgré tout en avant l'importance de la dimension nationale dans leur vécu.

Une autre expérience, qui a donné à mon étude une direction différente de celle envisagée initialement, a consisté dans mon séjour de recherche au Maroc. Ce dernier m'a permis d'atténuer la focale souvent portée sur les pays d'accueil en sociologie des migrations et à prendre en compte, dans une perspective symétrique, les expériences de mes interviewé·e·s dans leur pays d'origine. Ainsi que l'ont souligné Paul Rabinow (1988) ou Michael Haralambos et Martin Holborn (2004), l'un des apports majeurs de l'approche ethnographique réside dans le fait que, au fil des expériences quotidiennes partagées avec les enquêté·e·s, le point de vue ou le ressenti de chercheurs·euses se transforme en adoptant les perspectives des personnes étudiées. Selon George Marcus (1995), ce processus de transformation s'accroît dans les recherches multi-situées, dans lesquelles les chercheurs·euses s'adaptent en permanence, à l'instar des personnes qu'ils·elles accompagnent, à de nouveaux cadres de vie. Réaliser une recherche multi-située m'a amenée à déplacer la question du rapport entre « l'Un » et « l'Autre » à la question du lien entre « ici » et « là-bas », mettant en avant non pas l'altérisation de *personnes*, mais l'impact de *contextes* sur leurs ressentis, positionnements et actions.

Au terme de l'analyse de mon matériau empirique, une multitude de thématiques liées à la transmission ont émergé : la transmission de l'appartenance sociale, des rapports de genre, de la religion, la transmission de langues, de pratiques transnationales... Progressivement, une transmission qui reliait toutes celles que j'ai pu observer a émergé : celle que j'ai nommée « la fierté d'être soi ». Par ce terme, j'entends une estime de soi des personnes par rapport à leur appartenance ethnique, culturelle, religieuse et sociale. Elle s'étend cependant, dans une perspective intersectionnelle (Lutz *et al.* 2011), à d'autres marqueurs de différences sociales. La « fierté d'être soi » constitue une forme de « ressource subjective » au sens de Catherine Delcroix. Les ressources subjectives désignent « les énergies physiques, mentales et morales » qu'un individu développe afin de réaliser ses projets (Delcroix 2009, 144), et que les parents transmettent afin d'éviter que leurs enfants intériorisent une image négative d'eux-mêmes (Delcroix 2007). La transmission de la « fierté d'être soi » n'est pas uniquement propre à la migration. Elle revêt cependant une importance accrue dans un contexte de migration postcoloniale, marqué par des discriminations et une islamophobie prononcées. J'ai choisi l'expression « fierté d'être soi » afin de souligner la force des revendications des personnes interviewées. Dans la mesure où le racisme et l'islamophobie que vivent les descendant·e·s de migrant·e·s d'Afrique du Nord s'inscrivent en partie dans la continuité des stéréotypes coloniaux (Lapeyronnie 2005, Saada 2007), la « fierté d'être soi » est aussi une forme de résistance directe au postcolonialisme.

La transmission de la « fierté d'être soi » devenait d'autant plus nécessaire que les personnes rencontrées étaient placées devant un paradoxe impossible à résoudre : même lorsqu'elles s'assimilaient de manière la plus complète possible à leur entourage français et allemand, par exemple en mangeant de la viande de porc ou en se convertissant à la religion catholique, elles continuaient à être considérées comme différentes en raison de leur phénotype, et à vivre des discriminations. Quel que soit leur mode de vie, elles se retrouvaient, tôt au tard, face à la nécessité de développer une fierté de leurs origines marocaines, et à la transmettre à leurs enfants. Si toutes les personnes que j'ai rencontrées ont été amenées à transmettre la « fierté d'être soi », leurs tactiques différaient cependant en fonction de leur situation de vie. Certaines personnes, comme Amel, développaient des stratégies qui étaient en accord avec les discours majoritaires, d'autres, comme Nassira, combattaient activement ces préjugés de façon frontale.

L'un des résultats de mon enquête est qu'il est difficile, voire impossible de regrouper les familles en fonction de critères précis, les membres des groupes familiaux ayant souvent des parcours contrastés, en particulier dans les familles nombreuses. J'ai néanmoins identifié deux grandes tendances : la fierté d'être soi semblait plus simple à transmettre, du moins dans un premier temps, pour les personnes ayant ce que j'ai nommé, en me référant aux travaux de Claudine Attias-Donfut et François-Charles Wolff (2001), un « sentiment d'appartenance à un groupe social plutôt favorisé », que pour les personnes ayant un « sentiment d'appartenance à un groupe social plutôt défavorisé ». J'ai par conséquent organisé mon matériel en partant d'un contraste d'écarts maximaux et minimaux au sens de Barney Glaser et Anselm Strauss (2010 [1967]).

Dans les chapitres 4 et 5 de cet ouvrage, j'ai présenté de manière approfondie deux études de cas, situées aux deux extrêmes de ce continuum : celle de la famille El Asri, et celle de la famille Benazzouz. Ces présentations visent non seulement à détailler les transmissions opérées par ces groupes familiaux, mais aussi à montrer comment elles prennent forme à travers les transformations multiples que connaissent les familles migrantes, notamment concernant les rapports de genre. Le fait d'avoir réalisé des récits de vie avec des membres issus de différentes générations permet en outre de percevoir leur migration dans une perspective historique, qui remonte jusqu'aux années 1930. J'ai ensuite croisé ces deux présentations avec l'expérience d'autres familles rencontrées en France comme en Allemagne.

Ces analyses ont mis plusieurs points en évidence. D'une part, la « fierté d'être soi » n'est jamais acquise une fois pour toutes. En particulier dans un contexte marqué par des discriminations importantes, construire et maintenir une estime de soi, lorsqu'on appartient à un groupe stigmatisé, relève d'un défi quotidien. Si mon étude a montré les efforts déployés par les familles pour transmettre la « fierté d'être soi », elle a également montré les difficultés, voire parfois les limites rencontrées dans ce processus. D'autre part, la transmission de la « fierté d'être soi » ne s'effectue pas uniquement de façon linéaire et unidirectionnelle des parents vers leurs enfants, mais également de façon interactive. Les enfants de migrant·e·s rencontrés valorisaient fréquemment l'éducation qu'ils avaient reçue de leurs parents, et mettaient en avant les mérites de ces derniers. Ils démontraient ainsi d'emblée qu'ils s'inscrivaient en porte-à-faux par rapport aux discours majoritaires, qui tendent à présenter les générations familiales issues de l'immigration comme étant fréquemment en conflit, voire en rupture les unes avec les autres. De plus, être fiers de leurs parents leur permettait également d'être fiers d'eux-mêmes. La « fierté d'être soi » se construisait ainsi dans une dynamique interactive poussée.

J'ai identifié quatre transmissions principales à travers lesquelles les familles élaboraient une « fierté d'être soi » : la transmission de l'appartenance sociale, d'une déconstruction de l'altérité, d'une déconstruction du discours qui oppose tradition et modernité, et la transmission de pratiques transnationales. La transmission de l'appartenance sociale s'effectuait notamment à travers des récits sur les origines sociales de la famille, ou un investissement familial dans la réussite scolaire et l'insertion professionnelle des enfants. Les familles développaient également des stratégies afin de déconstruire l'altérité. Cela leur permettait, en partie, de nouer des liens proches avec leur entourage autochtone, et favorisait leur mobilité sociale ascendante. La grande majorité des personnes déconstruisait également l'opposition fréquemment effectuée entre « tradition » et « modernité », qui associe la « tradition » aux pays dits « du Sud » et la modernité aux pays dits « du Nord ». Elles remettaient également en cause la hiérarchie entre les deux, revenant, dans certains cas, à des modes de vie davantage communautaires, après avoir testé pendant plusieurs années des pratiques plutôt individualistes. Développer des pratiques transnationales jouait également un rôle central dans la transmission de la fierté d'être soi. Être ancré dans plusieurs contextes nationaux permettait aux personnes de relativiser les expériences de discrimination vécues dans l'un ou l'autre contexte. Cette double insertion facilitait également la création d'entreprise, ou l'accès à des biens immobiliers. Les personnes développaient aussi des pratiques transnationales en ce que leurs familles elles-mêmes étaient transnationales. Ces réseaux familiaux accroissaient les possibilités de mobilité géographique et de mobilité professionnelle des individus.

Les rapports de genre, et plus largement l'organisation familiale, constituaient une toile de fond majeure dans ces transmissions. Ici, des mécanismes spécifiques liés aux rapports de genre en situation (post)coloniale jouaient un rôle central. Différentes études empiriques ont montré que les garçons issus de l'immigration nord-africaine sont plus touchés par les discriminations que les filles. Ceci est lié à un mécanisme mis en place durant la colonisation : l'oppression de la femme en Orient a souvent été utilisée comme preuve de supériorité de l'Occident, et a servi à légitimer l'intervention des pays occidentaux (Castro Varela et Dhawan 2005). Si les femmes se prêtaient au jeu, les hommes se retrouvaient privés de leur plus grand soutien (Delphy 2008). Ce mécanisme, qui, dans une logique intersectionnelle allie le racisme au sexisme, s'observe également dans le contexte (post)migratoire.

La grande majorité des femmes que j'ai rencontrées durant mon enquête est consciente du fait que les hommes nord-africains sont davantage la cible de discours discriminatoires que les femmes. Nombre d'entre elles mettaient par conséquent en place des stratégies afin de valoriser et réhabiliter les hommes de leur entourage : leurs pères, leurs frères, ou leurs maris. Cette stratégie était motivée par une volonté de maintenir une cohésion familiale et conjugale. Elle était également liée aux transmissions intergénérationnelles vers leurs enfants : en effet, en combattant les stigmates dirigés contre les hommes, mes interlocutrices ne protégeaient pas uniquement leurs pères ou leurs maris, mais également, à terme, leurs fils.

La situation spécifique des hommes altérait également les expériences réalisées au sein de mariages transnationaux entre un·e descendant·e de migrant·e ayant grandi en France ou en Allemagne et une personne ayant grandi au Maroc, une forme d'union fréquente parmi les enfants de migrant·e·s marocain·e·s, même si elle est loin d'être majoritaire (Hajji 2009). En effet, lorsque les hommes issus de l'immigration en Europe épousaient une femme ayant grandi au Maroc et que celle-ci émigrait en France ou en Allemagne, elle apportait avec elle une « normalité d'être soi », dans la mesure où elle avait été moins systématiquement exposée à des discriminations liées à sa couleur de peau, son appartenance nationale, ethnique ou religieuse durant sa socialisation au Maroc. Ces femmes transmettaient cette « normalité d'être soi » non seulement à leurs enfants, mais aussi à leurs époux et à leur belle-famille, marqués au fil du temps par les discriminations vécues en Europe. Elles apportaient ainsi une ressource considérable dans la transmission de la « fierté d'être soi ».

Les hommes venus en Europe suite à leur mariage avec une descendante de migrant·e·s marocain·e·s faisaient au contraire l'expérience d'une dévaluation importante de leur masculinité, à plusieurs niveaux. D'une part, en raison des stigmates, qui, comme nous l'avons vu, touchent davantage les hommes que les femmes issu·e·s de pays anciennement colonisés. D'autre part, en raison de la manière même dont ils avaient immigré en Europe. Contrairement aux hommes arrivés dans le cadre de la migration de travail dans les années 1960-70, ils n'étaient pas pourvoyeurs économiques de la famille, mais au contraire dépendaient souvent de leurs épouses au cours des premiers mois, voire années, après leur arrivée. Leur position dans la famille n'était pas en accord avec les rapports de genre dominants en Afrique du Nord comme en Europe, marqués par la domination masculine. Ici, générations historiques liées aux différentes politiques migratoires et générations familiales se télescopaient. Face à cette situation, les femmes que j'ai rencontrées développaient des stratégies différenciées afin de préserver l'équilibre de leur couple, et de s'émanciper en tant que femmes.

Le croisement des entretiens que j'ai recueillis a mené au résultat suivant : si le sentiment d'appartenance sociale constitue un *appui* dans la transmission de la « fierté d'être soi », il n'en représente cependant qu'un support. Le moyen le plus puissant pour transmettre la « fierté d'être soi » en lien avec l'appartenance sociale, même pour les familles qui avaient un « sentiment d'appartenance à un groupe social plutôt favorisé », consistait au contraire à *déconstruire* l'idée même d'appartenance sociale. En effet, face à l'expérience de racisme, qui touchait toutes les personnes rencontrées, et qui affectait leurs chances de mobilité sociale ascendante, les cartes étaient rebattues. De plus, les familles avaient souvent vécu un déclassement au cours de leur migration et avaient conscience de la vitesse à laquelle elles pouvaient se retrouver en bas de l'échelle sociale. Enfin, comment n'auraient-elles pas été solidaires, quand tous les membres de leur famille nucléaire étaient loin de réaliser la même mobilité sociale ascendante qu'elles ?

Malgré ce travail de déconstruction permanent, les possibilités concrètes de mobilité sociale, qui diffèrent en fonction des politiques mises en place en France et en Allemagne, façonnent l'élaboration et la transmission de la « fierté d'être soi ». J'ai présenté un certain nombre de ces politiques dans différents champs de la vie : l'école, l'insertion professionnelle, l'habitat, l'accès à la nationalité, ou les possibilités de pratiques religieuses dans l'espace public. Si les politiques éducatives françaises sont plus favorables à l'estime de soi des descendant·e·s de migrant·e·s, dans le sens où leur réussite scolaire y est plus forte qu'en Allemagne, les chances d'insertion professionnelle en Allemagne sont en revanche plus importantes qu'en France. Elles sont également plus élevées pour les femmes portant le voile, dans la mesure où, contrairement à la France, l'Église et l'État ne sont pas séparés en Allemagne, si bien que le port de symboles religieux est autorisé pour bon nombre d'acteurs·trices dans les institutions publiques. La mixité sociale dans les quartiers est plus forte en Allemagne qu'en France. En France, la question des banlieues s'est révélée être fortement liée à l'école, bon nombre de parents voulant quitter des quartiers dits sensibles afin d'éviter que leurs enfants soient scolarisés en zones d'éducation prioritaires. Cette motivation était fortement apparentée à celle de parents en Allemagne qui ne souhaitaient pas que leurs enfants soient scolarisés en *Hauptschule* et en *Realschule*. Le poids du (post)colonialisme était plus prononcé dans les récits de personnes que j'ai rencontrées en France qu'en Allemagne, du fait que le Maroc a été colonisé par la France et que le lien (post)colonial entre le pays d'origine et le pays d'accueil est beaucoup plus fort pour ce groupe de migrant·e·s, mais également parce que les principes républicains français mènent à une plus grande contradiction entre les conditions de vie réelles des migrant·e·s (post)coloniaux et les valeurs d'égalité proclamés par l'État français (Stora 2005). Cette contradiction les amène à revendiquer avec plus de force leur « fierté d'être soi ». Même si le passé colonial joue un plus grand rôle dans les narrations des personnes rencontrées en France, il est loin d'être négligeable dans les récits de vie de personnes rencontrées en Allemagne.

Si la transmission de l'appartenance sociale a joué un rôle moindre qu'initialement anticipé dans la transmission de la « fierté d'être soi », la transmission la plus puissante que j'ai identifiée pour transmettre une estime de soi était, de façon inattendue, celle d'une réflexion autour du rapport entre *histoire* et *mémoire*. Alors que l'histoire se construit sur des sources vérifiées et objectivées, la mémoire consiste en un rapport affectif que les individus ou les groupes entretiennent avec le passé (Bancel et Blanchard 2008). La mémoire peut représenter un champ de luttes importantes de significations et d'interprétations, en particulier lorsque des groupes porteurs de mémoires divergentes cohabitent, et que des conflits passés ne sont pas résolus. Comme l'ont montré Pascal Blanchard, Sandrine Lemaire et Nicolas Bancel (2008), les migrations peuvent mener à de telles divergences mémorielles, surtout dans le cas de migrations (post)coloniales. Si les différences mémorielles entre acteurs·trices de pays anciennement colonisés et colonisateurs ne sont pas abordées dans l'espace public, par exemple dans les écoles, des tensions, voire des « guerres des mémoires » peuvent émerger (Bancel et Blanchard 2008).

Dans les sociétés française et allemande, qui évoquent peu leur passé avec leurs anciennes colonies, la famille devient le lieu central dans lequel un lien entre la mémoire familiale et l'histoire du pays d'origine peut être forgé. Catherine Delcroix (2009) a mis en avant l'importance de la transmission du passé familial pour permettre aux descendant·e·s des migrant·e·s d'objectiver les difficultés qu'ils·elles rencontrent, même si la transmission de ce passé n'est pas aisée pour les parents, qui craignent que leurs enfants ne développent des ressentiments à l'égard de leur pays d'accueil.

Mon étude a mis en avant un autre point : les mémoires que les familles transmettent sont étroitement liées aux mémoires *européennes*. En effet, les personnes que j'ai rencontrées ont beaucoup réfléchi à l'histoire de la France et de l'Allemagne, et à la manière dont cette histoire a façonné la mémoire des personnes originaires de ces deux pays. Elles ont longuement questionné des personnes de leur entourage – des collègues, voisin·e·s, ami·e·s –, sur la manière dont la Seconde Guerre mondiale a marqué leur biographie. Ici, elles ne s'intéressaient pas avant tout à l'histoire officielle de leur pays d'accueil – elles savaient, de par leur propre expérience, à quel point les perspectives historiques peuvent varier – mais à la *mémoire* des personnes qui les entouraient. De plus, elles réfléchissaient à la manière dont elles-mêmes, à travers leur migration en Europe, avaient impacté et continuaient d'impacter ces sociétés. Les personnes rencontrées développaient ainsi un rapport complexe entre histoire, mémoire et construction de la société, dans laquelle elles interrogeaient leur propre rôle en tant qu'*actrices*.

Les récits des personnes rencontrées mettent également en avant un autre point : si leur réflexion sur les liens entre mémoire et histoire s'inspire de leur expérience migratoire en Europe, elle s'appuie en réalité sur une expérience réalisée bien avant leur migration physique en Europe, que je propose de nommer le « transnationalisme historique ». La manière dont l'espace peut être défini – à partir d'une perspective géographique, symbolique ou sociale – a été hautement débattue dans le courant théorique du transnationalisme. Mais les recherches sur le transnationalisme ont encore peu été liées aux études postcoloniales. Ce lien est cependant central à mes yeux. En effet, *même sans jamais avoir émigré, les sujets coloniaux et postcoloniaux sont passés d'un État-nation à un autre au cours de leur biographie*. L'histoire à elle seule, qui a marqué le passage d'une force coloniale à une autre sur un même territoire, a suffi à transposer des individus d'un État à un autre, dans le temps et sans déplacement physique aucun. Les habitant·e·s de pays anciennement colonisés sont ainsi, au fil de l'histoire, passé·e·s du Maroc à la France, puis à nouveau au Maroc. Cette expérience était encore plus marquée dans des colonies telles que l'Algérie française, qui est devenue un département français à part entière. Le (post)colonialisme a également contribué à un éclatement de l'État-nation. Différentes institutions considérées comme centrales pour la nation – telles que l'école, ou la famille – continuent, dans certains pays anciennement colonisés, d'être régies par des codes différents. Alors que les institutions scolaires et juridiques au Maroc par exemple se calquent sur le modèle français, la famille continue d'être en grande partie régie par le code musulman. Les personnes vivant dans des pays anciennement colonisés continuent par conséquent de passer, dans leur quotidien, d'un modèle d'État-nation à un autre. Ce transnationalisme historique explique l'importance du cosmopolitisme et du plurilinguisme au Maroc, même parmi les personnes qui n'ont jamais émigré.

Les migrant·e·s rencontré·e·s dans mon étude télescopent deux formes de transnationalismes : un transnationalisme géographique et un transnationalisme historique. Cette expérience mène à une vive réflexivité. Elle explique, pour Abdullah, pourquoi les Américains ont débarqué en Algérie en 1942 : c'était parce que la France, qui colonisait l'Algérie, était à son tour colonisée par l'Allemagne. Par leur *transnationalisme historique*, les personnes rencontrées ont développé un regard particulièrement nuancé sur l'Europe, qu'elles exposent en employant un vocabulaire appris durant leur enfance dans des contextes colonisés. Ahmed El Asri et Abdullah Zouaghi, par exemple, considèrent que la France et l'Allemagne ont, tout comme le Maroc, été « colonisées ». Leur approche contient une dimension subversive, car elle positionne les pays sur un pied d'égalité : la France et l'Allemagne peuvent, selon eux, être – et ont été – des pays que l'on peut considérer comme colonisés, tout comme le Maroc. Leur raisonnement invite à une réflexion innovante sur le passé français et allemand : la région d'Alsace, bien avant les deux guerres mondiales, a par exemple été occupée par l'Allemagne durant une période non négligeable de son histoire. On n'y parle cependant pas couramment de « colonisation », bien que les habitant·e·s aient plusieurs fois été contraint·e·s de parler les langues des occupant·e·s. L'occupation de la France par l'Allemagne avait-elle des traits si différents que celle du Maroc par la France ? Ou les pays européens n'aiment-ils pas se présenter dans une situation de « dominés » ? Sans vouloir mettre en parallèle l'occupation du Maroc avec celle de pays européens à tous les niveaux, les termes employés par Ahmed et Abdullah révèlent un aspect particulièrement intéressant : en employant un schéma d'analyse qu'ils ont appris durant leur enfance dans un pays anciennement colonisé, ils mettent en parallèle les histoires des pays dans lesquels ils ont vécus sur un échiquier international complexe.

Leur analyse confère des outils particulièrement puissants à leurs enfants dans la construction de leur « fierté d'être soi », car elle leur montre le caractère variable de la colonisation, ainsi que de la domination et de la discrimination qui en découlent. Elle leur indique également les multiples manières dont leurs pays d'origine et d'accueil sont reliés entre eux, non seulement à travers des migrations contemporaines, mais à travers des liens historiques à multiples facettes. C'est ainsi dans une approche hautement réflexive que les migrant·e·s et leurs descendant·e·s tendent, en élaborant leur « fierté d'être soi », vers un nouveau rapport entre histoire, mémoire et sociétés en devenir, entre leurs sociétés d'accueil et d'origine, visant à rapprocher le « ici » du « là-bas ».

Bibliographie

ABU-LUGHOD Lila, 1995, A Tale of Two Pregnancies, *in* Ruth BEHAR et Deborah GORDON (dir.), *Women Writing Culture*, Berkeley, University of California Press, 339-349.

ACADÉMIE DE STRASBOURG, 2020, Cursus bilingue – Allemand, https://www.ac-strasbourg.fr/delecoleausuperieur/cursus-bilingue-allemand, consulté le 15 juin 2020.

AÏD KAKI Maxime, 2003, Les États du Maghreb face aux revendications berbères, *Politique étrangère*, 68(1), 103-118.

ALHEIT Peter, 1992, Biographizität und Struktur, *in* Peter ALHEIT (dir.), *Biographische Konstruktionen. Beiträge zur Biographieforschung*, Bremen, Universitätsbuchhandlung, 10-36.

AMRANI Younes et Stéphane BEAUD, 2004, *"Pays de malheur !" Un jeune de cité écrit à un sociologue*, Paris, La Découverte.

ANAGNOSTIDIS Homer, 1972, Gewerkschaften und Ausländerbeschäftigung, *in* Ernst KLEE (dir.), *Gastarbeiter. Analysen und Berichte*, Frankfurt am Main, Suhrkamp, 104-136.

ANTHIAS Floya, 2003, Erzählungen über Zugehörigkeit, *in* Ursula APITZSCH et Mechthild JANSEN (dir.), *Migration, Biographie und Geschlechterverhältnisse*, Münster, Westfälisches Dampfboot, 20-37.

———, 2008, Thinking through the Lens of Translocational Positionality : An Intersectionality Frame for Understanding Identity and Belonging, *Translocations*, 4(1), 5-20.

APITZSCH Ursula, 1999, Traditionsbildung im Zusammenhang gesellschaftlicher Migrations- und Umbruchsprozesse, *in* Ursula APITZSCH (dir.), *Migration und Traditionsbildung*, Opladen, Westdeutscher Verlag, 7-20.

———, 2001, Leben in der Stadt : Der "Modernisierungsvorsprung" der allochthonen Bevölkerung, *in* Wolf-Dietrich BUKOW, Claudia NIKODEM, Erika SCHULZE et Erol YILDIZ (dir.), *Auf dem Weg zur Stadtgesellschaft. Die multikulturelle Stadt zwischen globaler Neuorientierung und Restauration*, Opladen, Leske + Budrich, 44-55.

ARMAGNAGUE Maïtena, 2010, Les dynamiques d'adaptation sociale des communautés turques en France et en Allemagne. Le cas des jeunes générations, *Sociologie*, 1(2), 235-252.

ASHCROFT Bill, Gareth GRIFFITHS et Helen TIFFIN, 1989, *The Empire Writes Back*, London, Routledge.

ATTIAS-DONFUT Claudine, 1988, *Sociologie des générations. L'empreinte du temps*, Paris, puf.

———, 2000, Rapports de générations : transferts intra-familiaux et dynamique macro-sociale, *Revue française de sociologie*, 41(4), 643-684.

———, 2006, *L'enracinement. Enquête sur le vieillissement des immigrés en France*, Paris, Armand Colin.

———, 2009, *Le destin des enfants d'immigrés. Un désenchaînement des générations*, Paris, Stock.

ATTIAS-DONFUT Claudine et Nicole LAPIERRE, 1994, La dynamique des générations, *in* Claudine ATTIAS-DONFUT et Nicole LAPIERRE (dir.), *Générations et filiation*, Paris, Seuil, 5-13.

ATTIAS-DONFUT Claudine et François-Charles WOLFF, 2001, La dimension subjective de la mobilité sociale, *Population*, 56(6), 919-958.

BALFOUR Sebastian, 2002, *Deadly Embrace*, Oxford, Oxford University Press.

BANCEL Nicolas et Pascal BLANCHARD, 2008, Les méandres de la mémoire coloniale, *in* Pascal BLANCHARD, Sandrine LEMAIRE et Nicolas BANCEL (dir.), *Culture coloniale en France – De la Révolution française à nos jours*, Paris, CNRS Éditions, 495-511.

BAROU Jacques, 2009, Pères immigrés : le sacrifice amer, *L'école des parents*, 576, 36-38.

BARTHOLOMÄI Reinhart, 2004, Die Entwicklung des Politikfelds Wohnen, in Björn EGNER, Nikolaos GEORGAKIS, Hubert HEINELT et Reinhart BARTHOLOMÄI (dir.), *Wohnungspolitik in Deutschland. Positionen – Akteure – Instrumente*, Darmstadt, Schader, 15-34.

BEAUD Stéphane, 2002, *80 % au bac... et après ? Les enfants de la démocratisation scolaire*, Paris, La Découverte.

BEAUD Stéphane et Michel PIALOUX, 1999, *Retour sur la condition ouvrière*, Paris, Fayard.

BEAUFTRAGTE DER BUNDESREGIERUNG FÜR AUSLÄNDERFRAGEN, 2002, *Bericht der Beauftragten der Bundesregierung für Ausländerfragen über die Lage der Ausländer in der Bundesrepublik Deutschland*, Berlin, Bundesregierung.

BECK Ulrich, 2000, *What is Globalization ?*, Cambridge, Polity Press.

———, 2007, The Cosmopolitan Condition : Why Methodological Nationalism Fails, *Theory, Culture & Society*, 24(7-8), 286-290.

BECKER Howard, 1966, *Outsiders – Studies in the Sociology of Deviance*, New York, Free Press.

BELBAH Mustapha et Patrick VEGLIA, 2003, Pour une histoire des Marocains en France, *Hommes & Migrations*, 1242, 18-31.

BELKAÏD Nadia, 1994, Grands-mères maghrébines et petits-enfants. De la transmission des liens familiaux à la transmission culturelle, *migrants-formation*, 98, 112-122.

BENELLI Nathalie, Christine DELPHY, Jules FALQUET, Christelle HAMEL, Ellen HERTZ et Patricia ROUX, 2006, Les approches postcoloniales : apports pour un féminisme antiraciste, *Nouvelles Questions Féministes*, 25(3), 4-12.

BENNEGADI Rachid et François BOURDILLON, 1990, La santé des travailleurs migrants en France : aspects médico-sociaux et anthropologiques, *Revue Européenne des Migrations Internationales*, 6(3), 129-143.

BENOLIEL Sharon, 2004, Strengthening Education in the Muslim World Summary of the Desk Study, https://s3.amazonaws.com/berkley-center/040401USAIDStrengthening EducationMuslimWorld.pdf, consulté le 25 juin 2020.

BERGHAHN Sabine et Petra ROSTOCK (dir.), 2009, *Der Stoff, aus dem Konflikte sind*, Bielefeld, transcript.

BERRIANE Mohamed, 2007, Les Marocains d'Allemagne, *in* Bachir HAMDOUCH (dir.), *Marocains de l'extérieur – 2007*, Rabat, Fondation Hassan II pour les Marocains résidant à l'étranger, 261-305.

http://www.fh2mre.ma/telechargement/publications/Marocains_de_l-exterieur_2007.pdf, consulté le 15 juin 2020.

———, 2014, Introduction générale. Les nouvelles tendances de la migration marocaine, *in* Mohamed BERRIANE (dir.), *Marocains de l'extérieur – 2013*, Rabat, Fondation Hassan II pour les Marocains résidant à l'étranger, 9-21, http://www.fh2mre.ma/telechargement/PDF/marocains-de-l%27exterieur-2013.pdf, consulté le 15 juin 2020.

BERTAUX Daniel, 1976, *Histoires de vies ou récits de pratiques ? Méthodologie de l'approche biographique en sociologie*, Paris, Rapport au CORDES.

———, 1994, Les transmissions en situation extrême, *in* Claudine ATTIAS-DONFUT et Nicole LAPIERRE (dir.), *Générations et filiation*, Paris, Seuil, 73-99.

———, 2016, *Le récit de vie*, 4ème édition, Paris, Armand Colin.

BERTAUX Daniel et Isabelle BERTAUX-WIAME, 1988, Le patrimoine et sa lignée : transmissions et mobilité sociale sur cinq générations, *Life Stories/Récits de vie*, 4, 8-25.

BERTAUX Daniel et Catherine DELCROIX, 2000, Case Histories of Families and Social Processes, *in* Prue CHAMBERLAYNE, Joanna BORNAT et Tom WENGRAF (dir.), *The Turn to Biographical Methods in Social Science : Comparative Issues and Examples*, London, Routledge, 71-89.

———, 2009, Transmissions familiales et mobilités, *Migrations Société*, 21(123-124), 89-96.

BERTAUX Daniel et Paul THOMPSON, 2007, Introduction, *in* Daniel BERTAUX et Paul THOMPSON (dir.), *Pathways to Social Class : A Qualitative Approach to Social Mobility*, New Brunswick, Transaction Publishers, 1-31.

BERTRAND Romain, 2006, *Mémoires d'empire. La controverse autour du "fait colonial"*, Bellecombe-en-Bauges, Éditions du Croquant.

BHABHA Homi K., 1990, *Nation and Narration*, London, Routledge.

———, 1994, *The Location of Culture*, London, Routledge.

BIZEUL Yves, 2009, Migration et républicanisme en Allemagne, *Hommes & Migrations*, 1277, 12-21.

BLANCHARD Pascal, 2005, La France, entre deux immigrations, *in* Pascal BLANCHARD, Nicolas BANCEL et Sandrine LEMAIRE (dir.), *La fracture coloniale – La société française au prisme de l'héritage colonial*, Paris, La Découverte, 173-182.

BLANCHARD Pascal, Sandrine LEMAIRE et Nicolas BANCEL, 2008, Introduction générale – La formation d'une culture coloniale en France, du temps des colonies à celui des "guerres de mémoires", *in* Pascal BLANCHARD, Sandrine LEMAIRE et Nicolas BANCEL (dir.), *Culture coloniale en France – De la Révolution française à nos jours*, Paris, CNRS Éditions, 11-64.

BÖHNISCH Lothar, 1998, Das Generationenproblem im Lichte der Biografisierung und der Relativierung der Lebensalter, *in* Jutta ECARIUS (dir.), *Was will die jüngere mit der älteren Generation? Generationsbeziehungen und Generationenverhältnisse in der Erziehungswissenschaft*, Opladen, Leske + Budrich, 67-79.

BOLZMAN Claudio, Rosita FIBBI et Lucila VALENTE, 1992, Les racines locales des immigrés ou comment inventer une nouvelle citoyenneté, *Espaces et Sociétés*, 68, 47-65.

BOMMES Michael, 2010, Migration Research in Germany : The Emergence of a Generalized Research Field in a Reluctant Immigration Country, *in* Dietrich THRÄNHARDT et Michael BOMMES (dir.), *National Paradigms of Migration Research*, Göttingen, V & R unipress, 127-185.

BOMMES Michael et Dietrich THRÄNHARDT, 2010, Introduction : National Paradigms of Migration Research, *in* Dietrich THRÄNHARDT et Michael BOMMES (dir.), *National Paradigms of Migration Research*, Göttingen, V & R unipress, 9-38.

BOOS-NÜNNING Ursula et Yasemin KARAKAŞOĞLU, 2005, *Viele Welten leben – Lebenslagen von jungen Frauen mit Migrationshintergrund*, Münster, Waxmann-Verlag.

BOUAMAMA Saïd et Pierre TÉVANIAN, 2011, Peut-on parler d'un racisme post-colonial ?, *in* Pascal BLANCHARD et Nicolas BANCEL (dir.), *Culture post-coloniale 1961-2006 : Traces et mémoires coloniales en France*, Paris, Éditions Autrement, 243-253.

BOUBEKER Ahmed, 2005, Le "creuset français", ou la légende noire de l'intégration, *in* Pascal BLANCHARD, Nicolas BANCEL et Sandrine

LEMAIRE (dir.), *La fracture coloniale – La société française au prisme de l'héritage colonial*, Paris, La Découverte, 183-190.

BOULAHBEL-VILLAC Yeza, 1991, *L'intégration au féminin des Algériennes en France*, Paris, Caisse nationale des allocations familiales.

BOURAS-OSTMANN Khatima, 2014, Les Marocains d'Allemagne, *in* Mohamed BERRIANE (dir.), *Marocains de l'extérieur – 2013,* Rabat, Fondation Hassan II pour les Marocains résidant à l'étranger, 189-217, http://www.fh2mre.ma/telechargement/PDF/marocains-de-l%27exterieur-2013.pdf, consulté le 15 juin 2020.

BOURDIEU Pierre, 1979, *La distinction. Critique sociale du jugement*, Paris, Éditions de Minuit.

———, 1994, *Raisons pratiques. Sur la théorie de l'action*, Paris, Seuil.

BOURDIEU Pierre et Jean-Claude PASSERON, 1964, *Les héritiers. Les étudiants et la culture*, Paris, Éditions de Minuit.

———, 1970, *La reproduction. Éléments pour une théorie du système d'enseignement*, Paris, Éditions de Minuit.

BOUSETTA Hassan et Marco MARTINIELLO, 2003, Marocains de Belgique : du travailleur immigré au citoyen transnational, *Hommes & Migrations,* 1242, 94-106.

BOUTELDJA Houria, Christelle HAMEL et Christine DELPHY, 2006, On vous a tant aimé·e·s ! Entretien avec Houria Bouteldja, *Nouvelles Questions Féministes*, 25(1), 122-135.

BOZZO Anna, 2005, Islam et République : une longue histoire de méfiance, *in* Pascal BLANCHARD, Nicolas BANCEL et Sandrine LEMAIRE (dir.), *La fracture coloniale – La société française au prisme de l'héritage colonial*, Paris, La Découverte, 75-82.

BRECKNER Roswitha, 2005, *Migrationserfahrung, Fremdheit, Biographie*, Wiesbaden, VS Verlag für Sozialwissenschaften.

BRINBAUM Yaël, 2013, Les familles immigrées et l'école. À l'encontre des idées reçues, *Diversité. Ville-École-Intégration*, 174, 150-161.

———, 2019, Trajectoires scolaires des enfants d'immigrés jusqu'au baccalauréat : rôle de l'origine et du genre, *Éducation & Formations*, 100, 73-104.

BRINBAUM Yaël et Catherine DELCROIX, 2016, Les mobilisations familiales des immigrés pour la réussite scolaire de leurs enfants, *Migrations Société*, 2(164), 75-97.

BRINBAUM Yaël, Laure MOGUÉROU et Jean-Luc PRIMON, 2010, Parcours et expériences scolaires des jeunes descendants d'immigrés en France, *in* Cris BEAUCHEMIN, Christelle HAMEL et Patrick SIMON (dir.), *Trajectoires et origines – Enquête sur la diversité des populations en France*, Document de travail, Paris, Éditions de l'INED, 47-54.

BRYCESON Deborah Fahy et Ulla VUORELA, 2002, Transnational Families in the Twenty-First Century, *in* Deborah Fahy BRYCESON et Ulla VUORELA (dir.), *The Transnational Family. New European Frontiers and Global Networks*, Oxford, Berg, 3-30.

BUKOW Wolf-Dietrich, 2000, Die Familie im Spannungsfeld globaler Mobilität, *in* Hansjosef BUCHKREMER, Wolf-Dietrich BUKOW et Michaela EMMERICH (dir.), *Die Familie im Spannungsfeld globaler Mobilität. Zur Konstruktion ethnicher Minderheiten im Kontext Familie*, Opladen, Leske + Budrich, 9-16.

CAN Halil, 2005, Familien und Identitätsbilder in Bewegung : Ethnographie unterwegs. Dokumentation der transnationalen Migration aus der Mikroperspektive einer ostanatolischen Mehrgenerationenfamilie aus Berlin, *in* IFADE (dir.), *Insider – Outsider : Bilder, ethnisierte Räume und Partizipation im Migrationsprozess*, Bielefeld, transcript, 32-56.

———, 2006, Familien in Bewegung, Ethnographie unterwegs. Migration in transnationalen Räumen zwischen Diaspora und Herkunftsland (Deutschland-Türkei), *in* Wolf-Dietrich BUKOW, Markus OTTERSBACH, Elisabeth TUIDER et Erol YILDIZ (dir.), *Biographische Konstruktionen im multikulturellen Bildungsprozess : Individuelle Standortsicherung im globalisierten Alltag*, Wiesbaden, VS Verlag für Sozialwissenschaften, 115-134.

CASTRO VARELA María do Mar, 2002, Interkulturelle Kompetenz – ein Diskurs in der Krise, *in* Georg AUERNHEIMER (dir.), *Interkulturelle Kompetenz und pädagogische Professionalität*, Wiesbaden, VS Verlag für Sozialwissenschaften, 35-48.

CASTRO VARELA María do Mar et Nikita DHAWAN, 2005, *Postkoloniale Theorie - Eine kritische Einführung*, Bielefeld, transcript.

CHAFIQ Chahla, 1999, La fin de la soumission, *L'école des parents*, 6, 28-33.

CHAREF Mohamed, 2003, Des hommes passerelles entre l'Europe et le Maghreb, *Hommes & Migrations,* 1242, 6-17.

———, 2014, Les Marocains et les Maroco-descendants de France, *in* Mohamed BERRIANE (dir.), *Marocains de l'extérieur – 2013,* Rabat, Fondation Hassan II pour les Marocains résidant à l'étranger, 311-338, http://www.fh2mre.ma/telechargement/PDF/marocains-de-l%27exterieur-2013.pdf, consulté le 15 juin 2020.

CHEVALIER Corinne et François LEBEAUPIN, 2010, La population des zones urbaines sensibles, *INSEE Première*, 1328, 1-4.

CHOMBART DE LAUWE Paul-Henry, 1964, Aspirations, images guides et transformations sociales, *Revue française de sociologie*, 5(2), 180-192.

CICHELLI Vincenzo, 2016, *Pluriel et commun. Sociologie d'un monde cosmopolite*, Paris, Presses de Sciences Po.

CLANCY-SMITH Julia, 2006, Le regard colonial : Islam, genre et identités dans la fabrication de l'Algérie française, 1830-1962, *Nouvelles Questions Féministes*, 25(1), 25-40.

COEURET Alain, 1976, La participation des travailleurs étrangers aux institutions représentatives des salariés en France, *in* Philippe BERNARD (dir.), Les travailleurs étrangers en Europe occidentale, Paris, Mouton, 363-377.

COHEN Muriel, 2012, Regroupement familial : l'exception algérienne (1962-1976), *Plein droit*, 4(95), 19-22.

———, 2014, Contradictions et exclusions dans la politique de regroupement familial en France (1945-1984), *Annales de démographie historique*, 2(128), 187-213.

COHEN-EMÉRIQUE Margalit, 1993, L'approche interculturelle dans le processus d'aide, *Santé mentale au Québec*, 18(1), 71-91.

COLLET Beate, 1996, *Citoyennetés et mariage mixte en France et en Allemagne*, doctorat de sociologie, EHESS, Paris.

———, 1998, Intégration et mixogamie en France et en Allemagne, *in* Claudine PHILIPPE, Gabrielle VARRO et Gérard NEYRAND (dir.),

Liberté, Égalité, mixité... conjugale. Une sociologie du couple mixte, Paris, Anthropos, 139-171.

COMBE Julie, 2001, *La condition de la femme marocaine*, Paris, L'Harmattan.

CONDON Stéphanie et Corinne RÉGNARD, 2010, Diversité des pratiques linguistiques, *in* Cris BEAUCHEMIN, Christelle HAMEL et Patrick SIMON (dir.), *Trajectoires et origines – Enquête sur la diversité des populations en France*, Document de travail, Paris, Éditions de l'Ined, 31-38.

COULON Alain, 2020, L'École de Chicago, 6ème éd., Paris, puf.

COURCELLE-LABROUSSE Vincent et Nicolas MARMIÉ, 2008, *La guerre du Rif*, Paris, Tallandier.

CRENSHAW Kimberle, 1989, Demarginalizing the Intersection of Race and Sex : A Black Feminist Critique of Antidiscrimination Doctrine, Feminist Theory and Antiracist Politics, *University of Chicago Legal Forum*, 1, 139-167.

CYRULNIK Boris, 2001, *Les vilains petits canards*, Paris, Jacob.

———, 2007, *École et résilience*, Paris, Jacob.

DALLE Ignace, 2004, *Les trois rois : la monarchie marocaine de l'indépendance à nos jours*, Paris, Fayard.

———, 2007, *Maroc. Histoire, Société, Culture*, Paris, La Découverte.

DAOUD Zakya, 2002, *De l'immigration à la citoyenneté. Itinéraire d'une association maghrébine en France : l'ATMF (1960-2003)*, Paris, Mémoire de la Méditerranée.

DARDY Claudine et Cédric FRÉTIGNÉ (dir.), 2007, *L'expérience professionnelle et personnelle en questions*, Paris, L' Harmattan.

DARMON Muriel, 2016, *La socialisation*, 3ème éd., Paris, Armand Colin.

DAUSIEN Bettina, 1994, Biographieforschung als "Königinnenweg"? Überlegungen zur Relevanz biographischer Ansätze in der Frauenforschung, *in* Angelika DIEZINGER, Hedwig KITZER, Ingrid ANKER, Irma BINGEL, Erika HAAS et Simone ODIERNA (dir.), *Erfahrung mit Methode : Wege sozialwissenschaftlicher Frauenforschung*, Freiburg i. Br., Kore, 129-153.

DAUSIEN Bettina et Paul MECHERIL, 2006, Normalität und Biographie. Anmerkungen aus migrationswissenschaftlichter Sicht, *in* Wolf-Dietrich BUKOW, Markus OTTERSBACH, Elisabeth TUIDER et Erol YILDIZ (dir.), *Biographische Konstruktionen im multikulturellen Bildungsprozess : Individuelle Standortsicherung im globalisierten Alltag*, Wiesbaden, VS Verlag für Sozialwissenschaften, 155-178.

DE HAAS Hein, 2005, *Morocco's Migration Transition : Trends, Determinants and Future Scenarios*, Geneva, Global Commission on International Migration.

———, 2007, Morocco's Migration Experience : A Transitional Perspective, *International Migration*, 45(4), 39-68.

DELCROIX Catherine, 1995, Des récits de vie croisés aux histoires de famille, *Current Sociology*, 43(2-3), 61-69.

———, 1999, Les parents des cités : la prévention familiale des risques encourus par les enfants, *Les Annales de la recherche urbaine*, 83-84, 97-107.

———, 2004a, Discrédit et action collective. La lutte d'une association de "pères musulmans", *in* Claire COSSÉE, Emmanuelle LADA et Isabelle RIGONI (dir.), *Faire figure d'étranger*, Paris, Armand Colin, 191-210.

———, 2004b, La complexité des rapports intergénérationnels dans les familles ouvrières originaires du Maghreb : l'exemple de la diagonale des générations, *Temporalités*, 2, http://journals.openedition.org/temporalites/724, consulté le 25 juin 2020.

———, 2007, Ressources subjectives et construction d'un capital d'expérience biographique : l'exemple des médiatrices socio-culturelles, *in* Claudine DARDY et Cédric FRÉTIGNÉ (dir.), *L'expérience professionnelle et personnelle en questions*, Paris, L'Harmattan, 83-115.

———, 2009, Transmission de l'histoire familiale et de la mémoire historique face à la précarité, *Migrations Société*, 21(123-124), 143-157.

———, 2010, S'engager dans la durée. De la relation d'enquête aux effets de la publication, *in* Jean-Paul PAYET, Frédérique GIULIANI et

Denis LAFORGUE (dir.), *La relation d'enquête au défi des acteurs faibles*, Rennes, Presses universitaires de Rennes, 131-142.

———, 2011, Agir en situation de discrédit, *Migrations Société*, 23(133), 81-93.

———, 2013, *Ombres et lumières de la famille Nour. Comment certains résistent à la précarité*, 3ème éd., Paris, Payot.

DELCROIX Catherine et Daniel BERTAUX, 2012, Les activités transnationales des femmes immigrées. L'exemple d'une association de Marocaines de Bruxelles, *Revue Européenne des Migrations Internationales*, 28(1), 85-105.

DELCROIX Catherine et Elise PAPE, 2010, Conducting Field Research Abroad – A Socioanthropological Approach, *Zeitschrift für Qualitative Forschung*, 10(2), 265-278.

DELORY-MOMBERGER, Christine, 2019, Méthode biographique, *in* Christine DELORY-MOMBERGER (dir.), *Vocabulaire des histoires de vie et de la recherche biographique*, Toulouse, Érès, 365-369.

DELPHY Christine, 2008, *Classer, dominer. Qui sont les "autres" ?*, Paris, La Fabrique.

DEPERCHIN Annie et Farid LEKEAL, 2011, Le protectorat, alternative à la colonie ou modalité de colonisation ? Pistes de recherche pour l'histoire du droit, *Clio@Thémis*, 4, 1-18.

DESTATIS (STATISTISCHES BUNDESAMT) (dir.), 2017, *Bevölkerung und Erwerbstätigkeit. Ausländische Bevölkerung. Ergebnisse des Ausländerzentralregisters. 2005-2016*, Statistisches Bundesamt.

DEWITTE Philippe, 2003, *Deux siècles d'immigration en France*, Paris, La Documentation française.

DILTHEY Wilhelm, 1924, Über das Studium der Geschichte der Wissenschaften vom Menschen, der Gesellschaft und dem Staat, *in* Wilhelm DILTHEY (dir.), *Gesammelte Schriften. Die geistige Welt : Einleitung in die Philosophie des Lebens. Erste Hälfte, Abhandlungen zur Grundlegung der Geisteswissenschaften*, tome 5, Leipzig, Teubner, 31-89.

DÖBERT Hans, 2002, Die Schulsysteme Europas – Deutschland, *in* Hans DÖBERT, Wolfgang HÖRNER, Botho von KOPP et Wolfgang

MITTER (dir.), *Die Schulsysteme Europas*, Baltmannsweiler, Schneider Verlag Hohengehren, 92-113.

DOUIDICH Mohamed, 1998, Emploi, chômage et stratégies familiales au Maroc, *Population*, 53(6), 1185-1206.

DRIANT Jean-Claude, 2015, *Les politiques du logement en France,* 2ème éd., Paris, La Découverte.

DUBAR Claude, 2004, *La socialisation : construction des identités sociales et professionnelles*, 3ème éd., Paris, Armand Colin.

DUBET François, 1989, *Immigrations : qu'en savons-nous?*, Paris, La Documentation française.

DURKHEIM Émile, 2012 [1902-1903], *L'éducation morale*, Paris, puf.

———, 1921, La famille conjugale, *Revue philosophique*, 90, 2-14.

EL HARIRI Saâdia, 2003, Les femmes et le retour au pays d'origine, *Hommes & Migrations*, 1242, 43-52.

EL MOUBARAKI Mohamed, 1989, *Marocains du Nord : entre la mémoire et le projet*, Paris, L'Harmattan.

EREL Umut, 2002, Reconceptualizing Motherhood : Experiences of Migrant Women from Turkey Living in Germany, *in* Deborah Fahy BRYCESON et Ulla VUORELA (dir.), *The Transnational Family : New European Frontiers and Global Networks*, Oxford, Berg, 127-146.

———, 2010, Migrating Cultural Capital : Bourdieu in Migration Studies, *Sociology* 44(4), 642-660.

ERTUL Servet, 2009, Culture immigrée/émigrée : l'exemple de la migration turque vers la France, *Migrations Société*, 21(123-124), 127-140.

ESPING-ANDERSEN Gøsta, 2008, *Trois leçons sur l'État-providence*, traduit de l'anglais par Marianne GROULEZ, Paris, Seuil.

FAIST Thomas (dir.), 2000, *Transstaatliche Räume. Politik, Wirtschaft und Kultur in und zwischen Deutschland und der Türkei*, Bielefeld, transcript.

———, 2004, *The Volume and Dynamics of International Migration and Transnational Social Spaces*, Oxford, Clarendon Press.

FANON Frantz, 1952, *Peau noire, masques blancs,* Paris, Seuil.

———, 1961, *Les damnés de la terre,* Paris, Maspero.

FERRO Marc, 2008, Exergue – La colonisation française : une histoire inaudible, *in* Pascal BLANCHARD, Sandrine LEMAIRE et Nicolas BANCEL (dir.), *Culture coloniale en France – De la Révolution française à nos jours*, Paris, CNRS Éditions, 173-178.

FISCHER-ROSENTHAL Wolfram et Gabriele ROSENTHAL, 1997, Narrationsanalyse biographischer Selbstpräsentationen, *in* Ronald HITZLER et Anne HONER (dir.), *Sozialwissenschaftliche Hermeneutik*, Opladen, Leske + Budrich, 133-164.

FREY Yves, 2008, Les Alsaciens venus d'ailleurs, *Hommes & Migrations*, 1273, 52-73.

FRÖHLICH-GILDHOFF Klaus et Maike RÖNNAU-BÖSE, 2011, *Resilienz*, 2ème éd., München, Ernst Reinhardt Verlag.

FÜRSTENAU Sara et Mechtild GOMOLLA (dir.), 2009, *Migration und schulischer Wandel : Mehrsprachigkeit*, Wiesbaden, VS Verlag für Sozialwissenschaften, 13-23.

GEERTZ Clifford, 1973, Thick Description : Toward an Interpretive Theory of Culture, *in* Clifford GEERTZ (dir.), *The Interpretation of Cultures*, New York, Basic Books, 3-30.

GEIßLER Rainer et Sonja WEBER-MENGES, 2008, Migrantenkinder im Bildungssystem : doppelt benachteiligt, *Aus Politik und Zeitgeschichte*, 49, 14-22.

GEORGI Viola, 2003, *Entliehene Erinnerung : Geschichtsbilder junger Migranten in Deutschland*, Hamburg, Hamburger Edition.

GERSHOVICH Moshe, 2000, *French Military Rule in Morocco : Colonialism and its Consequences*, London, Cass.

GLASER Barney G. et Anselm STRAUSS, 2010 [1967], *La découverte de la théorie ancrée*, traduit de l'anglais par Marc-Henry SOULET et Kerralie OEUVRAY, Paris, Armand Colin.

GLAZER Nathan et Daniel MOYNIHAN, 1963, *Beyond the Melting Pot : The Negroes, Puerto Ricans, Jews, Italians, and Irish of New York City*, Cambridge, M.I.T. Press.

GLICK SCHILLER Nina, Linda BASCH et Cristina BLANC-SZANTON, 1992, *Towards a Transnational Perspective on Migration : Race,*

Class, Ethnicity, and Nationalism Reconsidered. New York, Annals of the New York Academy of Sciences.

———, 1995, From Immigrant to Transmigrant : Theorizing Transnational Migration, *Anthropological Quaterly*, 68(1), 48-63.

GOFFMAN Erving, 1975 [1963], *Stigmate : les usages sociaux des handicaps*, traduit de l'anglais par Alain KIHM, Paris, Éditions de Minuit.

GOGOLIN Ingrid, 2008, *Der monolinguale Habitus der multilingualen Schule*, Münster, Waxmann.

GOMOLLA Mechtild et Franz-Olaf RADTKE, 2002, *Institutionelle Diskriminierung. Die Herstellung ethnischer Differenz in der Schule*, Opladen, Leske + Budrich.

GRASMUCK Sherri et Patricia PESSAR, 1991, *Between Two Islands*, Berkeley, University of California Press.

GUÉNIF-SOUILAMAS Nacira, 1994, Représentations et pratiques éducatives des jeunes parents franco-maghrébins, *migrants-formation*, 98, 92-104.

———, 2000, *Des "beurettes" aux descendantes d'immigrants nord-africains*, Paris, Grasset.

———, 2005, La réduction à son corps de l'indigène de la République, *in* Pascal BLANCHARD, Nicolas BANCEL et Sandrine LEMAIRE (dir.), *La fracture coloniale – La société française au prisme de l'héritage colonial*, Paris, La Découverte, 199-208.

GUILLAUMIN Colette, 1972, *L'idéologie raciste : genèse et langage actuel*, Paris, Mouton.

GULLESTAD Marianne, 2006, *Plausible Prejudice : Everyday Experiences and Social Images of Nation, Culture and Race*, Oslo, Universitetsforlaget.

GÜLTEKIN Nevâl, Lena INOWLOCKI et Helma LUTZ, 2003, Quest and Query : Interpreting a Biographical Interview with a Turkish Woman Laborer in Germany, *Forum Qualitative Sozialforschung*, 4(3), 1-21.

GUYAUX Anne, Catherine DELCROIX et Evangelina RODRIGUEZ, 1992, *Double mixte : la rencontre de deux cultures dans le mariage*, Paris, L'Harmattan/ADRI.

HAJJI Rahim, 2009, *Sozialisationsprozesse in Familien mit marokkanischem Migrationshintergrund*, Opladen, Barbara Budrich Verlag.

HALBWACHS Maurice, 1925, *Les cadres sociaux de la mémoire*, Paris, Albin Michel.

———, 1950, *La mémoire collective*, Paris, Albin Michel.

HAMDOUCH 2007, Introduction – Les Marocains de l'extérieur, *in* Bachir HAMDOUCH (dir.), *Marocains de l'extérieur – 2007*, Rabat, Fondation Hassan II pour les Marocains résidant à l'étranger, 13-21, http://www.fh2mre.ma/telechargement/publications/Marocains_de_l-exterieur_2007.pdf, consulté le 15 juin 2020.

HAMEL Christelle, 2006, La sexualité entre sexisme et racisme : les descendantes de migrant-e-s du Maghreb et la virginité, *Nouvelles Questions Féministes*, 25(1), 41-58.

HAMMOUCHE Abdelhafid, 1995, L'adolescence ou l'émergence d'un nouvel âge en situation migratoire, *Hommes & Migrations*, 1185, 6-11.

HARALAMBOS Michael et Martin HOLBORN, 2004, Observation and Participant Observation, *in* Michael HARALAMBOS et Martin HOLBORN (dir.), *Sociology : Themes and Perspectives*, London, Harper Collins, 909-914.

HARBI Mohammed, 2007, Colonisations, histoires coloniales, temps présent, *in* Benjamin STORA et Daniel HÉMERY (dir.), *Histoires coloniales – Héritages et transmissions*, Paris, Bibliothèque publique d'information, 219-222.

HAREVEN Tamara, 1978, Themes in the History of the Family, *in* Tamara HAREVEN (dir.), *Themes in the History of the Family*, Worcester, American Antiquarian Society, 15-23.

———, 1999, *Families, History and Social Change. Life Course and Cross-Cultural Perspectives*, Boulder, Westview Press.

HAREVEN Tamara et Kanji MASAOKA, 1988, Turning Points and Transitions : Perceptions of the Life Course, *Journal of Family History*, 13(3), 271-289.

HAUG Sonja, Anja STICHS et Stephanie MÜSSIG, 2009, *Muslimisches Leben in Deutschland im Auftrag der Deutschen Islam Konferenz*, Berlin, Bundesamt für Migration und Flüchtlinge.

HÉRAN François, 2017, *Avec l'immigration. Mesurer, débattre, agir*, Paris, La Découverte.

HERWARTZ-EMDEN Leonie (dir.), 2000, *Einwandererfamilien : Geschlechterverhältnisse, Erziehung und Akkulturation*, Osnabrück, Universitätsverlag Rasch.

HONDAGNEU-SOTELO Pierrette, 1994, *Gendered Transitions. Mexican Experiences of Immigration,* Berkeley, University of California Press.

HÖPFLINGER François, 1999, *Generationenfrage – Konzepte, theoretische Ansätze und Beobachtungen zu Generationenbeziehungen in späteren Lebensphasen*, Lausanne, Réalités Sociales.

HÖRNER Wolfgang, 2002, Die Schulsysteme Europas – Frankreich, *in* Hans DÖBERT, Wolfgang HÖRNER, Botho von KOPP et Wolfgang MITTER (dir.), *Die Schulsysteme Europas*, Baltmannweiler, Schneider Verlag Hohengehren, 155-175.

HUMMRICH Merle, 2003, Generationenbeziehungen bildungserfolgreicher Migrantinnen, *in* Tarek BADAWIA, Franz HAMBURGER et Merle HUMMRICH (dir.), *Wider die Ethnisierung einer Generation. Beiträge zur qualitativen Migrationsforschung*, Frankfurt a.M., IKO-Verlag, 268-281.

HUMMRICH Merle et Christine WIEZOREK, 2005, Elternhaus und Schule – Pädagogische Generationsbeziehungen im Konflikt?, *in* Franz HAMBURGER, Tarek BADAWIA et Merle HUMMRICH (dir.), *Migration und Bildung. Über das Verhältnis von Anerkennung und Zumutung in der Einwanderungsgesellschaft*, Wiesbaden, VS-Verlag.

INOWLOCKI Lena, 1993, Grandmothers, Mothers, and Daughters. Intergenerational Transmission in Displaced Families in Three Jewish Communities, *in* Daniel BERTAUX et Paul THOMPSON (dir.), *International Yearbook of Oral History and Life Stories. Between Generations : Family Models, Myths, and Memories*, Oxford, Oxford University Press, 139-153.

———, 1995, Traditionsbildung und intergenerationale Kommunikation zwischen Müttern und Töchtern in jüdischen Familien, *in* Wolfram FISCHER-ROSENTHAL et Peter ALHEIT (dir.), *Biographien in Deutschland. Soziologische Rekonstruktionen gelebter Gesellschaftsgeschichte*, Opladen, Westdeutscher Verlag.

———, 1999, Wenn Tradition auf einmal mehr bedeutet : Einige Beobachtungen zu biographischen Prozessen der Auseinandersetzung mit Religion, *in* Ursula APITZSCH (dir.), *Migration und Traditionsbildung*, Opladen, Westdeutscher Verlag, 76-90.

INSEE, 2012, *Immigrés et descendants d'immigrés en France*, Paris, Éditions de l'INSEE.

INSEE et FASILD, 2005, *Atlas des populations immigrées. Chiffres pour l'Alsace*, Strasbourg, INSEE Alsace.

JACKSON Jean, 1990, "I am a Fieldnote" : Fieldnotes as a Symbol of Professional Identity, *in* Roger SANJEK (dir.), *Fieldnotes. The Makings of Anthropology*, Ithaca, Cornell University Press, 3-33.

JUAN Salvador, 2005, La "socio-anthropologie" : champ, paradigme ou discipline? Regards particuliers sur les entretiens de longue durée, *Bulletin de méthodologie sociologique*, 87, 61-79.

KASTORYANO Riva, 2007, Religion and Incorporation. Islam in France and Germany, *in* Alejandro PORTES et Josh DE WIND (dir.), *Rethinking Migration. New Theoretical and Empirical Perspectives*, New York, Berghahn, 419-442.

KAUFF Alain, Mustapha EL HAMDANI, Nevin KUTLU et Claude HECKEL, 1997, Le Conseil consultatif des étrangers de Strasbourg, première étape vers la citoyenneté, *Hommes & Migrations*, 1209, 132-136.

KELLERHALS Jean et Cléopâtre MONTANDON, 1991, *Les stratégies éducatives des familles*, Lausanne, Delachaux et Niestle.

KERBER Anne, 2005, Kolonialgeschichte in deutschen Schulbüchern. Kritisch oder kritikwürdig ?, *in* Helma LUTZ et Kathrin GAWARECKI (dir.), *Kolonialismus und Erinnerungskultur*, Münster, Waxmann, 81-93.

KERGOAT Danièle, 1984, Plaidoyer pour une sociologie des rapports sociaux. De l'analyse critique des catégories dominantes à la mise en place d'une nouvelle conceptualisation, *in* Marie-Agnès BARRÈRE-MAURISSON, Françoise BATTAGLIOLA et Bianca BECCALLI (dir.), *Le sexe du travail : Structures familiales et système productif*, Grenoble, Presses universitaires de Grenoble, 207-220.

———, 2011, Comprendre les rapports sociaux, *Raison présente*, 178, 11-21.

KLINKER Sonja, 2010, *Maghrebiner in Frankreich, Türken in Deutschland*, Frankfurt a.M., Lang.

KOFMAN Eleonore, 2004, Family-Related Migration : A Critial Review of European Studies, *Journal of Ethnic and Migration Studies*, 30(2), 243-262.

KOSOGLU Yusuf, 2014, *Formation et emploi des jeunes dans les pays méditerranéens – Maroc. Rapport commandité par l'OCEMO dans le cadre du programme Méditerranée Nouvelle Chance*, https://ufmsecretariat.org/wp-content/uploads/2015/04/Etude-OCEMO-Fiche-Maroc.pdf, consulté le 25 juin 2020.

KRUSE Jan, 2015, *Qualitative Interviewforschung : Ein integrativer Ansatz*, 2ème éd., Weinheim, Beltz.

KUNZ Rudibert et Rolf-Dieter MÜLLER, 1990, *Giftgas gegen Abd-el-Krim : Deutschland, Spanien und der Gaskrieg in Spanisch-Marokko 1922-1927*, Freiburg i. Br., Rombach.

LAACHER Smaïn, 1994, La "famille immigrée" et la construction sociale de la réalité, *migrants-formation*, 98, 21-37.

LACOSTE-DUJARDIN Camille, 1991, Les codes de statut personnel ou l'influence de la "charia" dans le droit familial, *in* Camille LACOSTE et Yves LACOSTE (dir.), *L'état du Maghreb*, Paris, La Découverte, 218-220.

LACROIX Thomas, 2005, *Les réseaux marocains du développement*, Paris, Presses de Sciences Po.

LAFFORT Bruno, 2009, *L'immigration des intellectuels marocains en France*, Paris, Karthala.

LAHAYE Willy, Jean-Pierre POURTOIS et Huguette DESMET, 2007, *Transmettre. D'une génération à l'autre*, Paris, puf.

LAHIRE Bernard, 1995, *Tableaux de familles. Heurs et malheurs scolaires en milieux populaires*, Paris, Seuil.

———, 1996, Les variations des contextes dans les sciences sociales. Remarques épistémologiques, *Annales. Histoire, Sciences Sociales*, 51(2), 381-407.

LAMER Sandrine, 2003, Allemagne : des réformes en perspective après PISA et IGLU, *Revue internationale d'éducation de Sèvres*, 33, http://journals.openedition.org/ries/1612, consulté le 25 juin 2020.

LAMERS Karl, 1977, *Repräsentation und Integration der Ausländer in der Bundesrepublik Deutschland unter besonderer Berücksichtigung des Wahlrechts*, Berlin, Duncker & Humboldt.

LAPEYRONNIE Didier, 2005, La banlieue comme théâtre colonial, ou la fracture coloniale dans les quartiers, *in* Pascal BLANCHARD, Nicolas BANCEL et Sandrine LEMAIRE (dir.), *La fracture coloniale – La société française au prisme de l'héritage colonial*, Paris, La Découverte, 209-218.

LEGGEWIE Claus et Catherine WIHTOL DE WENDEN (dir.), 1994, *De l'immigration à l'intégration en France et en Allemagne*, Paris, Éditions du Cerf.

LÉGIFRANCE, 1976, Décret n°76-383 du 29 avril 1976 Relatif aux conditions d'entrée et de séjour en France des membres des familles des étrangers autorisés à résider en France, https://www.legifrance.gouv.fr/affichTexte.do?cidTexte=LEGITEXT000006062480&dateTexte=19941108, consulté le 25 juin 2020.

LEIPRECHT Rudolf, 2005, Erinnerungskultur in Deutschland und den Niederlanden – Hinweise für eine Erinnerungspädagogik in pluriformen Einwanderungsgesellschaften, *in* Helma LUTZ et Kathrin GAWARECKI (dir.), *Kolonialismus und Erinnerungskultur*, Münster, Waxmann, 95-110.

LEIPRECHT Rudolf et Helma LUTZ, 2003, Generationen- und Geschlechterverhältnisse in interkulturellen Ansätzen, *Neue Praxis*, 2, 199-208.

———, 2005, Intersektionalität im Klassenzimmer : Ethnizität, Klasse, Geschlecht, *in* Rudolf LEIPRECHT et Anne KERBER (dir.), *Schule in der Einwanderungsgesellschaft : ein Handbuch*, Schwalbach am Taunus, Wochenschau-Verlag, 218-234.

LEMAIRE Sandrine, 2005, Colonisation et immigration : des "points aveugles" de l'histoire à l'école ?, *in* Pascal BLANCHARD, Nicolas

BANCEL et Sandrine LEMAIRE (dir.), *La fracture coloniale – La société française au prisme de l'héritage colonial*, Paris, La Découverte, 93-104.

LENCLUD Gérard, 2007, Transmission – Culture et Transmission, *in* Pierre BONTE et Michel IZARD (dir.), *Dictionnaire de l'ethnologie et de l'anthropologie*, 4ème éd., Paris, puf, 712-713.

LEVEAU Rémy, Khadija MOHSEN-FINAN et Catherine WIHTOL DE WENDEN (dir.), 2001, *L'Islam en France et en Allemagne. Identités et Citoyennetés*, Paris, La Documentation française.

LEVITT Peggy et Nina GLICK SCHILLER, 2004, Conceptualizing Simultaneity. A Transnational Social Field Perspective on Society, *The International Migration Review*, 38(3), 1002-1039.

LEWIS Oscar, 1963, *Les enfants de Sanchez*, traduit de l'anglais par Céline ZINS, Paris, Gallimard.

LHOMMEAU Bertrand, Dominique MEURS et Jean-Luc PRIMON, 2010, Situation par rapport au marché du travail des 18-50 ans selon l'origine et le sexe, *in* Cris BEAUCHEMIN, Christelle HAMEL et Patrick SIMON (dir.), *Trajectoires et origines - Enquête sur la diversité des populations en France*, Document de travail, Paris, Éditions de l'Ined, 55-62.

LIEBAU Thomas, 1999, Ausländerbeiräte – Politische Partizipation von Migranten in der Kommune, *in* Berthold DIETZ, Dieter EIßEL et Dirk NAUMANN (dir.), *Handbuch der kommunalen Sozialpolitik*, Opladen, Leske + Budrich, 479-492.

LINGL Wolfgang, 2018, *Der Familiennachzug in die Bundesrepublik Deutschland. Eine sozialethische Untersuchung aus migrationssoziologischer Perspektive,* Wiesbaden, Springer VS.

LUGAN Bernard, 2011, *Histoire du Maroc des origines à nos jours*, Paris, Critérion.

LÜSCHER Kurt et Ludwig LIEGLE, 2003, *Generationenbeziehungen in Familie und Gesellschaft*, Konstanz, UVK.

LUTHAR Suniya, 2006, Resilience in Development : A Synthesis of Research Across Five Decades, *in* Dante CICCHETTI et Donald COHEN (dir.), *Developmental Psychopathology : Risk Disorder and Adaptation*, Hoboken, John Wiley & Sons, 739-795.

LUTZ Helma, 1991, *Welten verbinden*, Frankfurt a.M., Verlag für Interkulturelle Kommunikation.

———, 1999, "Meine Töchter werden es schon schaffen". Immigrantinnen und ihre Töchter in den Niederlanden, *in* Ursula APITZSCH (dir.), *Migration und Traditionsbildung*, Opladen, Westdeutscher Verlag, 165-185.

———, 2000a, Biographisches Kapital als Ressource der Bewältigung von Migrationsprozessen, *in* Ingrid GOGOLIN et Bernhard NAUCK (dir.), *Migration, gesellschaftliche Differenzierung und Bildung*, Opladen, Leske + Budrich, 179-210.

———, 2000b, Migration als soziales Erbe. Biographische Verläufe bei Migrantinnen der ersten und zweiten Generation in den Niederlanden, *in* Bettina DAUSIEN, Marina CALLONI et Marianne FRIESE (dir.), *Migrationsgeschichten von Frauen. Beiträge und Perspektiven aus der Biographieforschung*, Bremen, Univ.-Buchh., 38-58.

———, 2001, Postkoloniale Perspektiven : Migration, Hybridität und Kulturveränderung im Leben von surinamesischen Frauen in den Niederlanden, *in* Judith SCHLEHE (dir.), *Interkulturelle Geschlechterforschung. Identitäten – Imaginationen – Repräsentationen*, Frankfurt a.M., Campus, 251-274.

———, 2005, Der Privathaushalt als Weltmarkt für weibliche Arbeitskräfte, *Peripherie*, 25(97/98), 65-87.

LUTZ Helma, Maria Teresa HERRERA VIVAR et Linda SUPIK, 2011, Framing Intersectionality : An Introduction, *in* Helma LUTZ, Maria Teresa HERRERA VIVAR et Linda SUPIK (dir.), *Framing Intersectionality. Debates on a Multi-Faceted Concept in Gender Studies*, Farnham, Ashgate, 1-22.

MAAS Utz et Ulrich MEHLEM, 2003, *Schriftkulturelle Ressourcen und Barrieren bei marokkanischen Kindern in Deutschland*, Osnabrück, IMIS.

MADARIAGA María Rosa de, 2016, Moroccan Soldiers in the Spanish Civil War, *in* Eric STORM et Ali AL TUMA (dir.), *Colonial Soldiers in Europe, 1914-1945. "Aliens in Uniform" in Wartime Societies*, New York, Routledge, 161-181.

MANNHEIM Karl, 1990 [1923], *Le problème des générations*, traduit de l'allemand par Gérard MAUGER et Nia PERIVOLAROPOULOU, Paris, Nathan.

MARCUS George, 1995, Ethnography in/of the World System : The Emergence of Multi-Sited Ethnography, *Annual Review of Anthropology*, 24, 95-117.

MATSUDA Mari J., 1991, Beside My Sister, Facing the Enemy : Legal Theory Out of Coalition, *Stanford Law Review*, 43(6), 1183-1192.

MATTES Monika, 2005, *"Gastarbeiterinnen" in der Bundesrepublik. Anwerbepolitik, Migration und Geschlecht in den 50er bis 70er Jahren*, Frankfurt a.M., Campus.

MEISTER Dorothee et Uwe SANDER, 1998, Migration und Generation, *in* Jutta ECARIUS (dir.), *Was will die jüngere mit der älteren Generation ? Generationenbeziehungen in der Erziehungswissenschaft*, Opladen, Leske + Budrich, 183-206.

MHPV (MINISTÈRE DE L'HABITAT ET DE LA POLITIQUE DE LA VILLE DU ROYAUME DU MAROC), 2012, *Enquête logement 2012. Synthèse*, http://www.mhpv.gov.ma/wp-content/uploads/2016/07/Synthese-enquete-logement-2012.pdf, consulté le 25 juin 2020.

MISSAOUI Lamia, 1995, Généralisation du commerce transfrontalier : petit ici, notable là-bas, *Revue Européenne des Migrations Internationales*, 11(1), 53-75.

MOHAMED Ahmed, 2000, Les transmissions intergénérationnelles, *VEI Enjeux*, 120, 68-98.

MOROKVASIC Mirjana, 1984, Birds of Passage are also Women, *International Migration Review*, 18(4), 886-905.

MURGUE Bérénice, 2011, La Moudawana : les dessous d'une réforme sans précédent, *Les Cahiers de l'Orient*, 2(102), 15-29.

MUXEL Anne, 1996, *Individu et mémoire familiale*, Paris, Nathan.

———, 2006, Transmission et valeurs, *in* Sylvie MESURE et Patrick SAVIDAN (dir.), *Dictionnaire des Sciences Humaines*, 1177-1179.

NAUCK Bernhard, 2004, Familienbeziehungen und Sozialintegration von Migranten, *in* Klaus BADE et Michael BOMMES (dir.), *Migration – Integration – Bildung. Grundfragen und Problembereiche*, Osnabrück, IMIS, 83-104.

NAUCK Bernhard, Heike DIEFENBACH et Cornelia PETRI, 1998, Intergenerationale Transmission von kulturellem Kapital unter Migrationsbedingungen. Zum Bildungserfolg von Kindern und Jugendlichen aus Migrantenfamilien in Deutschland, *Zeitschrift für Pädagogik*, 44, 710-722.

NAUCK Bernhard, Annette KOHLMANN et Heike DIEFENBACH, 1997, Familiäre Netzwerke, intergenerative Transmission und Assimilationsprozesse bei türkischen Migrantenfamilien, *Kölner Zeitschrift für Soziologie und Sozialpsychologie*, 49, 477-499.

NAUCK Bernhard et Barbara SETTLES, 2001, Immigrant and Ethnic Minority Families : An Introduction, *Journal of Comparative Family Studies*, 32(4), 461-473.

NOHL Arnd-Michael, 2001, *Migration und Differenzerfahrung – Junge Einheimische und Migranten im rekonstruktiven Milieuvergleich*, Opladen, Leske + Budrich.

NOIRIEL Gérard, 1988, *Le creuset français : histoire de l'immigration XIXe-XXe siècles*, Paris, Seuil.

———, 2001, *État, nation et immigration : vers une histoire du pouvoir*, Paris, Belin.

———, 2002, *Atlas de l'immigration en France*, Paris, Éditions Autrement.

NORA Pierre, 1992, La génération, *in* Pierre NORA (dir.), *Les lieux de mémoire. Les France – Conflits et partages*, tome III, volume 1, Paris, Gallimard, 931-965.

OHLIGER Rainer, 2011, Pluralité des migrations vers l'Allemagne depuis 1945, *in* Anne SAINT SAUVEUR-HENN (dir.), *Migrations, intégrations et identités multiples*, Paris, Presses Sorbonne Nouvelle, 135-145.

OUADAH-BEDIDI Zahia, Jacques VALLIN et Ibtihel BOUCHOUCHA, 2012, La fécondité au Maghreb : nouvelle surprise, *Population & Sociétés*, 486, 1-4.

OUALI Nouria, 2003, Les Marocaines en Europe : diversification des profils migratoires, *Hommes & Migrations*, 1242, 71-82.

PAN KÉ SHON Jean-Louis, Dominique MEURS et Solenne ROBELLO, 2010, Inégalités des transitions de logement, discrimination et ségrégation perçues, *in* Cris BEAUCHEMIN, Christelle HAMEL et Patrick SIMON (dir.), *Trajectoires et origines – Enquête sur la diversité des populations en France*, Document de travail, Paris, Éditions de l'Ined, 95-100.

PAPE Elise, 2005, *Das Kopftuch von Frauen der zweiten Einwanderergeneration. Ein Vergleich zwischen Frankreich und Deutschland*, Aachen, Shaker.

———, 2010, Der biographische Ansatz in Frankreich – Entstehung und aktuelle Entwicklungen, *BIOS – Zeitschrift für Biographieforschung, Oral History und Lebenslaufanalysen*, 22(2), 283-292.

———, 2011, Quitter la cité. Les cours d'action d'un jeune couple, *Migrations Société*, 133, 127-137.

———, 2016, Les débats postcoloniaux en Allemagne – Un état des lieux, *Raison présente*, 199, 9-21.

———, 2020, Le récit de vie en Allemagne, *in* CollectiF.B. (dir.), *Parler de soi. Méthodes biographiques en sciences sociales*, Paris, Éditions EHESS, 45-55.

PARK Robert E. et Ernest W. BURGESS, 1921, *Introduction to the Science of Sociology*, Chicago, University of Chicago Press.

PARSONS Talcott et Robert BALES, 1955, *Family, Socialization and Interaction Process*, New York, Free Press.

PAYET Jean-Paul et Denis LAFORGUE, 2008, Introduction – Qu'est-ce qu'un acteur faible ? Contributions à une sociologie morale et pragmatique de la reconnaissance, *in* Jean-Paul PAYET, Frédérique GIULIANI et Denis LAFORGUE (dir.), *La voix des acteurs faibles – de l'indignité à la reconnaissance*, Rennes, Presses universitaires de Rennes, 3-25.

PFEFFERKORN Roland, 2011, Rapports de racisation, de classe, de sexe…, *Migrations Société*, 1(133), 193-208.

PHOENIX Ann, 2011, Psychosocial Intersections : Contextualising the Accounts of Adults Who Grew Up in Visibly Ethnically Different Households, *in* Helma LUTZ, Maria Teresa HERRERA VIVAR et Linda SUPIK (dir.), *Framing Intersectionality. Debates on a Multi-Faceted Concept in Gender Studies*, Farnham, Ashgate, 137-152.

PIAGET Jean, 1932, *Le jugement moral chez l'enfant*, Paris, Alcan.

PIEPHO Morvan, 2005, *Die Bedeutung des Islam in Alltagsleben und den Formen moderner Lebensführung bei Marokkanern der zweiten Generation in Frankfurt am Main – der Faktor Religion im Kontext von Migrations- und Integrationsprozessen*, Frankfurt a.M., Goethe-Universität Frankfurt a.M.

PRIES Ludger, 1997, Einleitung. Neue Migration im transnationalen Raum, *in* Ludger PRIES (dir.), *Transnationale Migration*, Baden-Baden, Nomos, 15-46.

———, 2001, *New Transnational Social Spaces : International Migration and Transnational Companies in the Early Twenty-First Century*, London, Routledge.

RABINOW Paul, 1988 [1977], *Un Ethnologue au Maroc : réflexions sur une enquête de terrain*, traduit de l'anglais par Tina JOLAS, Paris, Hachette.

RAMOND Nathalie et Chantal HENOCQUE, 1996, Les conflits familiaux en milieu immigré, *migrants-formation*, 105, 114-129.

RÄTHZEL Nora, 1995, Nationalism and Gender in West Europe : the German Case, *in* Helma LUTZ, Ann PHOENIX et Nira YUVAL-DAVIS (dir.), *Crossfires – Nationalism, Racism and Gender in Europe*, London, Pluto Press, 161-189.

REA Andrea et Maryse TRIPIER, 2008, *Sociologie de l'immigration*, Paris, La Découverte.

RENAN Ernest, 1997 [1882], *Qu'est-ce qu'une nation ?*, Paris, Mille et une nuits.

REVEL Jacques (dir.), 1996, *Jeux d'échelles. La micro-analyse à l'expérience*, Paris, Gallimard.

RIEMANN Gerhard, 2003, A Joint Project Against the Backdrop of a Research Tradition : An Introduction into "Doing Biographical Research", *Forum Qualitative Sozialforschung*, 4(3), http://www.qualitative-research.net/index.php/fqs/article/viewArticle/666, consulté le 25 juin 2020.

RIEMANN Gerhard et Fritz SCHÜTZE, 1991, "Trajectory" as a Basic Theoretical Concept for Analyzing Suffering and Disorderly Social

Processes, *in* David MAINES (dir.), *Social Organization and Social Process. Essays in Honor of Anselm Strauss*, New York, Aldine, 333-356.

RIESCH Andrea, 2007, *Migration von Marokko in die EU : Migrationsursachen und Reaktionen europäischer Migrationspolitik*, Baden-Baden, Nomos.

RIVET Daniel, 2007, Quelle réconciliation des mémoires ?, *in* Benjamin STORA et Daniel HÉMERY (dir.), *Histoires coloniales – Héritages et transmissions*, Paris, Bibliothèque publique d'information, 223-228.

ROMMELSPACHER Birgit, 1998, *Dominanzkultur*, 2ème éd., Berlin, Orlanda Frauenverlag.

ROSENTHAL Gabriele, 1999, Migrationen und Leben in multikulturellen Milieus – Nationale Zugehörigkeit zur Herstellung von familien- und lebensgeschichtlicher Kontinuität, *in* Ursula APITZSCH (dir.), *Migration und Traditionsbildung*, Opladen, Westdeutscher Verlag, 22-34.

———, 2005, *Interpretative Sozialforschung : eine Einführung*, Weinheim, Juventa.

ROULLEAU-BERGER Laurence, 2011, *Désoccidentaliser la sociologie. L'Europe au miroir de la Chine*, Tour d'Aigues, L'Aube.

SAADA Emmanuelle, 2007, Le "modèle républicain de la citoyenneté" au miroir de la colonisation, *in* Benjamin STORA et Daniel HÉMERY (dir.), *Histoires coloniales – Héritages et transmissions*, Paris, Bibliothèque publique d'information, 75-81.

SAFI Mirna, 2011, Penser l'intégration des immigrés : les enseignements de la sociologie américaine, *SOCIOLOGIE*, 2(2), 149-164.

SAÏD Edward W., 1978, *Orientalism*, London, Routledge & Kegan.

SAÏDI Kamel, 2015, *Nationalité et citoyenneté, la fabrique d'une identité*, *in* Aïssa KADRI, Moula BOUAZIZ et Tramor QUEMENEUR, *La guerre d'Algérie revisitée : Nouvelles générations, nouveaux regards*, Paris, Karthala, 51-69.

SALINAS Alfred, 2013, *Les Américains en Algérie. 1942-1945*, Paris, L'Harmattan.

SANJEK Roger, 1990, Fire, Loss and the Sorcerer's Apprentice, *in* Roger SANJEK (dir.), *Fieldnotes. The Makings of Anthropology*, Ithaca, Cornell University Press, 34-44.

SANTELLI Emmanuelle, 2001, *La mobilité sociale dans l'immigration. Itinéraires de réussite des enfants d'origine algérienne*, Toulouse, Presses universitaires du Mirail.

———, 2003, Du modèle d'intégration à l'analyse des manières de prendre place dans la société, *Migrations Société*, 15(86), 69-82.

———, 2009, La mobilité sociale dans l'immigration : transmissions familiales chez les Algériens, *Migrations Société* 21(123-124), 177-194.

SAUTER Sven, 2000, *Wir sind "Frankfurter Türken"*, Frankfurt a.M., Brandes & Apsel.

SAYAD Abdelmalek, 1977, Les trois "âges" de l'émigration algérienne en France, *Actes de la recherche en sciences sociales*, 15, 59-79.

———, 1994, Le mode de génération des générations "immigrées", *L'Homme et la Société*, 111-112, 155-174.

———, 1999, *La double absence. Des illusions de l'émigré aux souffrances de l'immigré*, Paris, Seuil.

SCHIFFAUER Werner, Gerd BAUMANN, Riva KASTORYANO et Steven VERTOVEC (dir.), 2002, *Staat – Schule – Ethnizität. Politische Sozialisation von Immigrantenkindern in vier europäischen Ländern*, Münster, Waxmann.

SCHNAPPER Dominique, 1994, *La communauté des citoyens sur l'idée moderne de nation*, Paris, Gallimard.

SCHOR Ralph, 1996, *Histoire de l'immigration en France, de la fin du XIXe siècle à nos jours*, Paris, Armand Colin.

SCHUCHART Claudia, 2006, *Orientierungsstufe und Bildungschancen. Eine Evaluationsstudie*, Münster, Waxmann.

SCHULZE Heidrun, 2006, Biografie und Sprache. Erzähltes (Er-)Leben von MigrantInnen – Übersetzen oder Verstehen ?, *in* Peter CLOOS et Werner THOLE (dir.), *Ethnografische Zugänge*, Wiesbaden, VS Verlag für Sozialwissenschaften, 203-218.

SCHUMACHER Roger, 1998, Des classes bilingues dans l'académie de Strasbourg, *Revue internationale d'éducation de Sèvres*, 17, 1-8.

SCHÜTTLER Kirsten, 2008, *La diaspora marocaine en Allemagne. Sa contribution au développement du Maroc*, Eppelheim, Deutsche Gesellschaft für Technische Zusammenarbeit.

SCHÜTZ Alfred, 1944, The Stranger : An Essay in Social Psychology, *American Journal of Sociology*, 49(6), 499-507.

SCHÜTZE Fritz, 1976, Zur Hervorlockung und Analyse von Erzählungen thematisch relevanter Geschichten im Rahmen soziologischer Feldforschung, *in* ARBEITSGRUPPE BIELEFELDER SOZIOLOGEN (dir.), *Kommunikative Sozialforschung*, München, Fink, 159-256.

———, 1983, Biographieforschung und narratives Interview, *Neue Praxis. Kritische Zeitschrift für Sozialarbeit und Sozialpädagogik*, 13, 283-293.

———, 1987, *Das narrative Interview in Interaktionsfeldstudien*, Hagen, Fernuniversität, Gesamthochschule.

SEGALEN Martine, 2006, *Sociologie de la famille*, 6ème éd., Paris, Armand Colin.

SIMON Patrick, 2005, La République face à la diversité : comment décoloniser les imaginaires ?, *in* Pascal BLANCHARD, Nicolas BANCEL et Sandrine LEMAIRE (dir.), *La fracture coloniale – La société française au prisme de l'héritage colonial*, Paris, La Découverte, 237-246.

SOUALI Mohamed, 2004, *L'institutionnalisation du système de l'enseignement au Maroc*, Paris, L'Harmattan.

SOW Ibrahima, 1991, Les femmes sous tutelle masculine, *in* Camille LACOSTE et Yves LACOSTE (dir.), *L'état du Maghreb*, Paris, La Découverte, 220-225.

SPIVAK Gayatri C., 1990, *The Post-Colonial Critic. Interviews, Strategies, Dialogues*, New York, Routledge.

STATISTA, 2020, Eigentümerquote in Deutschland im Zeitraum von 1998 bis 2018 nach Bundesländern, https://de.statista.com/statistik/daten/studie/155713/umfrage/anteil

-der-buerger-mit-wohneigentum-nach-bundesland/, consulté le 25 juin 2020.

STORA Benjamin, 1998, *La gangrène et l'oubli. La mémoire et la guerre d'Algérie*, Paris, La Découverte.

———, 2005, Quand une mémoire (de guerre) peut en cacher une autre (coloniale), *in* Pascal BLANCHARD, Nicolas BANCEL et Sandrine LEMAIRE (dir.), *La fracture coloniale – La société française au prisme de l'héritage colonial*, Paris, La Découverte, 57-65.

STRAßBURGER Gaby, 2001, *Evaluation von Integrationsprozessen in Frankfurt am Main*, Bamberg, Europäisches Forum für Migrationsstudien.

TAMAMOI Mariko (dir.), 2005, *Crossed Histories : Manchuria in the Age of Empire*, Ann Arbor, Association for Asian Studies.

TARRIUS Alain, 1993, Territoires circulatoires et espaces urbains, *Les Annales de la Recherche Urbaine*, 59-60, 50-59.

THÉNAULT Sylvie, 2014, Le "code de l'indigénat", *in* Abderrahmane BOUCHÈNE, Jean-Pierre PEYROULOU, Ouanassa Siari TENGOUR et Sylvie THÉNAULT (dir.), *Histoire de l'Algérie à la période coloniale : 1830-1962*, Paris, La Découverte, 200-206.

THOMAS, William Isaac et Dorothy SWAINE THOMAS, 1928, *The Child in America. Behavior Problems and Programs*, Boston, Alfred Knopf.

THOMAS William Isaac et Florian ZNANIECKI, 1918-1920, *The Polish Peasant in Europe and America : Monograph of an Immigrant Group*, Boston, The Gorham Press.

THRÄNHARDT Dietrich, 1995, Allemagne : l'intégration décentralisée, *in* Catherine WIHTOL DE WENDEN et Anne DE TINGUY (dir.), *L'Europe et toutes ses migrations*, Bruxelles, Éditions Complexe, 91-102.

———, 2009, Allemagne 2008. Consensus sur l'intégration, réminiscences désabusées et nouveaux défis de la mondialisation, *Hommes & Migrations*, 1277, 22-33.

TIETZE Nikola, 2001, *Islamische Identitäten. Formen muslimischer Religiosität junger Männer in Deutschland und Frankreich*, Hamburg, Hamburger Edition.

TOUATI Aïcha, 2006, Féministes d'hier et d'aujourd'hui, ou le féminisme à l'épreuve de l'universel, *Nouvelles Questions Féministes*, 25(1), 108-120.

TREIBEL Annette, 2008, *Migration in modernen Gesellschaften*, 4ème éd., Weinheim, Juventa.

TUCCI Ingrid, 2008, *Les descendants des immigrés en France et en Allemagne : des destins contrastés. Participation au marché du travail, formes d'appartenance et modes de mise à distance sociale*, doctorat de sociologie, Université Humboldt à Berlin et EHESS à Paris.

TUNÇ Michael, 2006, Vaterschaft im Wandel. Männer mit Migrationshintergrund : "Genossen vom andern Stern ?", *Dokumentation des Fachforums "Junge Familien im Brennpunkt – Förderung und Unterstützung von jungen Familien in E&C-Gebieten"*, 18.-19. April 2005, 53-64, http://www.eundc.de/pdf/40010.pdf, consulté le 25 juin 2020.

VALLET Louis-André et Jean-Paul CAILLE, 1996, *Les élèves étrangers ou issus de l'immigration dans l'école et le collège français : une étude d'ensemble*, Paris, Ministère de l'éducation nationale, de l'enseignement supérieur et de la recherche.

VARRO Gabrielle, 1995, *Les couples mixtes et leurs enfants en France et en Allemagne*, Paris, Armand Colin.

VERMEREN Pierre, 2001, *Le Maroc en transition*, Paris, La Découverte.

———, 2010, *Histoire du Maroc depuis l'indépendance*, 3ème éd., Paris, La Découverte.

VERTOVEC Steven, 1999, Conceiving and Researching Transnationalism, *Ethnic and Racial Studies*, 22(2), 1-14.

VÖLTER Bettina, Bettina DAUSIEN, Helma LUTZ et Gabriele ROSENTHAL (dir.), 2009, *Biographieforschung im Diskurs*, 2ème éd., Wiesbaden, VS Verlag für Sozialwissenschaften.

WALTNER Peter, 1988, *Migration und soziokultureller Wandel in einer nordmarokkanischen Provinz. Strukturelle und kulturelle Aspekte der Aus- und Rückwanderung marokkanischer Arbeitskräfte vor dem Hintergrund von Unterentwicklung und wiedererwachtem islamischem Selbstbewusstsein. Eine empirische Untersuchung*, doctorat de sociologie, Université de Zürich.

WATERBURY John, 1970, *The Commander of the Faithful. The Moroccan Elite. A Study of Segmentend Politics*, London, Weidenfeld and Nicolson.

WEBER Max, 1965 [1904], *Essais sur la théorie de la science (1904-1917)*, traduit de l'allemand par Julien FREUND, Paris, Plon.

———, 1995 [posthume 1921], *Économie et société. L'organisation et les puissances de la société dans leur rapport avec l'économie*, tome 2, traduit de l'allemand par Julien FREUND, Pierre KAMNITZER et Pierre BERTRAND, Paris, Agora Pocket.

WEIGT Claudia et Beate LORKE, 1995, *Junge Marokkaner zwischen Schule, Betrieb und Konstabler Wache*, Eschborn, Klotz.

WEIL Patrick, 2005, Le statut des musulmans en Algérie coloniale. Une nationalité française dénaturée, *Histoire de la justice*, 1(16), 93-109.

WELZ Gisela, 1991, *Street Life*, Frankfurt a.M., Institut für Kulturanthropologie und Europäische Ethnologie der Goethe Universität Frankfurt.

WERNER Michael et Bénédicte ZIMMERMANN, 2003, Penser l'histoire croisée : entre empirie et réflexivité, *Annales. Histoire, Sciences Sociales*, 58(1), 7-36.

WIHTOL DE WENDEN Catherine, 1987, *Citoyenneté, nationalité et immigration*, Paris, Arcantère.

———, 1999, *L'immigration en Europe*, Paris, La Documentation française.

———, 2001, *L'Europe des migrations*, Paris, La Documentation française.

———, 2009a, Accueil, l'état de la France, *Projet*, 4(311), 38-47.

———, 2009b, Convergences et divergences des politiques d'immigration entre la France et l'Allemagne, *Hommes & Migrations*, 1277, 6-11.

WIMMER Andreas et Nina GLICK SCHILLER, 2002, Methodological Nationalism and Beyond : Nation-State Building, Migration, and the Social Sciences, *Global Networks*, 2(4), 301-334.

WOHLRAB-SAHR Monika, 1994, Vom Fall zum Typus : Die Sehnsucht nach dem "Ganzen" und dem "Eigentlichen" – "Idealisierung" als biographische Konstruktion, *in* Angelika DIEZINGER, Hedwig KITZER et Ingrid ANKER (dir.), *Erfahrung mit Methode – Wege sozialwissenschaftlicher Frauenforschung*, Freiburg i. Br., Kore, 269-299.

WÜST Andreas et Dominic HEINZ, 2009, La représentation politique des migrants en Allemagne, *Hommes & Migrations*, 1277, 36-45.

YATES Tuppet, 2006, La résilience chez les jeunes enfants et son impact sur leur développement : commentaires sur Luthar et Sameroff, *in* Richard TREMBLAY, Ray PETERS et Ronad BARR (dir.), *Encyclopédie sur le développement des jeunes enfants*, Montréal, Centre d'excellence pour le développement des jeunes enfants, 1-6.

YUVAL-DAVIS Nira, 1997, *Gender and Nation*, London, Sage.

ZEGNANI Sami, 2013, *Dans le monde des cités. De la galère à la mosquée*, Rennes, Presses universitaires de Rennes.

ZEHRAOUI Ahsène, 2009, Transmissions intergénérationnelles au sein des familles franco-maghrébines : portée et limites, *Migrations Société*, 21(123-124), 195-204.

ZEROULOU Zaihia, 1988, La réussite scolaire des enfants d'immigrés. L'apport d'une approche en termes de mobilisation, *Revue française de sociologie*, 29(3), 447-470.

ZIMMERER Jürgen et Joachim ZELLER, 2003, *Völkermord in Deutsch-Südwestafrika. Der Kolonialkrieg (1904–1908) in Namibia und seine Folgen*, Berlin, Links.

Table des matières

Structures éditoriales du groupe L'Harmattan

L'Harmattan Italie
Via degli Artisti, 15
10124 Torino
harmattan.italia@gmail.com

L'Harmattan Hongrie
Kossuth l. u. 14-16.
1053 Budapest
harmattan@harmattan.hu

L'Harmattan Sénégal
10 VDN en face Mermoz
BP 45034 Dakar-Fann
senharmattan@gmail.com

L'Harmattan Cameroun
TSINGA/FECAFOOT
BP 11486 Yaoundé
inkoukam@gmail.com

L'Harmattan Burkina Faso
Achille Somé – tengnule@hotmail.fr

L'Harmattan Guinée
Almamya, rue KA 028 OKB Agency
BP 3470 Conakry
harmattanguinee@yahoo.fr

L'Harmattan RDC
185, avenue Nyangwe
Commune de Lingwala – Kinshasa
matangilamusadila@yahoo.fr

L'Harmattan Congo
67, boulevard Denis-Sassou-N'Guesso
BP 2874 Brazzaville
harmattan.congo@yahoo.fr

L'Harmattan Mali
Sirakoro-Meguetana V31
Bamako
syllaka@yahoo.fr

L'Harmattan Togo
Djidjole – Lomé
Maison Amela
face EPP BATOME
ddamela@aol.com

L'Harmattan Côte d'Ivoire
Résidence Karl – Cité des Arts
Abidjan-Cocody
03 BP 1588 Abidjan
espace_harmattan.ci@hotmail.fr

L'Harmattan Algérie
22, rue Moulay-Mohamed
31000 Oran
info2@harmattan-algerie.com

L'Harmattan Maroc
5, rue Ferrane-Kouicha, Talaâ-Elkbira
Chrableyine, Fès-Médine
30000 Fès
harmattan.maroc@gmail.com

Nos libraires en France

Librairie internationale
16, rue des Écoles – 75005 Paris
librairie.internationale@harmattan.fr
01 40 46 79 11
www.librairieharmattan.com

Lib. sciences humaines & histoire
21, rue des Écoles – 75005 Paris
librairie.sh@harmattan.fr
01 46 34 13 71
www.librairieharmattansh.com

Librairie l'Espace Harmattan
21 bis, rue des Écoles – 75005 Paris
librairie.espace@harmattan.fr
01 43 29 49 42

Lib. Méditerranée & Moyen-Orient
7, rue des Carmes – 75005 Paris
librairie.mediterranee@harmattan.fr
01 43 29 71 15

Librairie Le Lucernaire
53, rue Notre-Dame-des-Champs – 75006 Paris
librairie@lucernaire.fr
01 42 22 67 13

www.ingramcontent.com/pod-product-compliance
Lightning Source LLC
LaVergne TN
LVHW011951220826
846092LV00001B/147